中國學術思想 研究輯刊

十四編
林慶彰 主編

第 32 冊

智顗佛性論研究（下）

王月秀 著

花木蘭文化出版社

國家圖書館出版品預行編目資料

智顗佛性論研究（下）／王月秀 著 — 初版 — 新北市：花木
蘭文化出版社，2012〔民101〕

目 8+208 面：19×26 公分

（中國學術思想研究輯刊 十四編：第32冊）

ISBN：978-986-322-042-8（精裝）

1.（隋）釋智顗　2.學術思想　3.佛教哲學

030.8　　　　　　　　　　　　　　　101015397

ISBN-978-986-322-042-8

9 789863 220428

中國學術思想研究輯刊
十四編　第三二冊　　　　　　　ISBN：978-986-322-042-8

智顗佛性論研究（下）

作　　　者　王月秀
主　　　編　林慶彰
總 編 輯　杜潔祥
出　　　版　花木蘭文化出版社
發 行 所　花木蘭文化出版社
發 行 人　高小娟
聯 絡 地 址　新北市永和區中正路五九五號七樓
　　　　　　電話：02-2923-1455／傳眞：02-2923-1452
網　　　址　http://www.huamulan.tw 信箱 sut81518@gmail.com
印　　　刷　普羅文化出版廣告事業
封面設計　劉開工作室
初　　　版　2012 年 9 月
定　　　價　十四編 34 冊（精裝）新台幣 56,000 元

智顗佛性論研究（下）

王月秀　著

目

次

上 冊

緒　論 ……………………………………………………… 1

　第一節　研究緣起 …………………………………………… 1

　第二節　研究成果回顧與問題提出 ……………………… 4

　第三節　研究進路與章節結構 …………………………… 14

第一章　思想史脈絡下的回顧 …………………………… 19

　第一節　從佛教發展談佛性論的重要性 ………………… 19

　　一、聲、緣二乘 ………………………………………… 21

　　　（一）佛性 ………………………………………… 22

　　　（二）心性 ………………………………………… 25

　　二、大乘中觀系 ………………………………………… 31

　　　（一）緣起「性」空 ……………………………… 32

　　　（二）佛「性」 …………………………………… 32

　　　（三）清淨 ………………………………………… 34

　　三、大乘瑜伽系 ………………………………………… 36

　　四、佛教經典對佛性論的正面評價 …………………… 42

　第二節　佛教佛性論早期之演進 ………………………… 47

　　一、大乘如來藏學形成前的可能思想淵源 …… 51

　　　（一）《摩訶般若波羅蜜經》 ………………… 51

　　　（二）《妙法蓮華經》 ………………………… 53

　　　（三）《維摩詰所說經》 ……………………… 54

（四）《大方廣佛華嚴經》 ……………… 57
二、初期如來藏學 …………………………… 61
（一）質樸文字與譬喻 …………………… 62
（二）由法性、法身等詞發展至如來藏 …… 65
（三）重「常」 …………………………… 67
（四）重「不空」之「如來藏，我」 …… 69
（五）重能觀之智 ………………………… 72
（六）從小乘、大乘空宗漸過渡至如來藏
學中期 ……………………………… 74
三、中期如來藏學 …………………………… 77
（一）重「空」之「如來藏者，非我」 … 77
（二）從能觀之「智」至所觀之「境」 … 79
（三）法性、法體、法身、法界、真如、
如如、如來藏等無別 ……………… 83
（四）發展「自性清淨心」即「如來藏」
………………………………………… 86
（五）如來藏與唯識的合流 ……………… 89
四、後期如來藏學 …………………………… 91
（一）「真如」義的「無我，如來之藏」 … 92
（二）識藏 ………………………………… 93
（三）智境一如 …………………………… 97
（四）賴耶緣起與如來藏緣起 …………… 100
第二章 智顗「『佛』『性』」義蘊初探 …… 105
第一節 智顗「佛」之概念分析 …………… 105
一、智顗前人所認知的「佛」 ……………… 106
二、智顗對「佛」的分類 …………………… 110
（一）從化法四教立「四種佛」 ………… 110
（二）從法聚之「身」分「三身佛」 …… 116
（三）從觀行而判「六即佛」 …………… 121
三、智顗實相義的「佛」 …………………… 125
（一）圓覺 ………………………………… 125
（二）圓觀 ………………………………… 127
（三）圓智 ………………………………… 129
（四）圓果 ………………………………… 130

　　四、智顗以眾生爲本位的「佛」 ……………… 132
　第二節　從異名同義詞蠡測智顗「佛性」義蘊 …… 135
　　一、智顗化法四教與「佛性」 ………………… 136
　　二、智顗「佛性」異名同義通釋 ……………… 137
　　　（一）中道第一義諦 …………………………… 138
　　　（二）實相 ……………………………………… 139
　　　（三）禪波羅蜜 ………………………………… 140
　　　（四）圓教名字 ………………………………… 145
　　三、智顗「佛性」異名同義別釋 ……………… 147
　第三節　智顗「佛性」與「如來藏」義解及其關係
　　……………………………………………………… 166
　　一、智顗之前「如來藏」與「佛性」的發展 … 167
　　二、智顗「佛性」義界 ………………………… 169
　　　（一）諸法「不改」之「性」 ………………… 169
　　　（二）「性」有三義 …………………………… 171
　　　（三）十法界之「性」 ………………………… 172
　　　（四）佛、魔之「性」的省思 ………………… 175
　　三、智顗「如來藏」義界 ……………………… 176
　　　（一）前人「如來藏」義 ……………………… 176
　　　（二）智顗對「如來藏」的承繼與轉化 …… 177
　　四、智顗「佛性」與「如來藏」的關係 ……… 181
第三章　論智顗學說中的「心」與「即」義 … 185
　第一節　論智顗「『觀』『心』」 ……………… 185
　　一、智顗學說中的「心」 ……………………… 186
　　　（一）心即四陰 ………………………………… 189
　　　（二）心即識陰 ………………………………… 190
　　　（三）心即意識 ………………………………… 191
　　二、智顗「『觀』一念『心』」 ……………… 195
　第二節　智顗「心具」說及其相關思考 ………… 205
　　一、智顗「心具」釋義 ………………………… 205
　　　（一）「『心』具」 …………………………… 212
　　　（二）「心『具』」 …………………………… 214
　　二、智顗圓教心具說的開展 …………………… 217
　　　（一）圓觀 ……………………………………… 217

（二）「十界一心」、「一念三千」 ……… 220

第三節　論智顗「當體全是」的「即」字概念 ……224

一、智顗以「當體全是」作爲「即」之內涵 · 225

二、智顗「即」字所繫連二詞之類型 ………229

（一）敵對論 ………………… 230

（二）類例論 ………………… 231

三、「當體全是」的證成方式：「達」與「觀達」

………………………………………… 232

（一）達 ………………………… 233

（二）觀達 …………………… 234

四、智顗「即」字的深層義：不斷斷 ……… 237

（一）「不斷斷」釋名 ………… 237

（二）「不斷癡愛，起於明、脫」… 240

（三）「行於非道，通達佛道」… 243

五、智顗學說中「即」之「是」意及其異名· 247

（一）是、即是 ……………… 247

（二）爲 ………………………… 251

（三）皆、皆是 ……………… 251

六、智顗「即」與「具」的關係 ………… 252

（一）智顗後人「具」字詮釋 … 253

（二）論智顗「即」與「具」字 ………… 256

下　冊

第四章　從「心即佛性」探智顗「佛性」之結構與
　　　　意義 ……………………………………… 263

第一節　從「一念無明法性心」探智顗「心」之雙
　　　　重結構 …………………………………… 264

一、智顗「一念無明法性心」釋名 ……… 264

（一）「無明」與「法性」 …… 264

1. 無明 ………………………… 264

2. 法性 ………………………… 266

（1）主質之體 ……………… 266

（2）實相 …………………… 268

（3）心 ……………………… 268

（4）一切法 ··············· 269
（5）中道佛性等異名別稱 ······ 271
（6）當體即非道、佛道 ······ 271
二、「無明即法性」證成之功夫論 ··············· 272
（一）自天而然的「法性」特質 ······ 272
（二）圓觀 ··············· 272
三、從「無明」與「法性」論「心」之雙重結
構及其關係 ··············· 276
（一）一念「無明即法性」心 ··· 277
（二）一念「無明心」即「法性心」 ··· 279
（三）一念心具「無明」與「法性」 ··· 282
（四）從「翻」與「轉」論智顗「無明」
與「法性」的關係 ··· 284
第二節 從「一念無明法性心」引申思考智顗「心」
之意義 ··············· 286
一、心具三義 ··············· 286
二、心具善惡雙重結構 ··············· 287
三、心具一切 ··············· 289
四、心具實相 ··············· 291
五、心具靈智之光 ··············· 293
六、心為「一本」 ··············· 295
第三節 從「心即佛性」之證成探智顗「佛性」之
內蘊 ··············· 299
一、「心」與「佛性」簡釋 ··············· 300
二、智顗「心即佛性」之證成 ··············· 303
三、論智顗學說中的「心具」與「性具」 ··· 306
四、佛性存在之意義 ··············· 308
五、從「心」探智顗「佛性」之雙重結構 ··· 310
六、從「感應」另類論及智顗「心」、「佛」、「佛
性」之關係 ··············· 313
七、心、心性、法性、佛性之思考 ··············· 317
第五章 從「因緣中道實相」之理探智顗「中道佛
性」論 ··············· 321
第一節 智顗「實相」、「中道」、「因緣」義界 ··· 321
一、實相 ··············· 321

二、中道 ……………………………………… 328

三、因緣 ……………………………………… 335

第二節 智顗「因緣中道實相」與「佛性」之關係

…………………………………………………… 336

一、「因緣中道實相」定題 ……………… 336

二、智顗因緣中道實相觀 ………………… 338

三、智顗「因緣」、「中道」、「實相」與「佛性」

之關係 ………………………………… 341

四、從「因緣中道實相」觀探智顗「佛性」義

涵 ……………………………………… 345

第三節 智顗中道佛性論 ………………………… 346

一、雙遮二邊之不思議理 ………………… 347

（一）非有非無 ………………………… 348

（二）非前非後 ………………………… 349

（三）非枯非榮 ………………………… 349

（四）不生不滅，不垢不淨 ………… 350

二、具一切法 ……………………………… 350

（一）邪正雙遊 ………………………… 350

（二）無假、無空而不中 …………… 351

（三）不但中 …………………………… 351

（四）非道即佛道 …………………… 352

三、一實諦 ………………………………… 353

第六章 智顗「三因佛性」論 …………………… 359

第一節 智顗三因佛性論易令讀者困惑之處 …… 359

一、智顗「三因佛性」探源與各類表述方式 . 361

二、問題思考 ……………………………… 367

第二節 智顗三因佛性本義考 …………………… 369

一、智顗三因佛性與圓融三諦的關係 …… 370

二、從「相、性、體」與「三軌」探智顗三因

佛性 …………………………………… 370

（一）相、性、體 …………………… 370

（二）三軌 ……………………………… 374

三、從「通於因果」探智顗三因佛性 …… 376

四、從「種」之三義探智顗「佛性」、「佛種」

與「如來種」 ……………………… 378

（一）綜說 ……………………………………… 380
（二）別說 ……………………………………… 380
　　1.「能生」義 ……………………………… 380
　　2.「種類」義 ……………………………… 382
　　3.「種性」義 ……………………………… 385
五、從「佛種從緣起」探智顗三因佛性 ……… 388
六、智顗三因佛性本義及其所立之由 ……… 393
第七章　以《觀音玄義》為例探智顗「性惡」說 · 397
　第一節　論《觀音玄義》「性」惡 …………… 398
　一、「三因佛性」義涵 ………………………… 400
　二、由「緣、了」佛性論「性」惡 …………… 407
　第二節　論《觀音玄義》性「具」惡 ………… 412
　一、由別釋「觀世音」明性「具」惡 ………… 412
　　（一）即心而具十法界 …………………… 412
　　（二）一心三智三觀三諦 ………………… 414
　二、由別釋「普門」明性「具」惡 …………… 420
　　（一）「普門」釋名 ……………………… 420
　　（二）以「慈悲普」為例 ………………… 423
　　（三）以「弘誓普」為例 ………………… 429
　第三節　從「權實」論《觀音玄義》性惡說 … 430
　一、智顗性惡說屬圓教之因 ………………… 431
　二、智顗性惡說屬圓教權說之因 …………… 435
　三、智顗性惡說屬圓教開權顯實之因 ……… 438
　第四節　就實踐層面論《觀音玄義》性惡說的正面
　　　　　影響 ……………………………………… 439
　一、重修行 …………………………………… 440
　二、重觀心 …………………………………… 442
　三、重慈悲 …………………………………… 442
　四、重感應 …………………………………… 442
　五、性惡無妨成佛 …………………………… 443
　六、圓教圓人圓法圓觀 ……………………… 444
結　論 ………………………………………………… 449
參考書目 ……………………………………………… 457

第四章　從「心即佛性」探智顗「佛性」 之結構與意義

　　佛性論，簡言之，即是探究：佛之性的義涵；誰具成佛之性；具成佛之性後，該生命體的質素底蘊如何、是否便保證必能成佛、又是如何成佛；佛性有何重要。也因此，佛性論乃以回溯本源的本體論爲軸心，並進而攸關解脫成佛的工夫論、佛果論、境界論。繼前章有關智顗「心具」說與當體全是的「即」字之討論，本章擬從「心」，亦即「一念無明法性心」，來探討智顗佛性論內部結構及其特質。

　　理由在於：雖然智顗常用許多代表第一義的詞與佛性相即，但當中最貼切有情眾生的修行歷程與果位者，莫過於「心即大乘心，即佛性」〔註1〕中的「心」；再者，智顗強調「何等爲諸法之源？所謂眾生心也」，〔註2〕顯見「心」在智顗學說有重要地位。然而「心」隨其持有者，諸如處於畜生界、人界、菩薩界的眾生，而有不同面向的心識活動與作用，則貌似因心識起轉而呈動態義的「心」，當眞能與佛性相即不二？若是，智顗又是如何證成？又，眾生本具「一念無明法性心」，該詞如何解之？是否可因該詞對「心」所揭示的雙重結構及其所內蘊的意義，進而論證智顗亦如是定位佛性具有雙重結構？若是，智顗又是如何讓佛性雙重結構不相違，且以成佛爲終極目標？

〔註1〕　〔隋〕釋智顗說，釋灌頂記，《摩訶止觀》卷3:「若觀心即是佛性，圓修八正道，即寫中道之經，明一切法悉出心中。心即大乘心，即佛性。自見己智慧與如來等。」(《大正藏》冊46，頁31下)
〔註2〕　〔隋〕智顗，《六妙法門》卷1，《大正藏》冊46，頁553下。

第一節 從「一念無明法性心」探智顗「心」之雙重結構

　　正與邪、真與妄、染與淨、善與惡、光明與黑暗等所有會產生相待、立於兩端、有著對反屬性之詞，在常態思惟與現實經驗界中其實是無法當下共存；有此無彼，有彼無此。甚至在歷代義理思想作品中，亦罕能併言相即對立詞。然而「一念無明法性心」一詞，雖在智顗著作中僅出現於《四念處》〔註3〕一回，但智顗不乏對此詞有相關演繹與論述，並堪為其思想中不立不破二端的獨特標幟。該詞所表何意？若據「觀根塵相對，一念心起」，〔註4〕「塵」以「染污情識」〔註5〕為義，則一念心應屬無明，那麼何能與法性繫連？又，「無明」與「法性」何能同置一念心之中？「一念無明法性心」，究竟屬一元或二元論？本節擬探求該詞要義，並進一步抉微「心」所本具的雙重結構，以及所隱含的微言大義。

一、智顗「一念無明法性心」釋名

（一）「無明」與「法性」

1. 無 明

智顗釋名「惱壞之甚」、「能壞出世善心」的貪瞋癡三毒時云：

　　迷惑之心，名之為癡。若迷一切事理之法，無明不了，迷惑妄取，

　　起諸邪行，即是癡毒；亦名無明。(《法界次第初門》) 〔註6〕

無明與癡毒乃是異名同義。「癡」之為「毒」，在於心受毒害而闇惑，體無慧明，隔離理性，不明事理，妄執有為無，或計虛妄之假相為有，行有違正道之事。因無智、惛昧之故，可亦名「無明」。此可呼應《法華玄義》「無明祇是一念癡心」，〔註7〕誠心性闇昧，無通達事理之智明。又，「無明」並屬見思、塵沙、無明三惑之一，何以智顗「一念無明法性心」中，要取「無明」二字言說？此因這三惑依次有麤中細之別，並分別障真諦、假諦、中諦。鑑於圓

〔註3〕　〔隋〕釋智顗說，釋灌頂記，《四念處》卷4，《大正藏》冊46，頁578下。
〔註4〕　〔隋〕釋智顗說，釋灌頂記，《摩訶止觀》卷1，《大正藏》冊46，頁8上。
〔註5〕　〔隋〕釋智顗，《法界次第初門》卷1：「塵者。塵以染污為義。以能染污情識，故通名為塵也。」(《大正藏》冊46，頁666上)
〔註6〕　〔隋〕釋智顗，《法界次第初門》卷1，《大正藏》冊46，頁667下～668上。
〔註7〕　〔隋〕釋智顗說，《妙法蓮華經玄義》卷3，《大正藏》冊33，頁711上。

教即一即一切，是同體三惑、破一惑即同破三惑，因此智顗學說中往往取障中諦之「無明」惑爲表，以與法性心相應。若探其意義，闇鈍之心未能照了諸法事理之明，意謂「無明」。智顗圓教視「無明」之心能具一切法。若以常理而言，既是無明，何有具一切法之能？此則爲圓教不思議處：

> 無明一念具一切法，不相妨礙。何所致疑？眠法覆心，即譬無明覆中道佛性之眞心；無量夢，即譬恒沙無知覆一切佛法妙事。(《三觀義》)〔註8〕

據《法華文句》「一念者，時節最促也」、《仁王護國般若經疏》「刹那者，極短時也」，〔註9〕可知一念起滅的時間等同極短促、極微細的「一刹那」，再參佐「歷緣對境觀陰界者。緣謂六作；境謂六塵」，〔註10〕並可知「一念」指一刹那歷緣對境一次。亦即，歷緣對境，刹那一念心生；含括時間、作者、受者。如此，意識生起的狀態便是：刹那前念所依而刹那生後念，前念後念次第生滅不斷。又，從前節可知，智顗圓教因當體全是之故，而有個體即全體、全體即個體之說，諸如「一即一切；一切即一」〔註11〕、「無邊之法在一心中；一一法中具諸佛法」〔註12〕、「心具十法界」〔註13〕、「心即具三千」。〔註14〕「一切」含括「一」及其正向與負向；反之。因此「一善心具十法界」，〔註15〕一惡心、明心、無明心等亦同具十法界及一切法。也因此，「無明一念具一切法」可成立，並因心具善、惡、明、無明之性，且善、惡、明、無明等性當體全是之故，而可解爲：一、「無明一念」當體全是「明一念」；二、誠如性惡具一切法，「無明一念具一切法」亦揭示體用自在涉入而無礙。智顗以「眠」心譬「無明」心、

〔註8〕 〔隋〕釋智顗，《三觀義》卷1，《卍續藏》冊55，頁674上。

〔註9〕 〔隋〕釋智顗說，釋灌頂記，《妙法蓮華經文句》卷8，《大正藏》冊34，頁108下；《仁王護國般若經疏》卷3，《大正藏》冊33，頁267上。又，〔隋〕釋智顗說，《妙法蓮華經文句》卷4亦云：「劫是長時；刹那是短時」(《大正藏》冊34，頁52下)。

〔註10〕 〔隋〕釋智顗，釋灌頂記，《摩訶止觀》卷7，《大正藏》冊46，頁100中。

〔註11〕 〔隋〕釋智顗說，〔唐〕釋湛然略，《維摩經略疏》卷9，《大正藏》冊38，頁564下。

〔註12〕 〔隋〕釋智顗說，釋灌頂記，《仁王護國般若經疏》卷1，《大正藏》冊33，頁253下。

〔註13〕 如：〔隋〕釋智顗說，釋灌頂記，《摩訶止觀》卷1，《大正藏》冊46，頁54上；《四念處》卷4，《大正藏》冊46，頁575上。

〔註14〕 〔隋〕釋智顗說，釋灌頂記，《摩訶止觀》卷5，《大正藏》冊46，頁54上。

〔註15〕 〔隋〕釋智顗說，《妙法蓮華經文句》卷2，《大正藏》冊33，頁21上。

一切「夢」法譬一切法。其中，心與中道佛性本是當體不二，但為強調無明覆蔽的作用，因此不僅取「眠法覆心」譬，並有「無明覆中道佛性之真心」一詞。然而不管一念心是否被無明覆蔽，當下恒「具一切法，不相妨礙」。其因，可進一步以「無明」本質即「法性」論之。智顗云：

> 無明是同體之惑，如水內乳。唯登住已去菩薩鵝王，能唼無明乳，清法性水。（《妙法蓮華經玄義》）〔註16〕

> 無明癡惑本是法性。以癡迷，故法性變作無明，起諸顛倒善不善等。如寒來結水，變作堅水（冰）；又如眠來變心，有種種夢。今當體諸顛倒即是法性，不一不異。（《摩訶止觀》）〔註17〕

據「無明是同體之惑」與「體諸顛倒即是法性」，易以為二段引文同屬圓教。然而首段引文雖以法性譬水、無明譬乳，但從「水內乳」、「唼無明乳，清法性水」，揭示雖視無明、法性同體，體中卻有此消彼長的區別與抉擇。此外，再輔「登住」行位，顯見實為別教次第斷無明、證法性之法。次段引文則假堅冰與水、眠夢與一念心之譬，闡明若能體達，將能明瞭無明顛倒本是法性。因迷悟之別，無明與法性「不一」；因當體全是，則為「不異」。是以可說，無明本源即是法性。而據智顗「無明心之源即佛性」，〔註18〕可知佛性與法性異名同義，皆為無明本源。

2. 法　性

智顗以幾面向定義「法性」：

（1）主質之體：智顗云：

> 體是質。質是主質。何為主質之體？法身、法性是經體質。若依義者，法身為體質；若依文者，法性為體質。法身、法性只是異名，更非兩體。欲令易解，是故雙題爾。法性語通。今以佛所游入法性為體質也。……法身、法性為此經正體之主質也。（《金光明經玄義》）

〔註19〕

智顗以「體」、「主質之體」定義「法性」，並取「法身」為同體之異名。「體」

〔註16〕　〔隋〕釋智顗說，《妙法蓮華經玄義》卷5，《大正藏》冊33，頁736中。
〔註17〕　〔隋〕釋智顗說，釋灌頂記，《摩訶止觀》卷5，《大正藏》冊46，頁56中。
〔註18〕　〔隋〕釋智顗，《維摩經文疏》卷1，《卍續藏》冊18，頁469中。
〔註19〕　〔隋〕釋智顗說，釋灌頂錄，《金光明經玄義》卷2，《大正藏》冊39，頁10下。

可從二面向解之：一、經體質：引文「體是質。質是主質」，即等同《觀無量壽佛經疏》「體是主質」〔註20〕，乃指經文之體，即一經所詮之主質，亦即實相之理，為眾行之所歸趣；二、如是體：據《法華玄義》「主質，名為體」〔註21〕、《摩訶止觀》「主質，故名體」，〔註22〕可知智顗另以十如是中的如是體解之。雖有二解，但一、二點引文無不扣緊體質而言，彼此不異，可知法性可作經文與十如是之「體」。那麼諸物、諸法，以及十法界之「體」是否有異？因皆指非常非無常、不改不變的法性、法身、實相為「體」，因此一切物、一切法通通「全」是當「體」。又，智顗為何言「佛所游入法性為體質」？智顗另文有載：

> 〈讚佛品〉云：知有非有，本性空寂。當達此等，皆體之異名，悉會入法性。法，是軌則；性，是不變。不變，故常一。此常一法性，諸佛軌則。（《金光明經玄義》）〔註23〕

> 法性者，所游之法也。諸佛所軌，名之為法；常樂我淨，不遷不變，名之為性。非是二乘，以盡無生智所照之理，為法性也。（《金光明經文句》）〔註24〕

法性，乃諸法本性。由於：一、「游」意謂自在通達，且無障礙滯著；二、「法」，即「軌則」，意謂佛所軌範依循之法；三、「性」即「不變」，意謂非常非無常、不改不變，可知：一、諸法之性皆「常『一』」，究竟可以湛然空寂的實相真理言之；二、「法性」之「法」對有情眾生而言，並非往外尋求，而是「法」其內在本心、本性，真理即在其中。當能真正「法」其本然之性，即能通達理體，而為理事圓融的「佛」。易言之，若以「諸佛所軌」解之，法性可指佛「智」所照之「理」；但凡眾生證得佛智，即能見得法性，亦即圓滿開顯佛性，而證得佛果。可知，法性亦名佛性，且為眾生本具；其性非生非滅，不改不變，內含佛所本具的常樂我淨之果德。

〔註20〕〔隋〕釋智顗說，《觀無量壽佛經疏》卷1：「體是主質。《釋論》云：除諸法實相，餘皆魔事。大乘經以實相為印，為經正體。無量功德共莊嚴之；種種眾行而歸趣之。」（《大正藏》冊37，頁188上）

〔註21〕〔隋〕釋智顗說，《妙法蓮華經玄義》卷2：「性以據內，自分不改，名為性。主質，名為體。功能為力。……」（《大正藏》冊33，頁694上）

〔註22〕〔隋〕釋智顗說，釋灌頂記，《摩訶止觀》卷5：「佛性、菩提相何故不同？如是體者。主質，故名體。此十法界陰俱用色心為體質也。」（《大正藏》冊46，頁53中）

〔註23〕〔隋〕釋智顗說，釋灌頂錄，《金光明經玄義》卷2，《大正藏》冊39，頁11上。

〔註24〕〔隋〕釋智顗說，釋灌頂錄，《金光明經文句》卷1，《大正藏》冊39，頁49上。

（2）實相：智顗云：

> 體者，法也。……若無體者，則非法也。出世間法亦復如是。善惡
> 凡聖菩薩佛，一切不出法性，正指實相為體。《普賢觀》云：大乘因
> 者，諸法實相；大乘果者，亦諸法實相。實相即法性。依此法性因，
> 得法性果，故知此經以實相為體。（《仁王護國般若經疏》）〔註25〕

無論是世間或出世間法，皆以「法」之本性，亦即「法性」為「體」。智顗明白指出，就大乘法而言，能生之「因」與所生之「果」皆為實相，而「實相即法性」。智顗並云：

> 法性者，名為實相。尚非二乘境界，況復凡夫。出二邊表，別有淨
> 法。（《摩訶止觀》）〔註26〕

法性即實相，因此恒是即因即果、非因非果。未證佛道的行者與凡夫往往不能了然此理，且往往認為欲求清淨之法，則須「斷」空有二邊。然而智顗表示，諸法本來之性即是實相，毋須斷彼取此或斷此取彼，即能以契入實相的無分別心，獲悉究竟圓滿的清淨法。智顗又云：

> 法身即是諸佛實相，不來不去。……法身是法性。法性即實相。常
> 恒無變是法佛之師。（《維摩經略疏》）〔註27〕

上文曾載「法身、法性只是異名，更非兩體」，另據《金光明經文句》「法身者。師軌法性，還以法性為身」，〔註28〕可知法身、法性同體，皆指非去非來、非名非色、常恆不變之實相。若欲別法身、法性之異，可說：法身為法性所外「顯」之身；法性為法身內「隱」之性。

（3）心：除了以「體」、「實相」定義「法性」，智顗並以「心」詮之：

> 凡厥有心，心即法性。法性者，即是本淨。本淨者即是法身也。（《維
> 摩經玄疏》）〔註29〕

諸法本來之性即是「法性」，而「心」歷來於諸經含有多重定義，但不外指肉團心兼有意識、緣慮、感知、分別，唯有情眾生才有。那麼智顗為何要言「凡厥

〔註25〕〔隋〕釋智顗說，釋灌頂記，《仁王護國般若經疏》卷1，《大正藏》冊33，頁254下。

〔註26〕〔隋〕釋智顗說，釋灌頂記，《摩訶止觀》卷1，《大正藏》冊46，頁6上。

〔註27〕〔隋〕釋智顗說，〔唐〕釋湛然略，《維摩經略疏》卷9，《大正藏》冊38，頁693中～下。

〔註28〕〔隋〕釋智顗說，釋灌頂錄，《金光明經文句》卷2，《大正藏》冊39，頁53中。

〔註29〕〔隋〕釋智顗，《維摩經玄疏》卷2，《大正藏》冊38，頁524下。

有心，心即法性」？若以共性言之，兩者因當體全是實相之性而可相即。此外，智顗不取亦具實相之性之物，諸如眼、耳，而取「心」與法性相即，想必因：萬法唯心造；心存在，世界才存在。從諸法本來之性本是清淨無染，更可應證眾生心亦是本淨。而由於法性、法身乃隱顯之本，亦揭示法身本淨。智顗並言：

> 約有體、無體分別者。若思議解脫，無有色、心體；若不思議，有
> 色、心體。……若是不思議解脫，觀色、心即是法性之色、心。法
> 性之色、心本無因生，故非果滅。見色、心不生不滅，而得解脫，
> 故有眞善妙色、妙心之體也。（《維摩經玄疏》）〔註30〕

據《法界次第初門》「心但有字，故曰名也」、「有形質礙之法，謂之爲色」，〔註31〕以及相關論述，可知智顗學說中的「色」，指有形質礙、無知覺之用的色法；「心」，指無質礙而有緣慮之用的心法。色、心二法皆積集成性，蔭覆眞理，而分別有色蘊與受想行識四蘊之稱。此段引文繼之，旨論色、心此二有爲法是否、能否含具眞如法性之體，亦即探討「有體、無體分別」。智顗指出：一、灰身滅智之聲聞、緣覺二乘，持「無」色、心二法之「體」，屬思議解脫。二、大乘圓教透過圓觀，能了達色、心二法之主質之體皆爲非因非果、不生不滅的法性，亦即實相。因能體達之故，眾生因緣造作所生的「色、心」二有爲法，毋須斷之，即爲「眞善妙色、妙心」，屬不思議解脫。其中，眾生之「色」法即爲「眞善妙色」、「心」法即爲「妙心」之因，可另據《法華玄義》：「妙有不可破壞，故名實相。諸佛能見，故名眞善妙色」、「適言其有，不見色質；適言其無，復起慮想。不可以有無思度故，故名心爲妙」。〔註32〕即，色、心二法雖是有爲法，但透過即空即假即中的圓觀，可了達眾生色法是立基性空實相的妙有眞色，眾生心法則是非有非無的妙心。亦即，眾生與佛之別，在於事相上，眾生被無明煩惱纏縛，以致有所謂的妄色、妄心。若能通達，即能明瞭眞、妄等一切法皆具眞如法性之「體」，因此妄色、妄心即是不可思議的「妙色」、「妙心」。

　　（4）一切法：智顗云：

> 夫法性與一切法無二無別。凡法尚是，況二乘乎？離凡法，更求實

〔註30〕　〔隋〕釋智顗，《維摩經玄疏》卷5，《大正藏》冊38，頁551上。

〔註31〕　〔隋〕釋智顗，智顗《法界次第初門》卷1，《大正藏》冊46，頁665中。

〔註32〕　〔隋〕釋智顗說，《妙法蓮華經玄義》卷8，《大正藏》冊33，頁783中；卷1，頁685下。

　　相。如避此空，彼處求空。即凡法是實法，不須捨凡向聖。經言：
　　生死即涅槃。一色一香皆是中道。是名推無作四諦。上求下化發菩
　　提心。若推一法，即洞法界，達邊到底。究竟橫豎，事理具足。上
　　求下化，備在其中。方稱發菩提心。(《摩訶止觀》) 〔註33〕

一切法含括有生有滅之有為法，及其相對的不生不滅之無為法，還有跳脫有
為、無為之不可言詮之法。若說「法性與一切法無二無別」，最難解釋的應是：
眞如法性如何與一切法中的有為法相即無異，亦即實相與凡法有何關係。智
顗指出，聲聞、緣覺二乘採取斷離凡法來求實相。此捨凡向聖之方實有失偏
頗。眞正圓融圓滿圓足之教，應是當下凡法即實法、生死即涅槃、煩惱即菩
提、一色一香等一切法皆為中道。智顗並將生滅、無生滅、無量、無作等四
種四諦中的「無作四諦」與圓教圓即說相連結：十界中，無論迷悟緣生之事
相，無不一一本具理性之德，別無造作。易言之，若能發顯菩提心，加以圓
觀，將能體達諸法事相之「體」即為中道實相。如此離斷證造作，事理兼具，
一法即一切法。

　　又《維摩經文疏‧弟子品》曾載「心及一切法即是法性」一詞廿七回，
並有相關解釋。《維摩經略疏‧弟子品》與之相似，以「心及諸法即是法性」
一詞展開內容不變、文字稍稍更易的闡釋。〔註34〕其內容不外闡明「法性」
所具的特質：「本來清淨，畢竟無所有」、「本來非我非無我，是眞無我義」、「非
垢染」、「非生死、非涅槃，即是中道佛性」、「本來常寂」、「本無十相」、「無
名」、「無形無質，無有相貌。不分別，猶如虛空」、「本無愛見之戲論」、「畢
竟空」、「本無我，何有我所」、「本來非六因」、「即是如」、「即是實際之異名」、
「非根機」、「無來無去」、「無可愛果及涅槃之好、無不可愛果及生死之醜」、
「無生死之增，無涅槃之損」、「本自不生，今則無滅」、「常恒無變」、「本來
無觀行自性離」。亦即，法性即是眞如實相。當能圓觀，則能體達法性之體清
淨本然、廓然空寂，超越我與無我、垢與染、來與去、前與後、醜與好、生
與滅、生死與涅槃，消泯一切法的對立差別，卻亦能肯定諸法因緣和合的差
別存在；即空即假即中。由此可知，可立於相對位置言負向的「無明」與正

〔註33〕　〔隋〕釋智顗說，釋灌頂記，《摩訶止觀》卷1，《大正藏》冊46，頁6上。
〔註34〕　〔隋〕釋智顗，《維摩經文疏》卷12，《卍續藏》冊18，頁547下～550上；〔隋〕
　　　　　釋智顗說，〔唐〕釋湛然略，《維摩經略疏》卷4，《大正藏》冊38，頁613下
　　　　　～615上。

向的「法性」之關係，亦可超越對立，從究竟不可言詮、無可分別的實相來論「法性」。順理可說，法性與一切法立於相對位置相即；亦可跳脫相對，而直接言法性即一切法。然而無論如何，諸法皆不離法性此主質之體；「出法性外，無法」。〔註35〕

（5）中道佛性等異名別稱：諸法皆可與法性相即。但嚴格言，所相即的，應是諸法之「體」。智顗云：

> 得法性，故見佛性。……法身即法性。見法性即見佛性，即得中道。
> 得中道即得菩提。得菩提即住大涅槃，即得諸佛法界。法界即法身。
> 法身遍法界用，故住大涅槃。（《四念處》）〔註36〕

> 若法性非生死、非涅槃，即是中道佛性。中道佛性畢竟無前後際相，
> 故云斷也。（《維摩經文疏》）〔註37〕

> 隨緣設教，名字不同。《華嚴》云法身，《方等》為實相，《般若》稱
> 佛母，《法華》為髻珠，《涅槃》名佛師，皆是法性異名，通為諸經
> 作體。（《金光明經文句》）〔註38〕

> 法性無為，亦名虛空。（《仁王護國般若經疏》）〔註39〕

法性外顯之相即為法身，因此就體用關係而言，法性即法身。而當能徹見差別諸法之本然之性，則可與非有非無、非前非後的真如實相之種種異名別說相契，諸如：佛性、佛母、中道、菩提、髻珠、佛師、無為、虛空、大涅槃、諸佛法界；並可說，當下即證得佛道、臻涅槃彼岸。此外，諸名「通為諸經作體」，表示智顗肯定大乘佛典諸部皆蘊藏實相之理。

（6）當體即非道、佛道：所謂「非道」，乃有違正道，亦即有違佛道。由於一切法皆當「體」全是，而其「體」究竟乃指不可言詮的中道實相，可知作為異名同義的「法性」，其「體」亦含括與「法性」敵對的「無明」諸詞，而可證成「法性」與「無明」相即。智顗云：

〔註35〕〔隋〕釋智顗說，《禪門章》卷1，《卍續藏》冊55，頁646中。
〔註36〕〔隋〕釋智顗說，釋灌頂記，《四念處》卷3，《大正藏》冊46，頁572中～573上。
〔註37〕〔隋〕釋智顗，《維摩經文疏》卷12，《卍續藏》冊18，頁548上。
〔註38〕〔隋〕釋智顗說，釋灌頂錄，《金光明經文句》卷1，《大正藏》冊39，頁49下。
〔註39〕〔隋〕釋智顗說，釋灌頂記，《仁王護國般若經疏》卷5，《大正藏》冊33，頁283上。

若得無明，即得法性。(《四念處》)〔註40〕

法性亦名毒藥，亦名甘露。(《請觀音經疏》)〔註41〕

無明與法性、無明心與法性心，可從「用」與「體」關係角度證成不二，然而亦表示法性心已預設與無明心當體；反之。順理，無明性亦是法性，揭示二性當體全是。然而眾生難見無明蔽覆下的法性，這尤顯圓教觀法的重要。以「甘露」譬法性，無庸致疑，以敵對的「毒藥」譬之，亦無牽強，而這並可呼應智顗所認為的，眾生心、佛性除具善，並具惡之理。

二、「無明即法性」證成之功夫論

（一）自天而然的「法性」特質

智顗云：

法性自天而然。集不能染；苦不能惱；道不能通；滅不能淨。如雲籠月，不能妨害。卻煩惱已，乃見法性。(《摩訶止觀》)〔註42〕

法性自爾，非作所成，如一微塵具十方分。(《摩訶止觀》)〔註43〕

法性自然天成，無任何造作。因不受三界六趣苦報及其所集成的世間因果影響，可說「集不能染；苦不能惱」。然而法性若不受出世間因果影響，為何言「道不能通；滅不能淨」？此處以「滅」代言涅槃、以「道」指稱八正道。「不能淨」、「不能通」二語，並非言能力未迨的「不能」，而是在言「能」亦「不能」、非「能」亦非「不能」，以強調法性等同實相無相，可以通達以彰顯，但任何外力皆不能加以改變之；如同無論是否被烏雲遮蔽，一輪皎潔明月始終懸掛夜空，大放光明。又，亦因一切法之性本是自然而然、不假造作，本是契入真如實相之性，是故一法即一切法、一法能具一切法、「一微塵具十方分」。至此，亦揭示：雖然「法性自爾」，但眾生欲「見法性」，則首當要務是處理煩惱微塵之問題，而這除了就大面向的「理即」言，亦涉及觀行實踐。

（二）圓　觀

智顗學說中，觀行實踐之工夫極為重要，其因之初層可從「心具一切相」

〔註40〕〔隋〕釋智顗說，釋灌頂記，《四念處》卷3，《大正藏》冊46，頁572中。

〔註41〕〔隋〕釋智顗說，釋灌頂記，《請觀音經疏》卷1，《大正藏》冊39，頁975上。

〔註42〕〔隋〕釋智顗說，釋灌頂記，《摩訶止觀》卷1，《大正藏》冊46，頁6上。

〔註43〕〔隋〕釋智顗說，釋灌頂記，《摩訶止觀》卷5，《大正藏》冊46，頁51下。

言之：

> 夫相以據外，覽而可別。《釋論》云：易知，故名爲相。如水火相異，
> 則易可知。如人面色具諸休否。覽外相，即知其內。……心亦如是
> 具一切相。眾生相隱；彌勒相顯。如來善知，故遠近皆記。不善觀
> 者，不信心具一切相。當隨如實觀者，信心具一切相也。(《摩訶止
> 觀》) 〔註44〕

眾生一念心所具之十法界中，每一法界並含有相性體力作因緣果報本末究竟
等十種如是。其中，眾生所具之如是相，含括下自地獄界、上至佛界等如法
外顯之種種差別相貌。因是顯現於外，因此猶如水火之相，易於識別。據「人
面色具諸休否」，可見智顗肯定「覽外相，即知其內」的面相學；再據「心亦
如是具一切相」及相關敘述，可見智顗旨從攸乖眾生命運吉凶的面相學來進
一步強調，顯現生命境界的心相學的重要。雖是「心」所具足之眞實本然之
「相」，眾生之心被無明遮蔽隱覆而不易見得，佛之心則是清淨純然易觀易
見。智顗指出，若欲實觀眾生心相，則有賴圓教圓觀。又，除了如是相，其
餘如是性、如是體等，亦有賴觀法，尤顯圓觀的重要。這亦是，智顗著述爲
何常以圓觀、圓達，來合理證成「無明即法性」、一念無明心即法性心之因。
以下則探討，智顗如何觀達無明，以證法性即實相：

> 若觀五陰即法性。法性無受想行識。一切眾生即是涅槃，不可復滅，
> 畢竟空寂舍。如是涅槃，即是眞如實體。(《妙法蓮華經文句》) 〔註45〕

> 達五陰非我有非他有，見陰實相，即圓意。……八自在我具足佛法，
> 圓意也。(《妙法蓮華經文句》) 〔註46〕

據《法華文句》「若攬眾陰而有，假名眾生」，〔註47〕可知假名施設的眾生，
依色受想行識等五陰和合而生。而集結眾生迷妄色法與心法的五陰，當能假
圓觀觀法加以通達之，將能明瞭五陰非眾生實有；五陰與眾生悉是因緣和合
的假有存在，主質之體皆是無起無滅的實相無相，亦即眞如法性。當眾生能
體現身心無一自在，並無被顛倒無明纏縛，而能契入實相眞義，即是從生死
此岸度得涅槃彼岸，眞正證得佛道。是以「一切眾生即是涅槃，不可復滅」，

〔註44〕　〔隋〕釋智顗，釋灌頂記，《摩訶止觀》卷5，《大正藏》冊46，頁53上。
〔註45〕　〔隋〕釋智顗說，《妙法蓮華經文句》卷1，《大正藏》冊34，頁5下。
〔註46〕　〔隋〕釋智顗說，《妙法蓮華經文句》卷2，《大正藏》冊34，頁16下。
〔註47〕　〔隋〕釋智顗說，《妙法蓮華經文句》卷4，《大正藏》冊34，頁55中。

除了理即，並可從觀行實踐而圓滿爲究竟即。引文中的「五陰」，可取譬爲一念無明心，以表無明心非實有存在，還源返本即爲非有非無的實相。又，諸法豈非緣起性空，因緣假成而施設假名，何以引文並言及「如是涅槃，即是眞如『實體』」？亦即，爲何智顗學說會有「實體」概念？智顗與教界無不認爲，世諦假名施設，有爲相待，有名無「實」；眞諦無限絕待、無上空寂、無起無滅，乃以實相無相、眞如法性爲實體。智顗百萬字鉅著中僅有八回載「實體」二字，少言之因，恐是避免世人執文生義，而走向諸法實體化的濫觴；但仍會言及，恐爲化導世人，但凡聖諦即以不生不滅、不可言詮的實相無相爲「體」。此實體，唯有眞寂的清淨實智才能證得。此外，「實體」概念亦有呼應作爲覺悟之性的佛性，以及眞如法性。亦即，智顗及教界乃以無相爲「實」的究竟內涵，因此「實體」終不可以世人「實有」概念詮之，仍是要立基緣起性空之上。那麼，智顗如何闡明觀行實踐之理呢？

> 觀亦三義：貫穿義、觀達義、對不觀觀義。貫穿義者。智慧利用，穿滅煩惱。……觀達義者。觀智通達，契會眞如。……對不觀觀者。語雖通上，意則永殊。上兩觀亦通，對生死彌密，而論貫穿；迷惑昏盲，而論觀達。

此通約智斷，相待明觀。今別約諦理。無明即法性，法性即無明。無明非觀非不觀，而喚無明爲不觀；法性亦非觀非不觀，而喚法性爲觀。如經云：

> 法性非明非闇，而喚法性爲明；第一義空非智非愚，而喚第一義空爲智。是爲對不觀而明觀也。（《摩訶止觀》）〔註48〕

觀行實踐，依其觀的方式與所觀之客體，可分從假入空觀、從空入假觀、非空非假的中道觀，因此「觀」可說同具三義：一、觀穿：能以智慧，穿破見思、恒沙、無明等障惑；二、觀達：能通達空、假、中三種審實不虛之諦理，契會眞如；三、對不觀觀：能對不觀而明觀，致使非觀非不觀、亦非觀非不觀。以無明、法性爲例，「無明」爲「不觀」之果、「法性」爲「觀」之果。能穿滅煩惱、對治障惑的「觀穿」，乃爲觀無明；能通達無礙三諦之理的「觀達」，是爲觀得法性。由於「觀」能穿滅煩惱、達觀眞如理體，因此「觀穿」的當下，即等同「觀達」，也因此若能得觀「無明」，當下即等同觀得「法性」，致使「無明」與「法性」悉爲超越相待、「達於實相」義的「非觀非不觀」，亦即「不觀觀」；由此即可證成「無明即法性，法性即無明」。前二義的貫穿

─────────

〔註48〕〔隋〕釋智顗，釋灌頂記，《摩訶止觀》卷3，《大正藏》冊46，頁21下。

與觀達，分別繫連煩惱障惑與眞如理體，是爲「相待明觀」；超越相待的「對不觀觀」，則是併連前二義，權說「無明」爲「不觀」、「法性」爲「觀」，並進一步表明無明與法性在觀法之下，是無二無別，悉契入非明非闇、非智非愚之實相無相之體，較相待的前兩觀周徧圓融，實有含攝前二觀的傾向。然而無論如何，一體三觀，不斷而斷、斷亦不斷，誠爲圓教圓觀之特色。又，智顗並解釋圓教觀法應「蔽」而起之理：

> 若人性多貪欲，穢濁熾盛。雖對治折伏，彌更增劇，但恣趣向。何以故？蔽若不起，不得修觀。……蔽即惡魚；觀即鈎餌。若無魚者，鈎餌無用。但使有魚，多大唯佳。皆以鈎餌隨之不捨。此蔽不久，堪任乘御。……觀貪欲蔽，畢竟空寂，雙照分明。……若蔽礙法性，法性應破壞；若法性礙蔽，蔽應不得起。當知蔽即法性。蔽起，即法性起；蔽息，即法性息。……一切眾生即菩提相，不可復得；即涅槃相，不可復滅。爲增上慢說離婬怒癡，名爲解脫；無增上慢者說婬怒癡性，即是解脫。一切塵勞是如來種。山海色味無二無別，即觀諸惡不可思議理也。……六蔽非道即解脫道（《摩訶止觀》）〔註49〕

據智顗「諸蔽爲惡，事度爲善」，〔註50〕表蔽覆清淨本心而不得開解的「蔽」，與度三途之苦的有爲事相，恰爲「惡」與「善」之相對關係。再據「六蔽非道，即解脫道」，〔註51〕可知慳貪、破戒、瞋恚、憐念、散亂、愚癡等六蔽雖爲違正道實相的邪道，卻基於緣起性空，當體即空即假即中全是解脫道。引文中，智顗取貪欲此蔽爲例，一明貪欲即是道、即是菩提；二明觀法與蔽之關係：若眾生以敵對斷裂的方式來對治遮覆本心之貪欲，恐火上加油。智顗取「惡魚」譬意謂「無明」的「蔽」，取「鈎餌」譬「觀」，以無惡魚則「鈎餌無用」說，來說明蔽起，才須修觀法。可見圓教圓觀因應「無明」而起；若無明不存在，則毋須觀行。在探討「蔽」與「觀」的關係後，可進一步思考：觀法有何效用？透過圓教觀法，將能究竟通達無明之體，彰顯即空即假且即中的中道實相之理。就此亦揭示，在常人眼中成敵對互礙、此消彼漲、此起彼滅的無明與法性，實際上皆立基實相之體，以致「蔽即法性」，彼此互不防礙。若據「蔽即法性」，當然可言「蔽起，即法性起；蔽息，即法性息」，然而熾盛穢濁、遮覆本心的「蔽」

〔註49〕　〔隋〕釋智顗，釋灌頂記，《摩訶止觀》卷2，《大正藏》冊46，頁17下～18下。

〔註50〕　〔隋〕釋智顗說，釋灌頂記，《摩訶止觀》卷2，《大正藏》冊46，頁17中。

〔註51〕　〔隋〕釋智顗，釋灌頂記，《摩訶止觀》卷2，《大正藏》冊46，頁18下。

與諸法本來不改之性的「法性」，於世人眼中當有所衝突，且其個別義畢竟有別，因此能不能從另一面向言及：「蔽」起，即「法性」息？「蔽」息，即「法性」起或恒存？原因是，就不可言詮的實相本源而言，「蔽」與「法性」乃善巧的相對存在。譬喻「惡魚」的「蔽」存在，譬喻「鉤餌」的「觀」才有存在價值。亦即，觀法的目的在處理「蔽」覆本心的問題，若「蔽」不存在，便毋須觀行實踐。而藉由圓教觀法，即能彰顯本被蔽覆的法性，因此「蔽起，即法性起」。而一旦「蔽」息，則一切皆契入真如實相，「法性」之名與義則毋須談及。可見「蔽」與「觀」，或「蔽」與「法性」，皆是此起彼起、此息彼息的關係。基於「蔽即法性」，可知但凡敵對之詞相即，無不一可類推當體全是的關係：一切眾生即覺悟之「菩提相」、即空寂無為之「涅槃相」。「離婬怒癡」或「婬怒癡性」，皆即是「解脫」。而一切坌穢真性、勞亂身心的「塵勞」與如來種無別；六蔽非道與解脫道亦無別。可知，智顗學說中敵對之詞的相即，可以「觀諸惡不可思議理」統攝之，原因是相即之一端必代言著「諸惡」，另一端則是與之相對的「諸善」。當能透由圓教圓觀之，則能契入無二無別的實相大道，山海色味等一切法皆是同一無異。智顗並闡明圓觀之效用：

> 《華嚴》云：欲知如來心，但觀眾生心。若見如來心，即見眾生心。如破一微塵出大千經卷，眾生一念無明因緣所生之心即具四理。若觀心因緣生滅，入空即生滅，如是即空即假即中，例說可知。(《維摩經略疏》) 〔註52〕

誠如「法性心」與「無明心」當體無別，「如來心」與「眾生心」亦如是。然因就事相言，蔽覆本心者為「眾生」、清淨本心者為「佛」，因此須有賴即空即假即中之圓觀，通達眾生心本源，而證成眾生心與無明心不二。亦因體達當體全是之理，尤顯「一」具「一切」之不可思議。可知圓教肯定眾生心、微塵、一念無明因緣所生之心，不似別教會以斷破、滅絕態度予以對伺。如同肯定「一微塵出大千經卷」，透過即空即假即中之圓教觀法並能徹曉一念無明心即具中道實相之理。

三、從「無明」與「法性」論「心」之雙重結構及其關係

智顗雖僅於《四念處》載「一念無明法性心」一回，但其著述多有此詞

〔註52〕 〔隋〕釋智顗說，〔唐〕釋湛然略，《維摩經略疏》卷9，《大正藏》冊38，頁568下。

的相關演繹與論述。可三解之：

（一）一念「無明即法性」心

爲何智顗要主張「無明即法性」？

> 無明即法性；法性即無明。無明亦非止非不止，而喚無明爲不止。
> 法性亦非止非不止，而喚法性爲止。此待無明之不止，喚法性而爲
> 止。如經：法性非生非滅，而言法性寂滅；法性非垢非淨，而言法
> 性清淨。是爲對不止而明止也。……無明即法性；法性即無明。無
> 明非觀非不觀，而喚無明爲不觀；法性亦非觀非不觀，而喚法性爲
> 觀。如經云：法性非明非闇，而喚法性爲明。第一義空非智非愚，
> 而喚第一義空爲智。是爲對不觀而明觀也。（《摩訶止觀》）〔註53〕

智顗除了明「無明即法性」，並倒過來言「法性即無明」。若說「即」字代表
當體全是，何以「無明」與「法性」要特地易位而言？智顗著述中的語境，
但凡敵對二詞相即，往往有二面向：一、後詞往往視作主位，前詞則作爲被
檢視、被歸位的對象；二、藉由易位所造成的敵對反差與弔詭，來凸顯二詞
本是異名同義，皆具眞如實相之體。此段引文即是針對同是立基實相的「非
止非不止」、「非觀非不觀」的「無明」與「法性」，反過來以體用角度闡明：
「無明」本是眾生「不止」、「不觀」的生命狀態；得見非生非滅、非垢非淨、
非明非闇、寂滅清淨的「法性」乃眾生行以「止」、「觀」法門。是以「法性」
可統言爲：「對不止而明止」、「對不觀而明觀」。智顗並從是冰或水、一珠向
水或向火言之：

> 問：無明即法性，法性即無明。無明破時，法性破不？法性顯時，
> 無明顯不？答：然。理實無名。對無明稱法性。法性顯，則無明轉
> 變爲明。無明破，則無無明。對誰復論法性耶？問：無明即法性。
> 無復無明，與誰相即？答：如爲不識水人，指水（氷）是水，指水
> 是水（氷）。但有名字，寧復有二物相即耶？如一珠向月生水，向日
> 生火。不向，則無水火。一物未曾二，而有水火之珠耳。（《摩訶止
> 觀》）〔註54〕

智顗以反覆答難的方式，先疑問若是「無明即法性，法性即無明」，則是否有
連帶之效應影響，諸如：若破無明，法性是否亦破；若顯法性，無明是否亦

〔註53〕〔隋〕釋智顗，釋灌頂記，《摩訶止觀》卷3，《大正藏》冊46，頁55中～下。
〔註54〕〔隋〕釋智顗說，釋灌頂記，《摩訶止觀》卷6，《大正藏》冊46，頁83上。

顯。若照常人理解方式，既是相即無別，則應如此。智顗解釋，法性即是真如實相，本是難以言詮的「無名」之理。為與眾生無明煩惱相稱，才將無明其真實之性體，亦即實相，名為法性。既是相對，則當能觀達無明本然之性時，即是發顯亦名「法性」的無明性體。然而特別的是，破無明，並不意謂即破法性，而是在消除障覆法性之穢，以凸顯作為無明之體的法性。智顗並假難者設問，若「無無明」，則「無明即法性」何能成立？智顗分別以「冰」、「水」譬無明、法性，並表二物本是同體無別。法性之「水」之變為無明之「冰」，乃因觀者「迷」之故；觀者若「悟」，則能徹見諸法無明之性體即為「法性」。此外，鑑於「法性」即是非有非無、不生不滅、不可言說的「實相」，智顗並以「珠」譬之：「向月生水」之珠與「向日生火」之珠本是一物，為善巧區分是「向月」、「向水」，才有二珠之名。智顗並云：

> 觀無明即法性，不二不異。法性本來清淨，不起不滅。無明惑心亦復清淨，誰起誰滅。若謂此心有起滅者，橫謂法性有起滅耳。（《摩訶止觀》）〔註55〕

> 無明即法性，煩惱即菩提，欲令眾生即事而真，法身顯現。（《摩訶止觀》）〔註56〕

就事相而言，一念無明心與一念法性心本是有別。但透過圓教觀法，無明與法性誠如煩惱與菩提，確切同「體」無異。雖然前念與後念恒是剎那生滅，但基於同實相之「體」故，無明惑心與法性心卻是無生無滅。其中，非斷滅義的「即事而真」一詞，恰可用來稱述此種「體」心即真、理事無別、一色一香無非中道之理。此外，智顗並以自性、他性之「無住」法，言無明與法性的關係：

> 問：無明依法性，即是法性為始。何得言無始？答：若無明依法性是有始者。法性非煩惱，不可指法性為煩惱本。故言：無住則無本。若依法性立一切法者。無明不出法性，法性即為無明之本。此則以法性為本。今經撿覈煩惱之本，法性非煩惱，故言無住無本。既無有本，不得自住，依他而住。若說自住，望法性為他。亦得說是依他住也。說自住即別教意；依他住即圓教意。（《維摩經略疏》）〔註57〕

〔註55〕〔隋〕釋智顗說，釋灌頂記，《摩訶止觀》卷5，《大正藏》冊46，頁63下。

〔註56〕〔隋〕釋智顗說，釋灌頂記，《摩訶止觀》卷9，《大正藏》冊46，頁131上。

〔註57〕〔隋〕釋智顗說，〔唐〕釋湛然略，《維摩經略疏》卷8，《大正藏》冊38，頁

智顗先假難者質疑,據「無明依法性」之「依」字,法性始於無明,何來「無始」之說。智顗就法性「非」本、「爲」本回應之:一、據法性與煩惱有別,法性「非」煩惱之本,因此可說「無本」。既是無自性的「無本」,則隨緣而起,無所住著,是爲「無住」。二、據法性爲一切法之「體」,能立一切法,因此可說「無明不出法性,法性即爲無明之本」,是爲「法性爲本」。然而法性本是緣起性空的真如實相,因此亦可言爲「無本」之說。可知,智顗除了闡明法性爲無明之「體」之說,此外,爲避免世人執文,並進一步考覈「煩惱之本」爲「無住本」之理。此「無住無本」之說,實爲「依他而住」。由此可呼應,法性雖是含括無明之一切法之「體」,但因本是性空實相,因此誠爲「他住」。就此並可分別:別教持「自住」說;圓教則持「無住無本」的「他住」說。雖然法性爲諸法之「體」,但不礙立於無住之本。智顗並云:

> 若世間一切法、出世間一切法、有爲一切法、無爲一切法,皆從無
> 住本而立。所以然者。若迷無住,是則三界六道紛然而有,是爲立
> 世間一切法。若解此無住,即是無始無明,則返本還源,發真成聖,
> 故有四種出世間聖法也。故知因無住本,立一切法也。(《維摩經文
> 疏》)〔註58〕

一切法含括世間、出世間、有爲、無爲,皆具無所住著之性,亦即緣起性空之本然之性。然而若不解「無住」之義,則易以爲一切世間有爲法悉具實有之性。反之,若能豁然解之,則縱是面對根本無明,亦能探本之最至極處,轉凡成聖,明瞭其「體」乃爲本覺之法性,以致世間有爲法與出世間聖法悉無別。可知「無住本」,即是在形容諸法主質之體,亦即法性,亦即實相,是以能成就一切法,卻能始終「本」於「無住」。

(二)一念「無明心」即「法性心」

智顗云:

> 法性之心本非是常,凡夫橫計,是名常倒;法性實非無常,二乘橫
> 計無常。……心即非空非假。非空,故非無常;非假,故非於常。
> 非榮非枯,邊倒不生,名入涅槃。中道理顯,名祕密藏。安置諸子,
> 自亦入中。(《摩訶止觀》)〔註59〕

---

677 上。

〔註58〕〔隋〕釋智顗,《維摩經文疏》卷23,《卍續藏》冊18,頁651下。

〔註59〕〔隋〕釋智顗說,釋灌頂記,《摩訶止觀》卷7,《大正藏》冊46,頁89上。

所謂「法性之心」，指眾生之心本契入眞如實相，了達諸法非常非無常之理，有別凡夫之執「常」、二乘之執「無常」。是以「法性之心」，一解爲「心」即「法性」；二解爲「心」之主質之體或本來面目即是「法性」，即是「實相」。該「法性之心」，基於「非無常」而「非空」，基於「非於常」而「非假」。此外，並雙遮枯榮，不生顛倒妄見，深契實相，可說本具入涅槃之理；因能彰顯中道之理，可名「祕密藏」。又，該心能生一切法，法性並爲諸法本然之體。反過來，智顗言「無明心」：

> 今當體諸顛倒即是法性，不一不異。雖顛倒起滅，如旋火輪。不信顛倒起滅，唯信此心，但是法性。起是法性起；滅是法性滅。體其實不起滅，妄謂起滅。祇指妄想悉是法性。……觀者，觀察無明之心，上等於法性，本來皆空；下等一切妄想善惡，皆如虛空，無二無別。（《摩訶止觀》）〔註60〕

眾生之未能成佛，在於無明纏縛，有種種顛倒妄想。智顗指出，無明煩惱之「體」即是法性。若能通達，即知無明與法性、無明之心與徹見法性之心，因體用之故而「不一」；因皆具法性此主質之體而「不異」。就此可說，心無論眞妄染淨，當下即是法性。是以一念心起、心滅，亦可名爲「法性起」、「法性滅」；而究竟言，法性該「體」本無起滅，純是顛倒之相用才有可能像旋火輪一樣起滅。也因此，「妄想悉是法性」，不無道理。然而由於作爲諸法本然之性的「法性」本是非因非果、不生不滅的實相眞如，因此亦可以虛無形質、空無障礙的「空」、「虛空」二詞，來言詮無明即法性、無明之心即等同徹見法性之心。此外，一念善心或惡心亦與法性無二無別。智顗並云：

> 無明心與法性合，則有一切病相。觀此法性，尚無法性，何況無明及一切法？（《摩訶止觀》）〔註61〕

一念心若被無明覆蔽，則將顯現不得出離生死的病相。然而由於一念無明之心體即是法性，而法性即是非有非無的眞如實相，因此若能圓觀一念無明心，除了能探源法性之體，並能基於實相無相之故，了知「尚無法性」。如此一念無明心與一切法豈眞實有存在？智顗並總體就「心」而言：

> 《華嚴》云：心如工畫師，造種種五陰。一切世間中，無不由心造。諸陰只心作耳。觀無明心畢竟無所有，而能出十界諸陰。此即不思

〔註60〕〔隋〕釋智顗說，釋灌頂記，《摩訶止觀》卷5，《大正藏》冊46，頁56中。
〔註61〕〔隋〕釋智顗說，釋灌頂記，《摩訶止觀》卷6，《大正藏》冊46，頁77下。

　　議。如《法華》云：一念夢行因得果，在一念眠中，無明心與法性
　　合，起無量煩惱。尋此煩惱，即得法性。(《四念處》) 〔註62〕

一念心有染與淨、無明與明、惡與善……等種種相對及超越相對之樣貌，並
就此造就、決定心內與心外之世界。這誠如《華嚴》所言，「心」猶如工畫師，
能造一切法。其中，含有陰覆與陰積二義的「五陰」，可說是成就無明心之主
因，是故此段引文旨在探討一念無明心與法性的關係：當能觀達無明心體乃
是非有非無之法性，並能肯定基於五陰緣故而因緣差別之十界，則為「不思
議」。亦即一念無明心體即為法性，因此就理事言，「一念眠中，無明心與法
性合」。此乃肯定一念眠心之存在價值，毋須被斷滅、抹殺。也因此，縱是眾
生心起種種煩惱，亦可返身探源而了得「法性」之體，並明瞭當體無住而立
一切法。智顗並以四念處言之：

　　念只是處；處只是念。色心不二，不二而二。為化眾生，假名說二
　　耳。此之觀慧。只觀眾生一念無明心。此心即是法性。為因緣所生，
　　即空即假即中。一心三心；三心一心。此觀亦名一切種智。此境亦
　　名一圓諦。一諦三諦；三諦一諦。(《四念處》) 〔註63〕

「念只是處；處只是念」，揭示一念心生起之當下，即臻至所至之境界；反之，
境界則指涉剎那一念心當下的意識活動與染淨內涵。又，一切法可二分為有質
礙的色法，與無質礙而有緣慮之用的心法。色心二法於事相上相對，但皆立基
緣起性空的真如實相之體，並可說「色心不二」；此外，雖為「不二」，但為化
導眾生而可假名施設，以致亦可言為「不二而二」。若行者深具無上之智慧，則
能即空即假即中觀達一念無明心乃為因緣和合所生，本體即為清淨真如法性。
因能周徧圓滿的圓觀，一念心當下即具緣起性「空」之心、「假」名施設之「心」，
與非空非假、亦空亦假的「中」道之「心」。一心即三心；三心即一心。若能此
觀，則意味深具佛所具之一切種智，而能觀得所觀之境為「一圓諦」。又因即一
即三之故，並可說「一諦三諦；三諦一諦」。至此，並可以《摩訶止觀》「無明
一念心；此心具三諦。體達一觀；此觀具三觀」〔註64〕呼應之。一念無明心同
法性心，皆具三諦之理。當能體達無明心，即意謂圓滿觀得三諦。當能中觀之
際，當下即為假觀、空觀；依此類推。就此可知，一念無明心即法性心，且具

〔註62〕　〔隋〕釋智顗說，釋灌頂記，《四念處》卷4，《大正藏》冊46，頁579上。
〔註63〕　〔隋〕釋智顗說，釋灌頂記，《四念處》卷4，《大正藏》冊46，頁578上～中。
〔註64〕　〔隋〕釋智顗，釋灌頂記，《摩訶止觀》卷6，《大正藏》冊46，頁84下。

一切法。三心、三觀、三諦當下皆含攝其中。

（三）一念心具「無明」與「法性」

無明即法性，因此一念無明心即法性心，也因此可說：一念心當下具當體全是之無明與法性。此可從心具十法界論之：

> 不思議境者。一念病心非真非有，即是法性、法界。一切法趣病是趣不過，唯法界之都，無九界差別。如如意珠不空不有，不前不後。病亦如是。絕言離相，寂滅清淨，故名不可思議。（《摩訶止觀》）〔註65〕
>
> 六是凡夫；四是聖人。所言法界者。法，名自體；界，以性別為義。此十種法體，因果不同，事性隔別，不相混濫，故言十法界。此十法界皆是十二因緣之所成，故言因緣所生法也。十二因緣並依無明。無明之理體非異念，故言一念具足十法界也。（《三觀義》）〔註66〕

無明為病之淵源，能傷心與身。此處以「一念病心」譬「一念無明心」。其一念心之本來之性乃非真非假、非有非無，可名為「法性」、「法界」。此處為強調無明心乃非真實存在、非實有，因此以「非真非有」形容之。而該心與法性相即，據上文所釋，乃可理解，較疑惑的是，該無明心為何與「法界」相即？另據智顗「法名自體；界以性別為義」，可知法界之分為十，含括六凡四聖，在於「因果不同，事性隔別」，而有十種隨十二因緣所成、各有體如、彼此差別卻不相混濫的法體。但是，誠如含無明之一切法乃以法性為「體」，並不會隨染緣而趨向無明，導致法性實質實體受其影響，因此在事相上差別的十法界亦其實「當體即理」，〔註67〕誠為無別的一法界。也因此，可言為「法界之都」以攝十界，亦即任一法界即攝餘法界及一切法。智顗並以非有非無、非前非後、非生非滅之如意珠為譬，點出一念「無明」心之本然之性即是「法性、法界」。既是非有非無、「當體即理」，則何須否定無明心之存在？當能究竟觀達，並能跳脫明與無明、無病與病，則契入言語道斷、心行處滅、實相無相、寂靜離染的不思議境。可知，基於「法界之都，無九界差別」，一念不僅具足十法界，且佛界即餘九界、菩薩界即餘九界，依此皆可類推。又，一心與十法界的關係，並可以「一」與「一切」推導之：

〔註65〕〔隋〕釋智顗說，釋灌頂記，《摩訶止觀》卷8，《大正藏》冊46，頁110下。

〔註66〕〔隋〕釋智顗，《三觀義》卷1，《卍續藏》冊55，頁673下。

〔註67〕〔隋〕釋智顗說，釋灌頂記，《妙法蓮華經玄義》卷2，《大正藏》冊33，頁693下。

> 若觀法性心，因緣生法，一種一切種，一心一切心。法性空，故一
> 切心一心；一空一切空。法性假，故一心一切心；一假一切假。法
> 性中，故非一非一切。非空非假，雙照空假。九法界心亦復如是。
> 是名心念處。(《摩訶止觀》)〔註68〕

若未觀得諸法當體全是之理，恐執於兩端，僅會以斷破方式捨此就彼或捨彼
就此。當能透過圓教觀法，將能深徹了然：一、諸法無非以眞如法性爲體，
因緣和合才有一切差別「假」法。二、一切法雖有差別事相，卻皆是緣起性
「空」，因此皆可收攝至「法性」此主質之體。三、除了觀境歷歷分明的假觀
假諦、性常自空的空觀空諦，圓觀者並可立於非空非假、亦空亦假的「中」
道實相，境觀歷然。舉身、受、心、法等四念處中的心念處爲例：當能觀得
清淨法性心，並非斷棄因緣和合而生之法，而能即事而眞，「一」與「一切」
融即，「一種一切種，一心一切心」。又因眞如法性並可即空即假即中觀之，
則：一、法性「空」義時，不僅「一切心一心」，且「一空一切空」；二、法
性「假」義時，不僅「一心一切心」，且「一假一切假」；三、法性「中」義
時，則雙遮雙照「空」與「假」，「非一非一切」。若能圓觀法性，當是證得佛
界，以致能即空即假即中觀。然而據智顗「九法界心亦復如是」，顯見九法界
與佛界同體無別，乃因眾生心隨染淨緣而有差別法界。這因可呼應眾生一念
心所具之無明與法性，如同其隨緣彰顯的九法界與佛界，皆是同體無二。智
顗另有段話，亦是同理言說：

> 無明法法性，生一切法。如眠法法心，則有一切夢事。心與緣合，則
> 三種世間、三千相性皆從心起。一性雖少而不無，無明雖多而不有。
> 何者？指一爲多，多非多；指多爲一，一非少，故名此心爲不思議境
> 也。若解一心一切心，一切心一心，非一非一切。……遍歷一切皆是
> 不可思議境。若法性無明合有一切法陰界入等，即是俗諦；一切界入
> 是一法界，即是眞諦；非一非一切，即是中道第一義諦。如是遍歷一
> 切法無非不思議三諦……無明法法性，一心一切心，如彼昏眠。達無
> 明即法性，一切心一心，如彼醒寤。(《摩訶止觀》)〔註69〕

從「眠法法心」譬「無明法法性」，揭示：一、「心」與「法性」同體無別；二、
「眠法」、「無明」之主質之體不離「心」、「法性」。由於一念心中宛然具足「無

〔註68〕〔隋〕釋智顗說，釋灌頂記，《摩訶止觀》卷7，《大正藏》冊46，頁88下。
〔註69〕〔隋〕釋智顗，釋灌頂記，《摩訶止觀》卷5，《大正藏》冊46，頁55上〜下。

明」與「法性」，因此隨染淨緣而有差別事相。然而精準言，「心與緣合」而有三種世間、三千相性之「心」乃指無明心，而非清淨法性心，因此能有一切眠夢、能生一切有爲法。雖是如此，作爲主質之體之法性並非「不無」；無明心能生差別諸法，卻基於緣起性空之故，而爲「不有」，又因無明心與法性心當體全是，僅是相與體、事與理之別，顯見「一」與「一切」不前不後地融即，且「一」與「多」、與「少」的關係，非常人能思惟。亦因超乎常人思惟，尤顯圓教圓觀所證成的一念心具足無明與法性之說，彌爲圓滿不破，乃爲不可思議境：即假觀，知空非空，而「一心一切心」；即空觀，知假非假，而「一切心一心」；即中道，雙遮雙照空假，而「非一非一切」。又因圓融三觀之故，而能於一境融即，證得圓融三諦：一、俗諦：以當體全是的「法性」、「無明」爲體，隨染淨緣之假和合，而有一切差別之法，是爲「一界一切界」。亦即，觀者能明瞭體性雖空，卻能肯定一切界、一切法是假有存在之理。二、眞諦：一切差別之法界無不涉入一超絕有無而離差別之清淨眞如法界，是爲「一切界一界」。亦即，觀者能明瞭因緣和合所生之一切法、一切差別法界，體性乃空無存在之理。三、中諦：觀者能雙遮雙照眞、俗二諦，深了「非一非一切」〔註70〕、不二一如之理。是以圓教圓觀一念心，能通達「無明即法性」之理，遍歷一切法，鎔融相即，證得「三一一三」〔註71〕不思議三諦。

（四）從「翻」與「轉」論智顗「無明」與「法性」的關係

智顗云：

> 心、佛及眾生，是三無差別。諸佛悉了知，一切從心轉。（《三觀義》）
> 〔註72〕

若說「心、佛及眾生，是三無差別」，世人恐會不解。除了就諸法皆具實相理體可解決此問題，智顗並指出，透過「心轉」工夫論，並可實際繫連佛與眾生的距離。智顗言及圓教觀法與「轉」的關係：

> 心本無名，亦無無名。心名不生，亦復不滅。心即實相。初觀爲因；觀成爲果。以觀心，故惡覺不起。心數塵勞，若同若異，皆被化而轉。（《妙法蓮華經玄義》）〔註73〕

〔註70〕 〔隋〕釋智顗，釋灌頂記，《摩訶止觀》卷5，《大正藏》冊46，頁55中。
〔註71〕 〔隋〕釋智顗，釋灌頂記，《摩訶止觀》卷3，《大正藏》冊46，頁25中。
〔註72〕 〔隋〕釋智顗，《三觀義》卷2，《卍續藏》冊55，頁683下。
〔註73〕 〔隋〕釋智顗說，《妙法蓮華經玄義》卷1，《大正藏》冊33，頁685下。

諸法皆是緣起性空、因緣和合的「假」法，因此人屬「假」人。也因此，人之「心」乃是假名施設、非實有的「無名」。又因假名本假、空性實相本不可言詮，因此「心」又可稱爲「無無名」。也因此可說：「心」即不生不滅、不來不去、非因非果的實相。然而爲表觀者對「心」之起觀與觀成，可權宜分爲前「因」後「果」。鑑於「心即實相」，當觀者能得觀此理，一切善與惡、美與醜、明與無明……等念頭皆不會生起，當下契入無分別之實相，然而：

一、爲強調圓觀對違惡理的「惡覺」之效用，智顗並說「觀心，故惡覺不起」。
二、所有二元對立之物本是同「實相」之體，何有轉與不轉？然爲凸顯觀者透過觀法，由「惡覺」轉向與之相對的「善覺」，或者直接轉向代言實相的「善覺」，智顗並言心數塵勞「被化而轉」。智顗且言「翻」與「轉」之別：

> 翻法性爲無明，名之爲塞；無明轉即變爲明，名之爲通。(《摩訶止觀》) 〔註74〕

據「翻法性爲無明」與「無明轉即變爲明」，可知：「轉」，意謂「轉」至心之本來面目；反之，「翻」，意謂「翻」離心之本來面目。因相互敵對的「明」與「無明」各處一端，則「翻」、「轉」之際，能達一百八十度變易之極致。但更確切來說，眞如實相之體本是消泯一切對立，而作爲同實相之體的「法性」與「無明」，由於當體全是之故，實際上並無半圓的「翻」或「轉」。然而爲表述行者圓觀之「前」與「後」，智顗假「無明轉即變爲明」之詞，以凸顯行者由迷轉悟的過程；爲表述行者被無明煩惱覆蓋，未契法性實相之體，以致由本當應悟的狀態陷落無明，而有「翻法性爲無明」之詞。易言之，「翻」與「轉」此權說二字，分別靈活暗擬行者「塞」與「通」，或「迷」與「悟」的刹那心念狀態，並直達無「翻」無「轉」的主質之體。

　　「一念無明法性心」一詞，若加以解構，恐一疑：「一念心中豈能『無明』即『法性』？」；二疑：「一念無明心豈能等同一念法性心？」然而延循前節對「即」字義的探討，可知智顗以「心」本具「無明」、「法性」雙重結構，來解釋無明或無明性，與法性當體全是；縱使無明性因染緣之故而起無明相用，但其體始終是眞如法性，亦即言斷心滅的實相之性。又，「心」所具的雙重結構，其實亦可應證「心」具善性與惡性，且二性當體全是，眞妄一如。是以，智顗會對地論、攝論師予以駁正，闡明一念心並非單只是妄心或淨心，

〔註74〕〔隋〕釋智顗，釋灌頂記，《摩訶止觀》卷8，《大正藏》冊46，頁104 中～下。

誠有其由。但是往往被無明纏縛的眾生,要理解「一念無明法性心」中所含蘊的深義,恐是不易,進而更難以周偏明瞭該詞所能演繹的「心具十法界」、「一善心具十法界」、「心即具三千」、「無明一念具一切法」、「心具一切相」、「一念眠心具無量心」、「心是一切法,一切法是心」、「一心一切心;一切心一心;非一非一切」等芥子納須彌之理。智顗強調,唯有進行圓觀實踐,才能深契此理,體達無明性即法性、惡性即善性。而這,其實說明:一念心之能具諸法界、一切法,乃因心本具的負向質性依緣生起之故,而眾生之所以無明、之所以作惡、之所以淪至非佛界之九界,亦因心本具的負向質性顯發之故。當能圓觀而能通達無礙,即意謂不離一切淨穢善惡法門而能如實觀照一切法之生住異滅,能真正悅納「心」結構上負向質性所帶來的不完美,能以當體全是之理建構一個即空即假即中的圓滿、圓融、圓足之「心」世界。而結構上因負向質性所製成的不完滿,看似遺憾與殘缺,亦因當體全是之故,通達真如法性的完滿。

第二節 從「一念無明法性心」引申思考智顗「心」之意義

智顗「一念無明法性心」一詞,無論是一念「無明即法性」心,或一念「無明心」即一念「法性心」,或一念心具「無明」與「法性」,皆在說明剎那一念心所造就的心內、心外之境無窮廣濶,具無明性與法性所展延的一切法。那麼,「心」究竟含有那些特質與意義?為何心識流轉間的剎那一念能具一切法,卻又能立基真如實相此主質之體?心若具正負雙重結構,是否便抹殺「心」的主體性地位,讓「心」少有靈智覺性,且非「一本」,而常受外境牽制左右?本節,擬探眾生「心」之意義,以便進而考察與「心」相即的佛性同具何種底蘊與特質,又眾生心識的流轉變化是否會影響佛性發顯的成效。

一、心具三義

智顗云:

> 心具三義。心是可軌者。若無觀,則無規矩。以觀正心王。心王正,故心數亦正;行理亦爾。心王契理,數亦契理,故名可軌也。心常者。心性常定,猶如虛空,誰能破者?又惡覺不能壞善覺;邪行不

　　　干正行；邪理不壞正理，故心名常。隨諸事釋，一一向心爲觀。觀

　　　慧彌成，於事無乖。如火益薪，事理無失。即文字、無文字。不捨

　　　文字，而別作觀也。(《妙法蓮華經玄義》)〔註75〕

「心」含有「可軌」、「常」、「觀」三義：一、可軌：此處之「軌」，屬動詞，指
遵照、依循。然而爲何「心是可軌」？其因除了上文所言，「心是靈智之法」、
是「一身之主」，《四念處》亦提及，「心者，心王，異乎木石心」，〔註76〕可知，
眾生「心」異乎木石，本具成佛的靈智之法；若能加以遵循，則能證得菩提之
道。再據《法華玄義》：「軌，名軌範」、「總明三軌者。一、眞性軌；二、觀照
軌；三、資成軌。名雖有三，祇是一大乘法也」。〔註77〕可知，「心」本具大乘
殊勝不二之法，亦即本具眞如不改之性、觀達眞性之智、能資助觀照之智而使
開發眞性之萬行，因此眾生若能依循內心之眞性、觀智、心行，以之爲軌範，
則能成就正法、正道。然而雖然「心是可軌」，但由於眾生常被無明遮覆，因此
需要藉由圓教「觀」法來觀達無明，以明瞭心中所含的軌則「常」理。心之主
作用因觀法之故，而契於中正實相之理。心所之伴作用亦因與心王相應之故，
而隨之契於正義。二、常：若麁若細的心念本是刹那生滅，代謝不住。透過圓
教「觀」法可知，念念不住的心識，實是緣起性空，本具眞「常」不改之性。
由於心本是寂滅無相，湛寂如虛空，無明所覆而所生的惡覺、邪行、邪理，又
豈能毀破、防礙心本具之善覺、正行、正理？基於心本是非生非滅，眞常不變，
因此智顗指出，心具「常」義。三、觀：心本具靈妙的覺悟之性，本具靈照之
觀的靈智潛質，對於虛虛實實眞眞假假的一切法本能契於實相眞義而當下即空
即假即中觀。由上可知，智顗所指出的「心具三義」，本是相輔相成，宛然本具：
心本具靈妙覺性、眞如實相之理。只要眾生願意「觀」之，即能彰顯；願意「軌」
之，便能應契實相無相之「常」理。

二、心具善惡雙重結構

　　智顗學說中的「心」，非指其形自八瓣之肉葉而成之肉團心，而是專指能
思辨、能分別的意識心、具緣慮作用的慮知心、刹那生滅之一念心。該「心」
具有「明」、「無明」兩重結構。當眾生能至「明」而觀達一念法性心，則臻

〔註75〕　〔隋〕釋智顗說，《妙法蓮華經玄義》卷8，《大正藏》冊33，頁778下。

〔註76〕　〔隋〕釋智顗說，釋灌頂記，《四念處》卷1，《大正藏》冊46，頁559上〜中。

〔註77〕　〔隋〕釋智顗說，《妙法蓮華經玄義》卷5，《大正藏》冊33，頁741中。

至佛界；反之，當眾生心被「無明」蔽覆，則隨覆蓋程度，升降流轉於非佛界的地獄、餓鬼等九境界。因而眾生隨「明」或「無明」，具達佛境界之心與非佛的九境界之心；順理，眾生具佛境界之性，以及非佛的九境界之性。基於眾生能具佛境界之性，亦即佛性，可揭示眾生具有善性；基於眾生具「非佛的九境界之性」，可揭示眾生具有惡性。順理，吾人恐認為此是智顗學說「心具善惡」、「佛性具善惡」命題成立之由。此命題無誤，但若僅止並僅執於此，恐引常人在佛界與九界對等的思惟下，以為心、佛性所具之善與惡，亦是對等，以致獨肯定佛界之真理，卻斷九界之妄法，而有所謂「緣理斷九」〔註78〕之謬。若再深察智顗學說，可知智顗強調「無明」與「法性」同體無別、佛界即九法界、眾生臻佛界之心即是臻九境界之心、佛性即九境界之性。是以周嚴而言，佛與眾生皆具善惡之質性與性能，且善與惡同體不二。

除了上文所述的，心當體同具無明、法性，可推導心具善惡雙重結構，智顗著述多處所闡述的善惡之文，亦可徵實此理，如：據《法界次第初門》：「惡，以乖理為義。此十並是乖理而起，故名為惡；亦名十不善道」、「善以順理為義。息倒歸真，故云順理」；〔註79〕《摩訶止觀》：「諸蔽為惡；事度為善」、「圓法名為善。善順實相，名為道；背實相，名非道」、「罪即三惡；福即三善」、「善惡俱是惡。離善離惡皆是善，是為深達」、「惡，則三品三途因果也；善，則三品脩羅人天因果」；〔註80〕《維摩經略疏》：「惡即六蔽」〔註81〕，可知：所謂「善」、「惡」，總體言，可以以究竟是「順」或「背」實相，或者究竟是圓法或非圓法分之。在智顗學說中，「善」、「惡」之性，乃「心」本具；「善」、「惡」之相關意念、識見或行為，皆是「心」所生起或發動之。所謂心具「善」，指心因善性之故，不僅能隨順、深達清淨真如實相之理，且能施行布施、持戒、忍辱、精進、禪定、智慧等福智萬行，斷惑證理，息倒歸真，渡生死海，誠屬正道、佛道。反之，所謂心具「惡」，指心因惡性之故，被慳貪、破戒、瞋恚、憐念、散亂、愚痴等六蔽蔽覆，不僅違背、妄著真如實相之理，無施六度萬行，縱作殺

〔註78〕〔宋〕四明沙門知禮述，《觀音玄義記》卷2：「緣理斷九。以定斷九，故昧性惡，名為斷見；不能忘緣，是存修惡，名為常見。」（《大正藏》冊34，頁905下）

〔註79〕〔隋〕釋智顗，《法界次第初門》卷1，《大正藏》冊46，頁669中～670上。

〔註80〕〔隋〕釋智顗，釋灌頂記，《摩訶止觀》卷2，《大正藏》冊46，頁17中；卷8，頁114上～中；卷5，頁52中。

〔註81〕〔隋〕釋智顗說，〔唐〕釋湛然略，《維摩經略疏》卷8，《大正藏》冊38，頁680中。

生、偷盜等十不善行，以致在三界六逆生死間輪轉，誠屬非道、邪道。若細言之，智顗善惡觀，含有道德義與實相義：一、道德義：乃指世間有爲之善惡事相。（一）善：能不貪、不瞋、不痴，行五戒十善等之世善，趣修羅、人、天三善道，度三途之苦；（二）惡：具貪瞋痴三毒，行十不善道，趣地獄、餓鬼、畜生三惡道。二、實相義：（一）善：能隨順、深達眞如實相之理；（二）惡：乖違實相正理。此外，除了相對的善惡，智顗並言及超越善惡的「善」，這可從《摩訶止觀》「善惡俱是惡。離善離惡皆是善，是爲深達」〔註82〕窺之。亦即，智顗並以不可言詮、無可分別的形上，以及可言詮、可分別的形下，來分別「善」與「惡」。而此「善」，實爲言詮難可言詮的實相，因此亦可以非善非惡、離善離惡言之；此「惡」，則是人心落於分別、度量的相對善惡。綜上整體可知，智顗學說中的「善」、「惡」含有道德義與實相義，以圓法與否爲判分標準。基於「善」、「惡」乃是相對之權言，離善無惡、離惡無善，智顗並將不可言詮、深達善惡罪福相而離善離惡的眞如實相，名爲「善」。此「善」誠爲至善、圓善，有別世間與「惡」相對之「善」。

　　至此，並可疑問，爲何「離善離惡皆是『善』」，而非是「惡」？此，除表一代稱，以與有思量、有分別之法作一分別，並隱射智顗肯定正法、正道。雖然實相不可言詮，非善非惡；雖然無明與法性、九界與佛界、惡性與善性同體，但落於言詮層面，智顗乃以法性、善性、清淨心爲基準軸心。這可簡舉上文曾言及的，「無明癡惑本是法性。以癡迷，故法性變作無明，起諸顚倒善不善等……。今當體諸顚倒即是法性，不一不異」；「若蔽礙法性，法性應破壞；若法性礙蔽，蔽應不得起。當知蔽即法性。蔽起，即法性起；蔽息，即法性息」二段文回應之。亦即，雖然法性與無明同體不二，但從「無明癡惑本是法性」、「蔽息，即法性息」等相關行文，智顗始終以法性、善性、善心、清淨心作爲可言詮的實相核心。

三、心具一切

　　其實前文言及「心具」時，已有闡明，但此處爲表述「心」之特質與意義，便另舉幾例言之：

　　　一人一念悉皆具足十界十如十二因緣，乃可稱爲摩訶衍不可思議十

因緣耳。……一念不同，世人取著一異定相。一念乃是非一非異而論

一耳。譬如泯法覆心，一念之中夢無量世事。(《摩訶止觀》) 〔註83〕

眾生中每一生命體之任何一念，當下皆具十法界、十如是、十二因緣，然而行者若無透過圓教圓觀，則不能理解眾生涉三世而輪迴六道之緣起法與所臻之境界其背後不二的實相真義，僅能以為一念心中，十二因緣十如十境是生滅思議。實際上，圓觀之法即為大乘不可思議法，一念心誠是不生不滅，非一非異；縱使無明冥覆真心，使一念心昏昧而造作無量夢事。智顗並云：

以一念十二因緣，即空即假即中。三諦之理不縱不橫，不一不異。

十法界法雖復無量，不礙一念無明之心。一念無明之心含十法界，

無有迫妨。……須彌入芥子，不相妨礙。無情之物尚得如此，況心

神微妙？一念具足一切三世諸心諸法，何足致疑？……少時眠心有

無量夢事。無量夢事而不礙一念眠心；一念眠心能含無量劫事。無

明一念具一切法，不相妨礙，亦復如是。而眠時謂無量，別覺已反

觀。知止是一念眠心具無量心。(《三觀義》) 〔註84〕

所謂圓觀，乃即空即假即中觀，圓滿證得非一非異、即一即三、即三即一的圓融三諦之理。因能圓觀，而能明瞭，縱使當下一念心為無明冥覆，而成為一念眠心，仍是圓具十二因緣、十法界、無量夢事、無量劫事、一切三世諸心諸法。而這揭示：一、心所具之一切，皆是即空即假即中。二、心所具的無明等負向質性，與十二因緣、十法界、一切心、一切法，以及實相，縱是世人眼中的敵對，卻因當體全是之故，而不相妨礙。三、一心具一切心、一切法，而這即等同至微至小之芥子可入得至高至大之須彌，能自在涉入而無礙。可知，由於「無明」之體即是「法性」，因此無論一念心是否是發顯負向質性，皆是無別的含具正向、負向等一切諸法，且當體通達，圓融無礙。就此，並可明瞭：為何《摩訶止觀》以「當知己心具一切佛法」，來解釋「《華嚴》云：心、佛及眾生是三無差別」。〔註85〕此乃因，佛心、眾生心皆具「一切法」之故。又因圓觀之下，諸法皆契入實相之理，因此「一切法」亦可表為「一切『佛』法」。也因此，又可回應至「心即實相」此點：

〔註83〕 〔隋〕釋智顗說，釋灌頂記，《摩訶止觀》卷9，《大正藏》冊46，頁 127 上～中。

〔註84〕 〔隋〕釋智顗，《三觀義》卷1，《卍續藏》冊55，頁 673 下～674 上。

〔註85〕 〔隋〕釋智顗說，釋灌頂記，《摩訶止觀》卷1，《大正藏》冊46，頁 9 上。

心猶如虛空。能一法門一切法門；一切法門一法門。非一非一切，

無礙自在。破無明，顯真我性。(《四念處》)〔註86〕

虛無形質、空無障礙之「虛空」，指涉當下一念心是因緣和合，空無自性，代言通於空假中之真如實相，因此「心猶如虛空」，可易言為「心即實相」。由於心是虛空無礙，因此能含容、含融一切，悉皆備足，著實演繹：「一即一切、一切即一、非一非一切」等自在無礙之理。也因此，「破無明」之「破」，並非斷裂式的「破」，而是藉由圓觀，真正圓融通達無明之性即為實相真如，以彰顯眾生本具的清淨之性。一生命體之為一生命體之真實價值，即於此處。此外，諸法皆是緣起性空，無明亦空，何須為無明所礙。但能理解之，即能不破而破「無明」。

四、心具實相

　　智顗之前中土佛性論多有歧異，以致智顗於著述中常連帶駁正之。其中，對於地論師與攝論師：

問：心起，必託緣。為心具三千法？為緣具？為共具？為離具？若心具者，心起不用緣。若緣具者，緣具不關心。若共具者，未共各無，共時安有。若離具者，既離心離緣，那忽心具。四句尚不可得，云何具三千法耶？答：地人云：一切解惑真妄依持法性。法性持真妄，真妄依法性也。《攝大乘》云：法性不為惑所染，不為真所淨，故法性非依持。言依持者，阿黎耶是也。無沒無明盛持一切種子。若從地師，則心具一切法；若從攝師，則緣具一切法。此兩師各據一邊。……當知四句，求心不可得；求三千法，亦不可得。……言語道斷，心行處滅，故名不可思議境。(《摩訶止觀》)〔註87〕

智顗設問，探討一念心所具的三千法之形成因緣。如果說一念心生起時，必是因為染淨緣之故，那麼究竟是「心具」，或者「緣具」，或者「心」與「緣」共具，或者離「心」與「緣」者所具？如果純粹是「心具」，心念生起，毋須假外緣；如果因為染淨緣而具三千法，則為「緣具」，與「心」無任何關聯；如果說是「心」與「緣」共具，則「心」與「緣」缺一時，則無法具三千法；如果三千法為離「心」與「緣」者所具，那麼在實際心理活動時，為何一念

〔註86〕〔隋〕釋智顗說，釋灌頂記，《四念處》卷3，《大正藏》冊46，頁572下。
〔註87〕〔隋〕釋智顗說，釋灌頂記，《摩訶止觀》卷5，《大正藏》冊46，頁54上～中。

心會生起諸法。可見，智顗立基「心起，必託緣」設問，並內蘊自答，推導出「四句尚不可得」，則孰具三千法。智顗如此設難，其實是用來駁正持「心具一切法」的地論師，以及「緣具一切法」的攝論師，皆偏頗一端：地論師認為，一切智慧與煩惱、不生不滅之真法與生滅顛倒之妄法，皆是依持不改不變的真如法性。亦即真如法性之存在，能扶持真妄之法隨緣而生；真妄之法乃依據法性此主質之體。反之，攝論師則是認為，真如法性不為無明煩惱所染污，亦不為真如之法所清淨，因此法性無具「依持」特質；具「依持」特質者，是能生一切有漏、無漏法之阿黎耶識。從「心具三千法」之命題可知，「心」與「三千法」缺一，則不能成立。然而，諸法皆緣起性空，究竟而言，「心不可得」、「三千法亦不可得」，皆是深契離言離相、難可思議的實相之境。就此可知，雖然智顗學說，常就理體與事相，言及心具一切心、一切法，但從另一面言，卻是「心即實相」，以致無法用四句證成之，以致無法單據「無明」或「法性」之一，論證孰是一切法的依持，也因此地論師、攝論師「各據一邊」，實有其由。又，智顗除了以駁正方式，觸及「心即實相」議題，並常直言：

> 心如夢幻不實，寂然如虛空，無名無相，不可分別。（《法華三昧懺儀》）〔註88〕

智顗從「夢幻不實」的假相與「無名無相」的實相，來闡明「心」的特質：眾生之心同一切法，皆緣起性空，假名施設，空寂無相，虛無形質，無真實之名與相狀。由於是因緣和合的虛妄假相，因此可易言為：「心」即是不可分別之實相。智顗並云：

> 《普賢觀》云：我心自空，罪福無主。觀心無心，法不住法。又心純是法。《淨名》云：觀身實相，觀佛亦然。諸佛解脫當於眾生心行中求。《華嚴》云：心、佛及眾生是三無差別。破心微塵，出大千經卷，是名心法妙也。（《妙法蓮華經玄義》）〔註89〕

此段引文，首先引人思考，發動五逆十惡等「罪」與五戒十善等「福」者，究竟是誰？若單就智顗萬法唯「心」之論，可知肉體兼抽象精神、主宰每一眾生成為一個獨立個體的「心」，成就一切罪福。但基於諸法緣起性空，罪福無定實之主，揭示「心」本緣起性空。行者若能通達性空實相之理，即意謂

〔註88〕 〔隋〕釋智顗，《法華三昧懺儀》，《大正藏》冊46，頁954上。
〔註89〕 〔隋〕釋智顗說，《妙法蓮華經玄義》卷2，《大正藏》冊33，頁693上～中。

契入清淨法性心,權說即指證得果德福報,實說則可明指罪性與福性不在內外中間,二性同體無別;反之,行者若不能通達此理,即揭示其心被無明穢濁蔽覆,以致常造罪業。又,若能觀得真如法性,即意謂能觀得:眾生「心」非絕對實有之「心」,並且「不住」著於善惡有無內外中間之法。智顗並強調,當能圓觀一念心,則能證得眾生與佛皆安住真如實相之「體」。心、佛、眾生同體無別,一即一切;一切即一。眾生若欲解縛而得自在,證得佛道,唯一途徑則是返本探源「心」之理。

五、心具靈智之光

心同具善與惡雙重結構,但在闇之「惡」的誘惑之下,若能更朝光之「善」發展,更能顯發心之不可思議。智顗行文中,不乏肯定「心」之正向潛質,如:

> 夫天下萬物,唯人為貴。七尺形骸,唯頭為貴。頭有七孔,目為貴。目雖貴,不如靈智為貴。當知四陰,心為貴。貴,故所以觀之。心貴,故心即是金。……心智之光能發智照理,故心是光。……心即明也。(《金光明經玄義》)〔註90〕

> 心是靈智之法。煩惱起,即制。即制,名制心止。譬如調馬。……動已,馬方得調,堪可乘御,去住自在。心馬亦爾。欻起,即制。隨其起處,即便制之。心若得止,乃可入觀。(《禪門章》)〔註91〕

據《法華玄義》:「人即法身。法身不直身,必有靈智。靈智即般若」、「靈知寂照,名佛知見」、「妙法者,是如來靈智體」〔註92〕、《觀音玄義》:「以靈智合法身為體。……若無靈智,實相隱,名如來藏」〔註93〕、《請觀音經疏》:「靈知寂照,法身為體」,〔註94〕再對應上二段引文,可知:一、雖然智顗數度強調「一色一香,無非中道」,肯定縱是微細之物,諸如草木土石等之無情識亦

〔註90〕〔隋〕釋智顗說,釋灌頂錄,《金光明經玄義》卷2,《大正藏》冊39,頁6下～7上。

〔註91〕〔隋〕釋智顗說,《禪門章》卷1,《卍續藏》冊55,頁656下。

〔註92〕〔隋〕釋智顗說,《妙法蓮華經玄義》卷8,《大正藏》冊33,頁776中;卷9,頁793上;794下。

〔註93〕〔隋〕釋智顗說,釋灌頂記,《觀音玄義》卷2,《大正藏》冊34,頁890下。

〔註94〕〔隋〕釋智顗說,釋灌頂記,《請觀音經疏》卷1,《大正藏》冊39,頁968上。

盡有中道實相之本體，但智顗除了在天下萬物中最爲肯定「人」之貴，於從凡至聖的佛道之路上，並且肯定人較動物、昆蟲等有情眾生，更有成佛的無限可能。二、「人爲貴」，不在七尺形軀，而在於「心爲貴」，原因是：由於人心皆具善惡，因惡性之故，有煩惱四起而向下淪落的可能；因善性之故，有啓發本然般若靈智而向上眞善美發展的可能。因同具善性、惡性，導致有正向與負向潛質的可能，何來心貴？從智顗學說中可知，貴在人心處於脆弱、頑強、蒙昧的負向拉拒中，只要該生命體願意，有心力、念心、願力，自然能啓動心智之光，而依不思議實相妙法，成就清淨法身，證得佛道。人之爲人的價值存在，即在於是獨立的生命個體，純爲一本，而非他力可動搖的二本。因一本之故，而可說人心有頑固一面，不爲他力所動；因心中惡性之故，有受無明影響的可能，而可說人心有脆弱的一面。但不論是頑固或脆弱，都不能抹殺心有靈智，「心是光」；本然的心智之光將發智覺照理體，使轉「無明」爲「明」，開佛知見。此外，智顗並以「心馬」譬煩惱生起、惡念紛飛之心。由於心本具靈智，因此當心馬盲馳惡道，只要行者有意願，即能止觀雙運，加以調伏。智顗並云：

> 但觀心源，具足六妙門。……今行者觀一心，見一切心及一切法；觀一法，見一切法及一切心。觀菩提，見一切煩惱、生死；觀煩惱、生死，見一切菩提、涅槃。觀一佛，見一切眾生及諸佛；觀一眾生，見一切佛及一切眾生。一切皆如影現。非內非外，不一不異，十方不可思議。本性自爾，無能作者。非但於一心中，分別一切十方法界凡聖色心諸法數量；亦能於一微塵中，通達一切十方世界諸佛凡聖色心數量法門。(《六妙法門》) 〔註95〕

世人常忘了「心」中本具靈智之法，智顗則強調藉由觀心法門，將能識得心的本來面目。例如此段引文，智顗則闡釋，眾生若能即空即假即中觀心，將能瞭然：作爲萬法本源的「心」，乃本具六種能契入眞理、證得涅槃之不思議門。其中，智顗傳達圓觀法門，能令行者體達：一、一即一切之理：觀一心，能瞭然一切眾生之心，及一切法；觀一法，能瞭然一切法，及一切眾生之心。二、敵對相即之理：在世人眼中具有相翻意的菩提與煩惱、生死與涅槃，透過圓觀，則能當體相即不二。三、結合上二點：佛與眾生於事相上敵對，而一與一切呈現一多的關係。因爲圓觀，因此能當體全是佛與眾生、一與一切。

〔註95〕 〔隋〕釋智顗說，《六妙法門》卷1，《大正藏》冊46，頁554上～中。

可見透過圓觀，能消泯一切對立，能讓一切本是一多內外等差別之法達於不一不異之無別。為何能夠如此全方位的圓觀？其因仍是歸於「心」本具般若靈智；但凡持「心」者有意圓觀，即能發揮「心」內在本具、無有造作、自然天成之潛質。可知，由於「心」本具靈智之光，因此已預設眾生能體達含括微塵之諸法皆即空即假即中當體全是之理的可能。也由於「心」之無限正向潛質，任何一法皆能遍容大千，圓滿無礙。

六、心為「一本」

智顗云：

> 只赤肉之心，一身之主。由是心脈，能開出一切脈。能開之心，一身之主。由是心脈，能開出一切脈，以通成一身，具如通明觀（云云）。此即是因緣釋。心義若空，共一切世間中，無不從心造。心如工畫師，造種種五陰。種種五陰，由心故有。心無，故一切法亦無；心不有，一切法不有。心空，故一切法空（云云）。雖一切法空，而有諸脈名字假名差別。從一心脈，乃至無量諸脈，皆能通達而無滯閡，此即達心脈。是假名，故一切法皆是假名（云云）。心脈若定是空，空不可假。心若定是假，假不可作空。當知心脈不空不假；當知一切諸脈亦不空不假。如是則遮於二邊。兼照空假，即是圓觀心脈。（《請觀音經疏》）〔註96〕

智顗就因緣，闡明眾生肉團心，亦即狀似蓮華開合的心臟，能以心脈開出一切脈，通成一身，具足通明觀，堪為「一身之主」。從引文可知，肉團心並是一生命個體抽象之能源點，是具有感知、思辨、分別作用的意識心，是啓發內在智慧的泉源，是能造種種五陰、建構內外世界的工畫師，是決定一切存在及其存在樣貌的主宰者。是以，智顗學說中的「心」，無非結合身體與精神靈識之「心」。那麼，若能推導一切諸脈、一切法是「空」、是「假」、是「不空不假」，關鍵則是因為心是「空」、「假」、與「不空不假」之故。此說，令人致疑：縱使肉團心即是抽象的意識心，心何來「空」、「假」、「不空不假」？此則涉及智顗即空即假即中圓觀之法，並可就兩層面言之：一、當「心」能明瞭緣起性空之理，則知「一切法空」；能明瞭因緣和合之故，諸法皆為差別

〔註96〕〔隋〕釋智顗說，釋灌頂記，《請觀音經疏》卷 1，《大正藏》冊 39，頁 976上。

施設之假名假法，則知「一切法皆是假名」；能明瞭諸法不落一端之雙遮雙照之理，則知一切法爲「不空不假」之「中」。二、人是假名假法，是諸法之一，則「心」亦即是「空」、「假」、「不空不假」。此二層面，乃爲外觀與內觀、所觀客境與能觀主體之分析，而這無非在說明：「心」如何看待自身主體的存在，以及透過主體存在的意義去觀探客境的本質。亦即，「心」如何圓滿證得三諦之理，如何通達而無滯閡。「心」存在意義及其存在樣貌，即當體決定諸法存在意義及其存在樣貌，這即可呼應智顗常言的，「心是一切法，一切法是心」、「一心一切心；一切心一心；非一非一切」，〔註97〕以及「心具」十法界、十如、十種相性、十二因緣、一切相、無量心、一切行、一切法……等之理。此外，亦因「心」是成就內外世界的匙鑰，而可說：心雖有惡性、會脆弱、頑強、無明覆蔽，但它著實展現「一本」之特質；若它自身意念、心志不願動搖、更易，孰也奈何不了它。而「心」能展現何種樣貌呢？智顗云：

> 心能地獄，心能天堂。心能凡夫，心能賢聖。(《妙法蓮華經玄義》)
> 〔註98〕

智顗以受諸福樂的「天堂」與受諸苦痛的「地獄」爲例，來說明刹那一念心之內涵將決定所臻至之果境。在悟迷之念生念滅、念滅念生之際，甫升至天堂、刹那作一極端反差而淪於地獄，亦屬眾生相。可知，果境非眾生該世生命終結而得，實繫自刹那之一念心。就此以十法界言之，前念至地獄界，後念臻佛界或餘八界；或者前念臻至佛界，後念至餓鬼界或餘八界；依此類推，皆屬眾生果境面貌。一念心之明或無明、善或惡，誠決定所存在的內外世界，以及相對應的凡夫或賢聖等地位。此外，並可知，智顗雖言及「天堂」一詞，卻有別基督教或他教，原因是智顗與教界認爲內外世界全繫於「心」上，「天堂」乃相對「地獄」言說，以表事相之天壤之別，卻非像他教所認爲的全然客觀絕對之存在。智顗並云：

> 體者，以心爲體。心覺苦樂，故以當體。譬如釵鐺環釧之殊，終以銀爲體質。六道之色乃異，只是約心，故心爲體也。(《觀音玄義》)
> 〔註99〕

〔註97〕 〔隋〕釋智顗說，釋灌頂記，《摩訶止觀》卷5，《大正藏》冊46，頁54上；55中。

〔註98〕 〔隋〕釋智顗說，《妙法蓮華經玄義》卷1，《大正藏》冊33，頁685下。

〔註99〕 〔隋〕釋智顗說，釋灌頂記，《觀音玄義》卷2，《大正藏》冊34，頁888下。

智顗以十如是，來說明每一法界如法具有相、性、體、力、作、因、緣、果、報、本末究竟等等十種面向，以呈顯諸法實相。「以心為體」一詞，輔以智顗常援引的《華嚴經》：「心、佛及眾生，是三無差別」，可見智顗成佛論、佛性論其實預設：以具有「心」的眾生作為討論的對象。若再對照上文「天下萬物，唯人為貴」等相關敘述，以及十法界實為境界論，並非現實生活中的牲畜便淪至畜生界、人類便純位於人界，可應證智顗學說中，至少成佛論、佛性論中的「眾生」一詞，乃專指人類。「以心為體」之「體」字，並且揭露「心」為生命體的主宰與總體，能覺知苦樂等七情六欲與內外世界，是支使一切意念、行為的核心樞紐。智顗以「釵鐺環釧之殊」為例，說明眾生之所以分六道，並在三界火宅中輪轉，其因仍是要探源作為主質之「體」的「心」。智顗又云：

> 界內外一切陰入，皆由心起。佛告比丘：一法攝一切法，所謂心是。
>
> （《摩訶止觀》）〔註100〕

欲界、色界、無色界之內或外的五陰、十二入、十八界，皆由心起。心能生一切法，因此亦可說，心法攝一切法。引文並是一例，說明以「心」為「體」而所呈顯的「一本」特質。此外，再舉十如是中的體、力、作言之：

> 如是體者。主質，故名體。此十法界陰，俱用色心為體質也。如是
> 力者。堪任力用也。……心亦如是，具有諸力。煩惱病，故不能運
> 動。如實觀之，具一切力。如是作者。運為建立名作。若離心者，
> 更無所作，故知心具一切作也。（《摩訶止觀》）〔註101〕

十如是乃「心」之十種如法的面向。「心」不僅是色身之主質之體，且本具斷盡煩惱、修善證智之力用功能。此外，並如工畫師，能如法運動造作內外一切世界。其餘七如是，可依此類推，皆在說明「心」本具之潛質。離「心」，即無任何存在，即不能成就一切法，尤顯「心」的重要。或許會有世人詢問：為何無法覺察，一念心體本具之十界十如是之法？此乃因世人被無明覆蔽，以致無法覺察。若能圓觀之，則心本具之一切潛質及一切法，皆能歷歷瞭然；此外，亦能明白「如是作」之「作」，雖指造作意，卻非否定「心」之正向潛質，而是立於緣起性空，肯定「心」因緣和合而所假名施設的假法。

　　由上可知，「心」是一生命體的關鍵樞紐，能創造、決定、發動一切，卻

〔註100〕〔隋〕釋智顗說，釋灌頂記，《摩訶止觀》卷5，《大正藏》冊46，頁52上。
〔註101〕〔隋〕釋智顗說，釋灌頂記，《摩訶止觀》卷5，《大正藏》冊46，頁53中。

也能隨己意而不創造、決定、發動一切。「心」是內外世界的主宰者,而非心外高高在上的神。他力與外緣可影響「心」,卻不能強加逼迫它有所改變。亦即,肯發動的,是「心」;不肯發動的,亦是「心」。若是如此,就心性論、佛性論而言,心具善性與惡性;除了代表真如實相,「心」亦含括修善修惡的道德資質。然而,當無明覆蔽,惡性染惡緣,以致心未發動善意、善念、善行,忽略靈智之光,則揭示「心」具有恒存不滅的「頑強」特質;當「心」自身不肯,一點著不了力,他力奈何它不得,自甘淪落或冥蔽,則揭示「心」具有「脆弱」的特質。「心」之為「心」,主體之為主體,即在此顯現。而這,全全可歸於「心」乃是「一本」,而非「二本」。

就此,亦可進一步探討:眾生心雖為「一本」,但由於具有頑強、脆弱、蒙昧等成就眾生之為眾生的特質,因此假使「心」不願意發動善意,則外緣是否能挾持、催促、培育它發動?若可以,是否意味眾生心除了「一本」,尚具「二本」?若不可以,則是否意謂外在環境不能給予眾生任何薰習或改變?據《觀音玄義》:「菩薩若但起慈悲,心不牢固,故須發弘誓,加持使堅」,〔註 102〕可知,即使是能自利利他的菩薩,也有可能道心不堅固,而有賴發弘誓願,祈請佛力加持,以鞏固求道之心;此外,再據眾生與佛皆心具善性與惡性,一念之轉,佛亦有成眾生時,二例再再揭示,「心」因正負雙重結構,於事相並非究竟圓滿、完美。然而,「心」雖具頑強、脆弱、無明等負面特質,但它畢竟是主質之體,是因緣和合中的「因」,因此它終究意謂「一本」。但凡「心」不願意發動善意、善行,外緣所鋪就的一切皆是枉然。也因此,外在環境等外緣不能主宰「心」有任何改變,而僅能扮演輔助的位置,製造相關氛圍或次等契機。待「心」首肯,有意願接收外緣的薰習,再促以「因」與「緣」和合,使一切水到渠成。

但在現實生命狀態中,外境、外緣如果無法挾持、催促、培育眾生心志,那麼何以眾生看似會受外境影響、隨境遇之轉,而生起喜怒哀懼愛惡欲之情?這,仍是歸於眾生之為眾生,在於被無明遮覆,以致心志並非完全堅固厚實,誠為脆弱;待證得佛道,才得以通達諸法,不為外境所礙,而任運自在。但眾生不管是否被無明遮覆,七情六欲與意識之生起,關鍵仍是「心」。也許吾人會說,明明是眾生心性脆弱無常,易隨外境俯仰,而有情緒變化與心識轉變,以致無不揭示著生命體恐有「二本」傾向。但吾人若加以細察微細的潛

〔註102〕 〔隋〕釋智顗說,釋灌頂記,《觀音玄義》卷 1,《大正藏》冊 34,頁 879 上。

意識活動，其實可明瞭，無論處於明或無明、自覺或不自覺，「心」可獨立決定接收或不接收外境，可全全決定心法與色法的內涵；只不過，眾生「心」脆弱、頑強等不完滿之特質尤為明顯，頗受牽制，而佛「心」則已能通達無礙一切。

般若宗以緣起性空為宗旨，力闡諸法本性為「空」，而智顗學說不單言「空」，並言諸法有差別相之「假」、不偏一端之「中」，以圓觀三諦演繹一念三千之不思議理。「一念無明法性心」，不僅說明眾生剎那一念本具無明心與法性心、無明性與法性心，其雙重結構亦扣緊圓教即空即假即中之理言說，並呼應佛性何以本具、同具性善與性惡。此外，除了心本具善惡雙重結構；本具一切；本具可軌、常、觀三義；本是非常非無常之實相之性；本文在言及「心」所涵蘊之意義，並特別言說：心具靈智之光、心為「一本」，試圖肯定「心」之獨特價值。而這，實因：一、「心」本具般若靈智。但凡持「心」者有意圓觀，啟動靈智，即能發揮「心」內在本具、無有造作、自然天成之正向潛質，穿破性惡本身所帶來的負向緊箍，以及惡性染緣所致的淪落，體達含括微塵之諸法皆即空即假即中當體全是之理的可能。二、「心」本如工畫師，能造諸法界、決定身處何境，揭示「心」乃「一本」，非「二本」，諸生命體誠為獨立個體之存在。因為「心」為生命體絕對之樞紐核心；但凡「心」不願意，便不為他力、外緣所影響。亦因「心」不願意發動，外在善力、淨緣便無施力處，亦揭示「心」具有頑強與脆弱的特質。可知，「心」之意義與價值，從「一念無明法性心」此內含雙重結構之一詞，即能蠡探。

第三節 從「心即佛性」之證成探智顗「佛性」之內蘊

雖然佛教並非在興起時，便大闡佛性，但只要教義中含有肯定眾生皆有解脫成佛之可能；縱使現實上可能極少數人才可證得佛道，即意謂成佛者必備成佛之資質、質性之基礎，以杜空中樓閣、以幻為真之患，這便凸顯佛性論之重要。繼前二節，有關心具善與惡、明與無明等雙重結構，以及心具實相之探討，本節擬從「心」進一步探討「佛性」義涵。首先，證成「心即佛性」，以明「佛性」與「心」相同，亦具正負雙重結構與實相義，由此來闡述「心具」與「性具」義涵，以及「佛性」存在之意義。次，緣於筆者曾誤執

佛在心外，患頭上安頭的弊端，是以擬從「心即佛性」切入，證成佛在眾生心中、眾生本具佛性，以資眾生即佛之一證。爾後，並分解心理活動，另類進行「感應」論之主對探討，明「心」、「佛」、「佛性」之關係。末，並加以思考心、心性、法性、佛性、三因佛性之不一不異，卻又應機之意義。

一、「心」與「佛性」簡釋

若欲證成「心即佛性」，前行作業須先考察：何謂「心」？「佛性」？又，佛教言諸法緣起性空，則要如何定位「心」之存在意義？

（一）心

智顗云：

> 質多者，天竺音，此方言。心，即慮知之心也。天竺，又稱污栗馱，此方稱是草木之心也。又稱矣栗馱，此方是積聚精要者為心也。今簡非者，簡積聚草木等心，專在慮知心也。〔註103〕

「心」，有三梵名，相隨有三義。其中，智顗取「慮知心」為定義，意謂心能思慮分別，起能所作用。心如何形成？是指世人肉眼可見、會跳動的有形心，抑或含有深義的無形心？智顗云：

> 心如幻焰，但有名字，名之為心。適言其有，不見色質；適言其無，復起慮想。不可以有無思度故，故名心為妙。妙心可軌，稱之為法。心法非因非果，能如理觀，即辨因果，是名蓮華。由一心成觀，亦轉教餘心，名之為經。〔註104〕

> 夫心不孤生，必託緣起。意根是因，法塵是緣，所起之心是所生法。〔註105〕

智顗所定義的「心」，非單指作為感官器官之一的肉團心，乃指結合肉心、能起慮想、卻不見色質的「非有非無」心。若再輔以「非因非果」、「能如理觀」、「一心成觀」、「必託緣起」、「意根」、「法塵」等語，可知無形之心其實可細分為二：一、指意念依染淨緣而剎那生滅之意識心，亦即能思慮的慮知心；此為受無明纏縛的眾生所有。二、指「非有非無」、「非因非果」之清淨心，即住而無住、

〔註103〕〔隋〕釋智顗，釋灌頂記，《摩訶止觀》卷1，《大正藏》冊46，頁4上。

〔註104〕〔隋〕釋智顗，釋灌頂記，《妙法蓮華經玄義》卷1，《大正藏》冊33，頁685下。

〔註105〕〔隋〕釋智顗說，釋灌頂記，《摩訶止觀》卷1，《大正藏》冊46，頁8上。

無住而住、念而無念、無念而念的佛心，亦即即空即假即中的實相心、法性心；乃佛與眾生本具，但眾生因無明冥覆之故，有待圓觀以顯發之，而佛則體用理事無不契入此心，任運自在。又，有情眾生因本具清淨心，而確定本為獨立完整且圓滿之生命體，有獨立思考能力與行為，乃是「一本」。然而此處會以「本」字表之，在於強調：未證得佛道的眾生，因被無明纏縛，以致與生所具的正向資質蒙受冥覆，本因清淨心、實相心、佛心、法性心之故而獨立圓滿之生命體因無明而呈顯非完滿狀態，本是自由的心志亦因蒙昧而淪為不自由。如此，亦可呼應智顗常強調的「觀心，即是佛性」、「覺悟此心，名之為佛」等類圓觀、圓覺之語，原因在於：佛之心，毋須觀之，當下即是離一切妄染、通達實相的清淨心；唯有眾生因無明心之故，才有賴圓觀法門。

（二）佛　性

若欲探智顗「佛性」定義，首先應明瞭智顗如何定義「佛」。究竟智顗學說中的「佛」，是指以真如法性為體、徧滿一切處的法身佛；或指基於果報功德而顯佛實智之報身佛；或指為化度眾生而應現起用種種之身的應身佛；或指以父母所生之身而至佛位之人的肉身佛；〔註106〕或指眾生悟入佛境果報界域之境界佛？考察智顗學說，所言之「佛」不離以上幾種，但就篇幅比例所揭示的側重關懷面向而言，諸如：貫串全著述的「心具十法界」〔註107〕、「九法界機皆佛界機」〔註108〕、「不出佛界，即是魔界」〔註109〕等法界敘述，以及「心、佛及眾生，是三無差別」〔註110〕一詞的再三強調，可知：智顗雖同教界闡明二身或三身佛，並在判教時提及未究竟的藏、通、別教之佛，但旨推崇圓教圓佛，並以覺、二覺、三覺、圓觀、圓智、圓行等作為著墨點，以闡述圓佛的性能、智慧與特質。其中，在圓教圓佛圓理範疇，智顗並於字裡行間蘊涵對肉身佛、境界佛的肯定與形象勾勒；這尤其在智顗佛性論中表露

〔註106〕此處本擬寫為「生身佛」。但考慮「生身」雖指託於父母胎生之肉身，但亦含佛為度化眾生，「以通力一時化現之肉身」、「隨機現生之應化身」之意，為特強調眾生肉身之軀即可證得佛道，因此此處仍是用「肉身佛」一詞表達之。

〔註107〕如：〔隋〕釋智顗說，釋灌頂記，《摩訶止觀》卷1，《大正藏》冊46，頁54上；《四念處》卷4，《大正藏》冊46，頁575上。

〔註108〕〔隋〕釋智顗說，《妙法蓮華經玄義》卷6，《大正藏》冊33，頁749下。

〔註109〕〔隋〕釋智顗說，釋灌頂記，《摩訶止觀》卷8，《大正藏》冊46，頁116中。

〔註110〕〔隋〕釋智顗說，釋灌頂記，《金光明經玄義》卷2，《大正藏》冊39，頁9下。

無遺。誠如《金光明文句》所載：「迄從凡地，至于極佛，皆名眾生。《釋論》云：眾生無上者，佛是；從凡夫之五陰極至佛地，亦稱色解脫、受想行識解脫」，〔註111〕智顗因極其重視眾生如何成佛之因果及其過程，於理於事上，念茲在茲，欲拉近深陷無明障中的眾生與萬累盡泯的佛之實際距離。成佛，不一定非得在眾生肉身生命終結時；心念一轉，臻至佛界，即為佛。亦因即身成佛，愈顯本具善性與惡性的眾生，若能超脫生理機能影響心理的可能限制，得菩提之悟而證得佛道，則彌為難得與珍貴。

眾生一念之轉，能入佛界，而為佛；佛界之佛，若有絲毫退轉心，即入非佛之九界，而為眾生。這凸顯智顗以境界論定位佛：一、但凡眾生能即空即假即中圓觀一念無明心，還得「心」本來面目，即是臻於佛界，得以肉身之軀成佛。二、誠如智顗所言，「觀智，覺悟此心，名之為佛」。〔註112〕眾生成佛與否，關鍵在於「心」。如何在「心」上下功夫，並假修行以保固之，尤顯重要。三、心、佛、眾生之無別，不僅在返本「溯『性』」，指涉三者皆是因緣合和，並強調最高、最妙不可思議的境界本宛然具足於心，眾生本自有之。是以，心、佛、眾生，除了皆立基實相之性，理體無別，並透過對「心」的觀行實踐，拉近佛與眾生事相上的距離；此外，基於累與無累同源，修得正果亦究竟無得，則佛與眾生相去不過一念之間。可知，智顗將心、佛、眾生併言，說「三無差別」，其實已在一念無明法性心中，內蘊眾生之可能成佛的質性與依據。智顗以「佛性」一詞表之，並加以建構相關理論內涵。

就前文可知，智顗專就圓教圓觀圓覺來演繹佛性論，從中證成凡圓教勝義之詞皆能與「佛性」異名同義。之所以異名同義，乃因同體之故；之所以能用同義詞訓釋，而非字義不同、輾轉相通的轉訓，亦在於諸詞皆不離勝義妙理。這不僅豐富智顗「佛性」義蘊，並強化該「佛性」具有諸異名同義詞的意義、特質。但總歸而言，智顗「佛性」，非止於之能成佛的性質、性能，以及所能臻之界域，其實並以非有非無的真如實相為核心版圖。理由是：佛本是眾生心念所臻的果報境界，但因無論「眾生」或「眾生心」皆是因緣和合、假名施設，且佛境即意謂眾生心能得契即空即假即中的真如實相，揭示「佛性」究竟而言，即指實相之性。當眾生能契入實相之性，亦即當本具實

〔註111〕〔隋〕釋智顗說，釋灌頂錄，《金光明經文句》卷4，《大正藏》冊39，頁67上。

〔註112〕〔隋〕釋智顗，《維摩經玄疏》卷6，《大正藏》冊38，頁560中。

相之性的眾生能彰顯所本具的實相之性，即能證得不生不滅、不來不去的實相義之佛。而這，即可呼應智顗所言，「覺了不改，故名虛空佛性」〔註113〕、「覺了不變，故名佛性」。〔註114〕

二、智顗「心即佛性」之證成

若欲證成「心即佛性」，可先闡明爲何「心」何能與「法性」相即：

> 凡厥有心，心即法性。法性者，即是本淨。(《維摩經玄疏》)〔註115〕

所謂「有心」，已限定對象是持有肉團心、意識心、緣慮心、覺知心、清淨心之有情眾生。「法性」，指諸法非常非無常的不改之性，是本然離妄無染之性。「心即法性」，揭示：一、眾生「心」無論是否爲無明所染，理體本淨；二、心爲諸法之一，因此「心即法性」，一表「心」之如是「性」即「法性」；二表「心」具諸法之性，可呼應前章「即」字當體全是之意涵。智顗並云：

> 心及諸法，即是法性。何有生死、涅槃前後？若法性非二法者，即是中道佛性。(《維摩經略疏》)〔註116〕

在智顗學說中，「佛性」與「法性」異名同義。但在行文中，會選擇以前詞或後詞言詮，其實便在共性之外，有所謂個別之衡量：一、「法性」意謂諸法非常非無常的不改之性。「佛性」雖然同指諸法不改之性，但之名「『佛』性」，即意謂成佛之性。何性誠爲不改，並爲成佛之性？其實即是實相之性。該性爲眾生本具，但凡能觀得，即能契入真如實相之理，臻佛界而爲佛。二、法性專指諸法之性。佛性在智顗學說中，則專指有情眾生本具，以肯定眾生皆本具成佛之性。這不僅意謂眾生即佛，且表明眾生之性與佛之性無別。

> 今當體諸顛倒，即是法性，不一不異。雖顛倒起滅，如旋火輪，不信顛倒起滅。唯信此心，但是法性。(《摩訶止觀》)〔註117〕

〔註113〕〔隋〕釋智顗說，釋灌頂記，《妙法蓮華經玄義》卷8，《大正藏》冊33，頁782中～783中。

〔註114〕〔隋〕釋智顗說，釋灌頂記，《妙法蓮華經玄義》卷8，《大正藏》冊33，頁783中。

〔註115〕〔隋〕釋智顗，《維摩經玄疏》卷2，《大正藏》冊38，頁524下。

〔註116〕〔隋〕釋智顗說，〔唐〕釋湛然略，《維摩經略疏》卷4，《大正藏》冊38，頁614上。

〔註117〕〔隋〕釋智顗說，釋灌頂記，《摩訶止觀》卷5，《大正藏》冊46，頁56中。

　　觀念念心，無非法性、實相。(《摩訶止觀》) 〔註118〕

智顗學說中的「心」，主要結合肉身與精神層面。為強調眾生成佛的踐履過程，智顗尤多闡述眾生攀緣外境、思慮事物之慮知心，並以圓教圓觀合理論證「一念無明法性心」。當眾生能體達無明與法性、無明心與法性心不一不異；當眾生能圓觀每一剎那心，縱是顛倒起滅，始終契於法性、實相之清淨心，則意謂證得佛道。繼之，再論「心即佛性」：

　　若觀心即是佛性，圓修八正道，即寫中道之經，明一切法悉出心中。

　　心即大乘心，即佛性，自見己智慧與如來等。(《摩訶止觀》) 〔註119〕

　　我者即如來藏。如來藏者，即是佛性。(《摩訶止觀》) 〔註120〕

智顗文字簡錬，有其獨特的風格。但部分行文，恐過於言簡意賅而令讀者生疑，諸如首段引文，智顗既言「觀心，即是佛性」，卻又言「心，即大乘心，即佛性」，則究竟「佛性」等同動詞加受詞的「觀心」，抑或等同名詞的「心」、「大乘心」？加以細察，可知「觀心，即是佛性」一詞，有前因後果之關係。當眾生被無明纏縛，則不見所本具的清淨心。當能對無明心予以圓觀，則能還得「心」本來面目。由於智顗強調「即是佛性」，可見還得真面目的清淨心即是佛性。可知，「是」字據該詞語脈，一指當體全是，以表所觀之心與佛性當體無別；二則隱含「見」意，恰與「自見己智慧與如來等」相呼應。而「心，即大乘心，即佛性」可謂是此段引文之文眼；道出眾生本具的清淨「心」，即是「大乘心」，等是「佛性」。若能觀「心」，縱使所觀的是無明心，透過即空即假即中之圓觀實踐，將能得見「佛性」。而這，並意謂不可思議的最高境界，其實於心早已本具，是眾生本自有之。次段引文，智顗援引《大般涅槃經》「我者即是如來藏義」，〔註121〕來說明「如來藏者即是佛性」。雖然智顗此段是用來闡述別教有門，但可看出：一、「我」、他之分，應是「心」所起的識別作用。是以「我者即如來藏。如來藏者即是佛性」中的「我」，一為眾生自稱，以表眾生內藏如來、如來藏於眾生內；二為「我『心』」之代稱，而「我『心』」

〔註118〕〔隋〕釋智顗說，釋灌頂記，《摩訶止觀》卷7，《大正藏》冊46，頁100上。

〔註119〕〔隋〕釋智顗說，釋灌頂記，《摩訶止觀》卷3，《大正藏》冊46，頁31下。

〔註120〕〔隋〕釋智顗，釋灌頂記，《摩訶止觀》卷6，《大正藏》冊46，頁74下～75上。

〔註121〕〔北涼〕曇無讖譯，《大般涅槃經》卷7：「我者即是如來藏義。一切眾生悉有佛性，即是我義。如是我義，從本已來常為無量煩惱所覆，是故眾生不能得見。」(《大正藏》冊12，頁407中)

的「我」，本屬眾生之一，因此「我『心』」的廣義是為「眾生『心』」、「眾生『心』」的縮影是為「我『心』」。也因眾生心即是佛性，更可呼應智顗對「一念無明法性心」的肯定。眾生縱使因纏縛而具一念無明之眠心，卻不礙作為主質之體的法性心的存在，亦即不礙眾生本具佛性的事實。若該二段引文互映，可知「我」心即眾生心、即大乘心、即佛心、即寂照靈知的中實理心、即「即空即假即中」〔註122〕非一非異之心、即佛性。

至此，可再返過來討論：「心即大乘心，即佛性」：一、無論「心」是眾生或佛所持，諸「心」之中皆有佛、皆本具成佛之性，因此佛不像上帝位於天上，亦不在遠方某處，佛本在心中，毋須外求，待能明心，見得意謂清淨之性、覺悟之性的佛性，即為佛。這亦可呼應智顗所言：「欲見如來心，但觀眾生。見心即如來心」。〔註123〕二、即使「心」是無明冥覆的眾生心，主質之體其實即是佛心、清淨心、大乘心、實相心，亦可說即是清淨法性、佛性、實相性，因此「心即佛性」一詞確可成立。但世人可能會疑問：佛心當是無念、離念、至靜、真實離妄之心，與佛性確可相即，但眾生心緣慮而生、意念剎那生滅，若說眾生心即佛性，是否可就「心」有心識意念流轉、能覺、能動之一面，而可說該「心」是佛性的動態義？亦即，「心」與「佛性」雖然相即，但「心」其實含具意識、思惟、情志流動不住之特質，「佛性」則偏向眾生之可能成佛的性質，那麼是否可說：「心」為「佛性」之動態義；「佛性」為「心」之靜態義？動靜乃是相對而言，心本具成佛之性，佛性為心本具之性，因此若欲以動靜分別二者，確可如此表述。但嚴格而言，由於「即」字可繫連相性體力作因緣等十如是，且表彼此當體全是，則：真如法性、清淨心為「心」之「體」〔註124〕、佛性為「心」之「性」，能動、能覺、能思惟之心為「心」之「用」、緣慮之心為「心」之「相」，因此「心即佛性」相對來說，當為如是「體」與「性」的相即關係。

如是，「心即佛性」，則意謂：一、但凡眾生有「心」者，即本具佛性。

〔註122〕〔隋〕釋智顗說，釋灌頂記，《妙法蓮華經玄義》卷2：「若觀己心不具眾生心、佛心者，是體狹；具者，是體廣。若己心不等佛心，是位下；若等佛心，是位高。若己心、眾生心、佛心，不即空即假即中者，是用短；即空即假即中者，是用長。」（《大正藏》冊33，頁692下）

〔註123〕〔隋〕釋智顗，《維摩經文疏》卷2，《卍續藏》冊18，頁475中。

〔註124〕由於被無明冥覆的眾生之心，其真面目仍是清淨心、佛心、實相心，因此此處便不特別強調該「心」究竟是眾生、抑或佛之「心」。

無論眾生心如何被無明覆蓋，有多麼奇詭怪謬、荒誕愚駭的顛倒妄想，皆始終「本性自爾」、「法性自爾」，純然清淨，等佛之心；該心本具即善即惡當體全是之雙重結構，以及非善非惡、即眞即假即中之中道實相之性。然因被無明冥覆，凡智凡眼不察，因此有賴一心三觀的圓觀觀法來還原本來面目。一念無明心，甚或地獄心、魔心，皆本具無上功德、法門、道品、萬善、三諦、無量心、一切佛法、波羅蜜萬行，以致在此弔詭卻又合理的「非道即佛道」論述中，予人省思：圓教及其中道圓觀之意義；眾生心與佛心、佛性之關係；觀行實踐之工夫，以讓每一念都不退轉、不攀緣起惡，有多麼重要。二、般若宗闡明「緣起性空」，著重探討諸法眞實之本質。智顗學說，或取佛性論爲例，「佛性」雖爲諸法之性，亦具緣起之「空性」，但同時亦具「假性」與「中性」，並立基於實相之性。由於「心即佛性」，以及眾生能得見本具之清淨心、佛性，即成佛，揭示智顗佛性論較般若宗更重視主體與「心」之間的關係：如何修「心」、爲何修「心」、修「心」之目的。若以道德義言之，雖然智顗佛性論非止於道德之善惡，但由於有言及道德層面，才能較緣起性空之般若宗，增添許多道德修養之相關主張。三、若能覺觀本心，得見實相，佛性將能顯發，而得證涅槃。可呼應智顗著作多處援引並強調的，《華嚴經》「心、佛及眾生，是三無差別」。〔註125〕該詞揭示智顗念茲在茲欲緊繫心、佛、眾生爲即一無別的關係，欲拉近佛與眾生的距離。誠然，由於三者皆因緣和合，皆緣起性空，確可順此推證無差無別，然而眾生多深纏於無明業障中，佛已泯除萬累，則如何多元論證眾生即佛、眾生心即佛心或佛性，抑或眾生性即佛性，讓億萬款世人心服信納，恐是智顗等仁者的使命。

三、論智顗學說中的「心具」與「性具」

智顗著述中，載「心具」一詞九十二回，以各種面向表述作爲工畫師的「心」，能具一切心及一切法。相較之下，智顗僅載「性具」一詞九回，內容不外：「我性具八自在我」〔註126〕、「如其種性，具足蒙潤」〔註127〕、「種性具足恒沙佛法」〔註128〕、「觀心性具一切法」〔註129〕、「貪恚癡性具一切法，

〔註125〕如：《妙法蓮華經玄義》卷2，《大正藏》冊33，頁693上。
〔註126〕〔隋〕釋智顗說，《妙法蓮華經文句》卷1，《大正藏》冊34，頁8上。
〔註127〕〔隋〕釋智顗說，《妙法蓮華經文句》卷7，《大正藏》冊34，頁94上。
〔註128〕〔隋〕釋智顗說，〔唐〕釋湛然略，《維摩經略疏》卷1，《大正藏》冊38，頁574中。另，智顗於《維摩經文疏》卷3亦云：「種性具足恒沙佛法之理」。（《卍

即煩惱不可斷也」〔註130〕、「一切法真實之性具足慧身」。〔註131〕彙總「我性」、「種性」、「心性」、「貪恚癡性」、「一切法真實之性」，可知「性具」之「性」，不離諸法非常非無常的不改之性，亦即法性。由於是諸法之性，因此能含納個別、種子、心性、煩惱、實相等種種義。也因「性具」意謂每一法之性本具，因此如同「心具」，能芥子納須彌，本具一切性、一切法。至此，有一疑：「心具」之「心」，乃一念無明法性心，誠具無明與法性、善與惡當體全是之雙重結構，那麼「性具」之「性」是否亦如是？一切法皆可就事相、理體言之，無論事相如何差別殊異，皆共具即空即假即中的真如實相之性。而事相之所以殊異，便已預示其主質之性並非單一結構，並非單止於正向或負向之性，因而能具一切性、一切法，是以舉凡「我性」、「貪恚癡性」能具足一切性、一切法，「種性」、「心性」、「一切法真實之性」亦如是。然而這雙重結構，乃因因緣和合之假法而相對存在。但凡落於當體全是之理體，雙重結構即泯然成一，或究竟可說：言語道斷、實相無相。

由於諸法乃「心」所建造，因此雖然「心具」、「性具」處於智顗不同的文思脈絡中，兩者卻是密不可分，甚至可說「心具」即「性具」。若考察智顗佛性論，可知如同「心（性）」、「法性」具雙重結構，智顗並闡明佛性具善與惡、明與無明、正向與負向，且以佛性即實相、佛性具實相來統攝之。可知，非道之理即「佛性」，或「佛性」即九界之性等類詞之能成立的關鍵，在於行者能以無識慮分別的佛慧如實觀之。亦即，在佛慧圓觀之下，非道之理、三毒性、我性等負向之性即實相之性，而「佛性」乃具實相義，而與理性、實相之性、中道之性相即。智顗擬「佛性」內具三毒性等負向之性，如此設定，解決悉具佛性的眾生何以行惡的源由。而因佛慧緣故，佛性縱具負向之性，眾生亦無礙成佛的可能。因此，雖然智顗著述僅載「性具」一詞九回，且多用來表述「我性」、「種性」、「心性」、「貪恚癡性」、「一切法真實之性」等「法性」之「具」，未直言「佛性具」，卻不能否認智顗言及「性具」時，未含及

續藏》冊18，頁481上）

〔註129〕〔隋〕釋智顗說，〔唐〕釋湛然略，《維摩經略疏》卷1，《大正藏》冊38，頁580上。

〔註130〕〔隋〕釋智顗說，〔唐〕釋湛然略，《維摩經略疏》卷4，《大正藏》冊38，頁612中。另，智顗於《維摩經文疏》卷11亦云：「貪恚癡法性具一切佛法者，即煩惱不可斷也」。（《卍續藏》冊18，頁545中）

〔註131〕〔隋〕釋智顗，釋灌頂記，《摩訶止觀》卷7，《大正藏》冊46，頁96中；卷9，頁129中。

「佛性具」之義;尤其智顗多次言及,心即佛性、法性即佛性。也因此,當代學者多以「性具實相」、「性具善惡」二詞彙及其所開展的範疇,來詮釋智顗佛性論,誠有跡可尋。

總括言之,智顗雖未直言「心具善惡」、「心具實相」八字,其相關義涵卻不乏深蘊於「一念無明法性心」、「一念三千」等心性論中。由於心即佛性,因此考察智顗學說,將發現智顗在闡明佛性論時,亦是以佛性具善惡、佛性具實相爲兩大論述軸心。然而,雖然言及善惡,卻非止於道德義的善惡,而是緊扣「順理」或「乖理」〔註132〕來定義善惡,因此亦可說,智顗爲權言事相與實說理體,雖分作佛性具善惡、佛性具實相爲兩大論述軸心,但實際上仍是不離實相此究竟樞紐。

繼之,智顗「性具」之「性」雖統指非常非無常之法性,卻亦含括佛性,因此智顗雖未直言「性具善惡」、「性具實相」八字,其佛性論卻不乏相關演繹,或隱含某種假定。而「性」所具之「善惡」,由於並非僅指道德義之善念惡念、善行惡行,更可意謂「性具善惡」、「性具實相」爲「性具善惡性」、「性具實相性」的縮稱,以致可說:法性、佛性本具善性、惡性、實相性;法性、佛性即善性、惡性、實相性,皆皆不離非常非無常之主質之體。又,考察智顗天台後人之學說,將發現:或爲中興天台而標新立異,或因時代背景或個人學養之故,「性具善惡」、「性具實相」二詞中,天台後人偏言「性具善惡」〔註133〕一詞,且尤強調道德義之善惡,甚至集中闡論「性具諸惡」〔註134〕、「性具惡」〔註135〕、「性惡」,〔註136〕可見天台智顗至後人思想之發展脈絡與側重面。

四、佛性存在之意義

就事相而言,佛是已覺悟的眾生;眾生是未覺悟的佛。眾生之能由迷轉

〔註132〕〔隋〕釋智顗,《法界次第初門》卷 1:「惡以乖理爲義」、「善以順理爲義。息倒歸眞,故云順理」。(《大正藏》冊 46,頁 669 中;670 上)

〔註133〕如:〔宋〕釋知禮述,《金光明經文句記》卷2:「若得性具善惡之門,則逆順俱當」;〔元〕釋懷則述,《天台傳佛心印記》卷 1:「圓人性具善惡,故如君子不器。善惡俱能,體用不二。」(《大正藏》冊 39,頁 101 下;冊 46,頁 936 上~中)

〔註134〕如:〔宋〕釋知禮述,《觀音玄義記》卷2,《大正藏》冊 34,頁 905 下。

〔註135〕如:〔元〕釋懷則述,《天台傳佛心印記》卷1,《大正藏》冊 46,頁 935 下。

〔註136〕如:〔宋〕釋知禮述,《觀音玄義記》卷2,《大正藏》冊 34,頁 902 中。

覺為佛、佛之能由覺轉迷為眾生，皆因本具一可迷可覺之認知主體或道德主體。「心即佛性」一詞，揭示但凡眾生有「心」，即具「佛性」。佛性，眾生本具，意謂持「心」者皆具成佛的可能。眾生與佛皆可迷可覺、「心」本具正向與負向雙重結構，皆指出智顗佛性論有別前人佛性僅具「善」之說；再輔以「佛性」諸多異名同義詞：如來藏、真如、心、實相、法性……等，可證成智顗「佛性」：一、權指內蘊明與無明、善與惡等雙重卻又同「體」之質性；二、實指真如法性之體，亦即非常非無常之不改之性。

　　白晝與黑夜成就一日之周而復始。佛與魔、正義與邪惡之任何一方的不可去除，註定眾生於世間將展開無止盡的人性拉拔。善與惡是相對存在，然而眾生若僅具善性，除了無法處理何以有惡念、惡行之可能，並無法知解黑暗國度如何、為何在人生中所施展的各種面貌，亦無法感同身受其他具有惡性的生命體之所以陷溺於九界之因，如此，則何能在成佛之道上自度與度人？智顗闡明佛性具有善性與惡性，並非貶抑歷來作為成佛資質之佛性的神聖地位，而是更周圓解釋與證成：具有善惡心行的眾生，若能成佛，則具有何種成佛的質性？在成就佛道之前，又是如何處理內在幽闇的無明狀態？智顗以本具善惡雙重結構與實相之性，更加屬實的還原佛性的本來面目與潛質。佛性，意謂成「佛」之性，而大乘佛教所定位的「佛」，不止像上帝一樣引人尊崇、信仰，而是設身作為眾生為何修行的答案，以及工夫論施展的目的地。如同蹇行荒漠的旅人遙望綠洲，當眾生希冀發顯善性、覺性至極致，則所遙望與注予心力欲企及的終極目標，佛教權以「佛」施名之。佛為行者所欲修成的完美典範；佛非漫步於雲端的神話或神化，而是根著於現實土壤，與眾生當體無別。

　　那麼，基於眾生本具惡性，說明有沈淪作惡之可能，豈非在事相上尤顯成佛遙遙無期？由於成佛之前，必當安頓內在本具的惡性與可能顯發的惡意、惡行。因為需要完善安頓，才更凸顯成佛與發顯善性等正向之性的不易與珍貴。而生命體為何能自主有修行意願或實地踐履？之能修行的基礎，究竟是什麼？此則必須回至：由於眾生本具佛性之故。迄此，並可解釋：一、修行是為了「發顯」佛性中本具的靈智之光，亦即覺性，使通達惡性與善性當體全是，而非「外爍」。二、眾生與佛當體無別，事相上則二分。成佛，意謂證得佛果，具有果德。然佛乃真如實相之身，因此所修得之果是「有得」，亦也「無得」。

　　另有一疑：雖然大乘佛教較聲聞、緣覺二乘更爲肯定眾生有成佛可能，然而除了主張如來藏的眞常系，旨言緣起性空的中觀系與旨言阿賴耶識的瑜伽系並非側重於推廣佛性的意義與價值，那麼可予人思考：中觀與瑜伽二系各有教義核心，且不乏以「觀、解悟、智」爲實際修行路徑。當觀錯、解悟錯、智不及時，則是否可照樣成佛？若不能，則「觀、解悟、智」與其他可能作爲一體兩面或互爲因果的「戒、定」等修行，如何引領行者成就佛道？這除了可以今世修行未究竟，來世逐步厚積而得究竟成佛解釋之，其實尚可考量一點：在啓開「觀、解悟、智」等修行歷程之門前，須先有佛性的存在，使行者能因佛性此作爲入門的匙鑰與潛蘊覺悟泉源之優等條件，發顯聖智靈光，照拂成佛之路，並落實修行的眞正內涵。基於佛性存在不可抹殺的價值與意義，並可呼應：若中觀系、瑜伽系肯定眾生能成佛，則無論闡述何種教義，仍是須預設眾生有成佛資質；這亦是二系在闡明緣起性空、阿賴耶識後，仍多少要與眞常系交涉，或返身補充或肯定成佛之性存在之由。

五、從「心」探智顗「佛性」之雙重結構

　　「一念無明法性心」，揭示刹那一念所具的無明性與法性、無明心與法性心皆當體即是，不一不異。並進而可說：心本具當體不二之善性與惡性。當心迷時，則發顯負向之性；心悟時，則發顯正向之性。是以不能單憑心具惡性、無明性，而判定智顗持妄心或染心說。此外，基於心本自不生，因根塵相對而生，可說：心亦生亦不生、不住亦不不住，本是非有非無的「空」義，假名爲「心」。因心本具正負雙重結構，可知與心相即的「佛性」之內部結構亦如是，具必要之善與惡、明與無明等。又因心超越相對，最終歸於不可言詮之眞如實相，可應證佛性以實相義爲基軸。

　　由於智顗之「佛性」與「心」同，皆具雙重結構，那麼智顗進而闡述的三因佛性，是否亦如是？在後章集中闡述智顗佛性論前，以下先舉例窺探之：《法華玄義》中，智顗曾闡釋「凡心一念即皆具十法界。一一界悉有煩惱性相、惡業性相、苦道性相」，不僅肯定眾生心本具佛界與九界，以及佛界與九界皆本具苦道、業道、煩惱道等三道性相；此外，智顗並就此導引，基於三道性相與敵對的三軌性相當體全是，是以可窺探佛性可從三面向切入。首先就煩惱性相而言：

　　　若有無明煩惱性相，即是智慧觀照性相。何者？以迷明，故起無明。

若解無明，即是於明。《大經》云：無明轉即變爲明。《淨名》云：
無明即是明。當知，不離無明而有於明。如氷是水，如水是氷。

所謂「性」，指諸法內在不可改易之體；所謂「相」，指現於外而可分別之相
貌。闇鈍之心無能照了事理之明的「無明煩惱」，與能斷煩惱、絕生死之絆的
「智慧」，於世人眼中，乃爲敵對關係；無明煩惱性相與智慧觀照性相亦如是。
然而智顗以「冰」、「水」爲喻，說明無明「冰」當體全是法性「水」，是以「無
明『轉』即變爲明」之「轉」字乃指同體之「通達」，非指性相輪盤眞有一百
八十度之轉。也因此，不離無明即是明，無明煩惱性相即是智慧觀照性相。
而此處「性相」之「性」，不僅指「法性」，並可指成佛之可能根據的「佛性」，
以致：佛性本具同體的無明煩惱性相與智慧觀照性相。智顗除了以無明「冰」
與法性「水」言之，並以竹、火性爲喻，闡明佛性與所本具的善、惡性之關
係：

凡夫心一念即具十界，悉有惡業性相。祇惡性相即善性相。由惡有
善，離惡無善。翻於諸惡，即善資成。如竹中有火性。未即是火事，
故有而不燒。遇緣事成，即能燒物。惡即善性，未即是事。遇緣成
事，即能翻惡。如竹有火。火出還燒竹。惡中有善。善成，還破惡，
故即惡性相是善性相也。

「凡夫心一念即具十界」，傳達：一、眾生心本具佛界與九界，作爲與眾生相
即的佛心亦本具佛界與九界；二、佛界與九界當體全是；三、眾生與佛當體
全是，本具十界之性，而在事相上之有「眾生」與「佛」二名與義之別，在
於佛發顯佛性，而眾生則發顯非佛的九界之性。以兼具道德、實相二義的善、
惡性相言之，二性相本是相對存在，離此無彼、離彼無此，並且當體全是。
智顗舉「竹中有火性」喻，闡明：竹中本具火性，但未遇外緣，火性冥藏，
竹不起燒；若與外緣和合，彰顯火性，則能燒物。同理，佛性雖本具當體全
是的善性與惡性。若未遇惡緣，惡性未顯；若因緣和合，才彰顯惡性，而成
就惡事、惡行、惡相。若未遇善緣，善性未顯；若因緣和合，才彰顯善性，
而成就善事、善行、善相。如此可見，縱是竹中有火性，佛性本具善、惡二
性，但未有外緣，則何能「事成」？顯見「因」與「緣」，缺一不可，才能在
和合時，開展差別事相。其中，「翻於諸惡，即善資成」之「翻」，非意指一
百八十度之反轉，而是指作爲同體的惡性冥藏，善性彰顯，而成就善法。同
理，「善成，還破惡」之「破」，亦非眞指破壞或棄絕惡性，而是權言惡性冥

藏。又「惡中有善」，非指惡性中有多少比例屬善性，實指惡性當體即是善性。善法或惡法之成，關鍵在於善性或惡性是處於冥或顯之狀態決定之，而當能通達佛性本具之善、惡二性當體全是之理，則圓滿悅納佛性結構上必要之「善」與「惡」，顯見並非真有翻轉之跡。是以，惡性相即善性相。又，智顗並就苦道性相與法身性相言之，且作小結：

> 凡夫一念，皆有十界、識名色等苦道性相。迷此苦道，生死浩然。
> 此是迷法身爲苦道。不離苦道，別有法身，如迷南爲北，無別南也。
> 若悟生死即是法身，故云：苦道性相即是法身性相也。夫有心者，
> 皆有三道性相，即是三軌性相。故《淨名》云：煩惱之儔爲如來種。
> 此之謂也。(《妙法蓮華經玄義》)〔註137〕

此處，智顗不僅言及，眾生刹那一念心本具十法界，並本具十二因緣。對照智顗他經，〔註138〕可知智顗以十二因緣中的無明、愛、取與煩惱道相即；行、有與業道相即；識、名色、六處、觸、受、生、老死等七支與苦道相即。智顗以「迷南爲北」爲例，說明與識、名色等之七支相即之苦道性相。亦即，南與北乃相對言之，無南則無北；反之。當闇惑於法性之理，不識佛之真身，則淪於輪迴生死之果報；當能悟之，則輪迴生死之果報之身即爲真如實相之身，此即智顗所言，「迷法身爲苦道」、「悟生死即是法身」。迷悟一線之隔，可察苦道性相即是法身性相。若無前者，何來相映言之之後者；反之。而綜結此三段引文，可知智顗先言無明煩惱性相，爾後言惡業性相、苦道性相，恰循序點出：一、煩惱道爲「因」；二、依煩惱而發之善惡所作，爲業道，亦即爲「緣」；三、從惑起業而感苦，是爲苦道，誠爲生死之苦「果」。惑、業、苦更互相通，循環往復，造就於三界生死輪迴之眾生。從「夫有心者，皆有三道性相，即是三軌性相」，並可察：一、智顗已預設佛性論的主要討論對象是「有心」之眾生，甚至嚴格地說，乃指六道眾生中的人類。心與佛性緊密繫連。二、一念心縱具三道性相、煩惱之儔，並不足畏，毋須敵對棄捨之；但凡能透過圓教觀法，體達與之相即的三軌性相、如來種，即能成就佛道。三、一念心具三道性相、三軌性相，並可對應一佛性所開展的三因佛性。由

〔註137〕〔隋〕釋智顗說，《妙法蓮華經玄義》卷5，《大正藏》冊33，頁743下～744上。

〔註138〕如：〔隋〕釋智顗說，釋灌頂記，《妙法蓮華經玄義》卷2，《大正藏》冊33，頁700上；〔隋〕釋智顗說，釋灌頂記，《摩訶止觀》卷9，《大正藏》冊46，頁126下；〔隋〕釋智顗，《三觀義》卷2，《卍續藏》冊55，頁677中。

於相即之故，三因佛性非各據一佛性之一部分；彼此當體全是，但有體、性、相，或果、因、緣，或真性、觀照、資成之別。

六、從「感應」另類論及智顗「心」、「佛」、「佛性」之關係

　　佛教典籍不乏言及「感應」，而智顗於《法華玄義》、《法華文句》、《觀音玄義》、《觀音義疏》等著，或為再詮釋《法華經・普門品》，亦特闡「感應」之說，並時而以「機」代「感」字，諸如：「圓機圓應」；〔註139〕「圓機同感佛身」；〔註140〕「圓教赴圓機」；〔註141〕「頓赴圓機，即入佛慧」〔註142〕、「妙機召究竟妙應」……，〔註143〕以帶有圓教風格，說明但凡眾生以圓頓機根「感」佛，佛即妙不思議「應」現。智顗並釋名「機」、「應」二字：

> 機有三義：一者機是微義。……眾生有可生之善，故聖應，則善生；不應，則不生。故言機者，微也。二者……眾生有善有惡，關聖慈悲，故機是關義也。三者，機是宜義。如欲拔無明之苦，正宜於悲；欲與法性之樂，正宜於慈。故機是宜義也。明應者，亦為三義。一者，應是赴義。既言機有可生之理，機微將動；聖人赴之，其善得生，故用赴而釋應。二者，應是對義。如人交關，更相主對……今以眾生譬買；如來譬賣。就機以論關；就應以論對，故以對釋應也。三者，應是應義。……應其所宜，故以應釋應也。(《妙法蓮華經玄義》)〔註144〕

智顗闡明，「機」含微、關、宜三義；「應」含赴、對、應三義，並兩兩互對。據「眾生有可生之善」、「眾生有善有惡」、「拔無明之苦」、「與法性之樂」，可知眾生具善、惡、無明、法性；據引文中聖人與眾生之互動，可知此處「聖人」乃代言「佛」。「機」、「應」三義為：一、智顗以機微將動的「微」字形

〔註139〕〔隋〕釋智顗，釋灌頂述，《妙法蓮華經玄義》卷6，《大正藏》冊33，頁749上。

〔註140〕〔隋〕釋智顗，釋灌頂記，《觀音義疏》卷2，《大正藏》冊34，頁932下。

〔註141〕〔隋〕釋智顗，《維摩經玄疏》卷4，《大正藏》冊38，頁544上；《四教義》卷12，《大正藏》冊46，頁767中。

〔註142〕〔隋〕釋智顗，釋灌頂記，〔唐〕釋湛然略，《維摩經略疏》卷11，《大正藏》冊38，頁574下。

〔註143〕〔隋〕釋智顗，釋灌頂述，《妙法蓮華經玄義》卷6，《大正藏》冊33，頁749中。

〔註144〕〔隋〕釋智顗，釋灌頂述，《妙法蓮華經玄義》卷6，《大正藏》冊33，頁746下～747上。

容眾生「可『生』之善」，並肯定當佛知悉眾生「善生」，必將迅「赴」而「應」之，使眾生善性得能發顯。二、智顗指出，眾生具善惡之性。當眾生生出欲拔苦得樂之「交『關』」之願，佛將予慈悲「對」應之。三、智顗並闡明，當眾生能瞭然，「宜」以悲「拔無明之苦」；「宜」以慈「與法性之樂」，則佛將「隨以何法，應其所『宜』」。由於眾生關乎善法之機微動，知何其所宜，佛將立即赴之、對之、應之，可知智顗著述無論是言及「機應」或「感應」，眾生與佛互動的關鍵樞紐仍是眾生是否有可發之善機；縱使善機僅是微生、微動，佛都能應其所宜、應其所對，使善得生；反之，若眾生無可生之善，佛便無所感。此段引文，最予人生疑或錯覺之處，莫過於：代言「聖人」的「佛」因與眾生「更相主對」，因此吾人恐以為佛在心外，或像上帝位於天上以俯視世間。事實上，佛、佛性、善機皆在眾生心中。智顗為解釋機應之別，權以主客言之。實際之意是，當作為一本的眾生，有意生善「機」時，將彰顯心中本具之佛性中的善性，如此將「感」心中之佛；使心中之佛赴「應」之，以慈悲拔眾生之苦與樂。亦即，善惡之機、慈悲、苦、樂之「生」與否，皆是眾生在面對正向生命之光時，心中所進行的幽微活動。是以，從眾生與佛「機應」或「感應」道交，看似神化的內裡，其實智顗已清楚細微的描述，眾生心中本具之佛性、本在之佛，與眾生心互動的狀態。此為一證：佛不在心外。一本，非二本之眾生若欲成佛，純賴自力與發動善機。智顗並云：

> 《淨度三昧》云：眾生亦度佛。若無機感，佛不出世，亦不能得成
> 三菩提。(《金光明經文句》)〔註145〕

眾生何能度佛？原因是，若眾生未有可生的善根之機，將不能感佛，以致佛不能赴而應之。「佛不出世」，一指佛不能應之；二指眾生善性未發，何得成正等正覺而為佛。由此可知，雖眾生有佛性，但若不發動善機，不彰顯善性，依舊不能成佛。但即使善機僅是「微」生，佛皆能應之。而這可間接呼應《法華玄義》：「上定者，謂佛性也。能觀心性，名為上定」，〔註146〕原因是，雖然此段話言及止觀，但亦揭示：由於眾生本具佛性，即使處於被無明冥覆的狀態，當能彰顯時，則能使心止於一境，不使散動。而彰顯佛性的方式，即有賴眾生有意圓觀。因此圓觀與成佛與否，關鍵仍是要歸源於眾生意願大小所

〔註145〕〔隋〕釋智顗說，釋灌頂錄，《金光明經文句》卷5，《大正藏》冊39，頁76上。
〔註146〕〔隋〕釋智顗說，釋灌頂記，《妙法蓮華經玄義》卷2，《大正藏》冊33，頁696上。

致成的善機。智顗並設問解惑：

> 問：機爲是善，爲不善？若已是善，何須感聖？若未是善，那得言
> 善之將生？答：性善冥伏，如蓮華在泥。聖人若應：如日照，則出。
> （《觀音玄義》）〔註147〕

所謂「機」，是眾生心性中本具之善根、惡根之發動處。智顗藉由答難，指出唯有善機，才得能「感聖」而「善生」。佛與善機之感應說，應證同類相契應，機與緣缺一不可。智顗有關「性善冥伏」之答覆，並揭示：縱使佛性中所具之惡性彰露，而善性冥伏在心，如泥中之蓮，覆不現前，但是當眾生一有善根感動之機緣，心中之佛將「應」之而來，而彰顯善性。智顗並以「日照」形容佛「應」，以「出」表述本是冥伏的善性將顯露。在此，凸顯心中善性冥伏不現或現的關鍵，在於善機是否微動。若能善生，心中之佛即赴而應之，如此善性即顯。智顗亦云：

> 諸法雖空，一心具萬行。但眾生得樂之時，非是如來將樂授彼，彼
> 自有之。如貧女金爲其耘、掘，拔苦與樂，其義亦然。〔註148〕

心雖具一切行法。但眾生離苦得樂的心願，非佛予之完成。眾生本具離苦得樂之潛能，當能耘除草穢、掘出金藏，即能達之。此段引文雖未見「感應」文字，卻揭示眾生本具一切。當眾生有意發動，即能發顯心中本具之質性、性能，不假外求。心中之佛始終扮演「應」之的角色。而這，可呼應前節所闡釋的「一本」思想：若眾生「無」爲，佛不得挾持、催促、培育眾生心；亦即，當眾生善機不生，佛不得度化之。一疑：眾生之爲眾，在於根性成千上萬有別，佛豈能悉應？智顗云：

> 眾生根性百千，諸佛巧應無量。隨其種種，得度不同。《法華玄義》
> 〔註149〕

眾生能與心中之佛感應道交，顯示佛能「隨」眾生善根之機，加以「應」之，使眾生善法得生。即使眾生根性殊異，佛之能力之一便是「巧應無量」、「應其所宜」，得以度脫眾生離生死之海。

　　由上可知，就理體言，眾生與佛之「心即佛性」；並進而可說，眾生即佛。

〔註147〕〔隋〕釋智顗說，釋灌頂記，《觀音玄義》卷2，《大正藏》冊34，頁891上。
〔註148〕〔隋〕釋智顗說，《禪門章》卷1，《卍續藏》冊55，頁645下。
〔註149〕〔隋〕釋智顗，釋灌頂記，《妙法蓮華經玄義》卷6，《大正藏》冊33，頁748中。

雖然心本具成佛之性、佛在心中，但為使常人易解「心」與「佛」、「佛性」互動之作用及關係，智顗時而以「主對」權言之：一、誠如牟宗三以「逆覺體證」四字為智顗主客圓觀之法批上註腳，但盲忙茫眾生欲逆覺返身觀照、覺察自心內在活動，誠為不易。智顗權宜之一是，假主體為眾生心、客體為佛性，就「能所」、「性相」言之。如此，吾人恐覺非常非無常之佛性偏靜態，能覺、觀、悟之眾生心偏動態；但由於眾生心即是佛性，因此實際上並無絕對動、靜之分。二、若以「感應」說闡論眾生心中本具之善機與佛，確實可細觀彼此的差異與互動情形。但因眾生心即佛性、心中有佛，因此可說：當眾生可生善機，即使是「微」生，心中之佛將「應」之，而發顯善根、善性。簡圖如下：

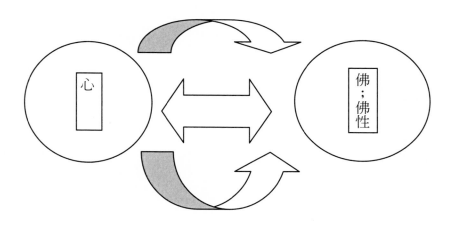

「感應」簡賅而言，即眾生「感」佛；佛「應」眾生。亦即，眾生心本具善根感動之機緣。當眾生萌生善機，有意修善，則能「感」佛，而佛基於眾生心萌生善機，乃能迅「應」之，是以在「感應」的狀態下，眾生與佛保有雙向關係，並在往復間增強或鞏固道心。此非意指果境佛性成為全然在既有狀況之外、高懸萬法眾生之上之一境界，而是純屬眾生心內在活動的分解之說，原因是心即佛性、佛在心中。但如此細微解析，不乏提供吾人另類思考：一、心、佛、佛性非一非異之關係；二、若欲邁向成佛之路，具佛性是最基本條件，但此外，該生命體必須生善機，以發動、開發、彰顯本具之佛性。三、由於佛性本具善性、惡性，而佛僅「應」善機，凸顯善、惡之機會導致良性、惡性之循環。但此循環，並無絕對決定性，原因是佛性本不生不滅、不增不減，此循環亦非真循環，以企非存有之存有。

七、心、心性、法性、佛性之思考

關此標題及其內容進行，在於筆者曾糾結：「心、心性是一或二？」、「誰包括誰？」、「佛性等同心或心性？」等問題。加以考察：智顗學說建立於佛教基本教義上，以「非常非無常」界定「性」；心、物、一切法之存有，皆具此「性」或「性質」。「性」之外延顯然比「心」大，而可說「心」不等於「性」，以致「心具善惡」亦有別「性具善惡」，原因是後者涵蓋前者；除非將「性具善惡」的「性」限定為「佛性」、「心性」，「心具善惡」、「性具善惡」二說才等同。若「性具善惡」之「性」限定為「佛性」，則「心具善惡」、「性具善惡」二說基於「心即佛性」之故，想當然無別。但「性具善惡」之「性」除為「佛性」，以及與「佛性」相即的「心」之「性」，是否可指法性？亦即，心、佛性以外的各種存有之法是否具有善惡？鑑於智顗言：「凡厥有心，心即法性」〔註150〕、「見法性即見佛性」〔註151〕、「若法性非生死、非涅槃，即是中道佛性」〔註152〕等文，再基於心、佛性與一切法之主質之體即是法性，顯見法性之結構亦同具「順理」、「乖理」〔註153〕之實相義之善、惡。

基此，概括以「非常非無常」界定「性」此佛教基本教義，濃縮至修持者身上時，可用「心」此概念而言。亦即，「心」既是萬法萬相之一，當然亦具此種「性」質或者說特「性」、本「性」。若繼本節第二部分「心具」、「性具」論題，可進而闡釋：就修持而言，言「心具善惡」、「心具實相」較宜；就概括成佛之所以可能根據而言，言「性具善惡」、「性具實相」較宜。然而，後說極玄妙處在於，避免前說落於將「心」實體化之危機，當頭棒喝。亦即，當佛性亦屬諸法之「性」，則亦是非常非無常；佛性之能成為成佛之用力點，正因其根本之「性」如是。是以佛性，或下文欲闡述的三因佛性，皆即是非常非無常、不改不變之「性」，別無「性」外另有一佛性或另有三因佛性。

此外，智顗天台後人雖擬「性具善惡」、「性具實相」二詞定位智顗佛性論，並偏重「性具善惡」一環，以及傾道德義闡釋之，但卻不能抹殺：智顗言及九回「性具」一詞之「性」本指不離諸法非常非無常的不改之性，含括

〔註150〕〔隋〕釋智顗，《維摩經玄疏》卷2，《大正藏》冊38，頁524下。

〔註151〕〔隋〕釋智顗說，釋灌頂記，《四念處》卷3，《大正藏》冊46，頁572中～573上。

〔註152〕〔隋〕釋智顗，《維摩經文疏》卷12，《卍續藏》冊18，頁548上。

〔註153〕〔隋〕釋智顗，《法界次第初門》卷1：「惡以乖理為義」、「善以順理為義。息倒歸真，故云順理」。（《大正藏》冊46，頁669中；670上）

「我性」、「種性」、「心性」、「貪恚癡性」、「一切法眞實之性」等,並可以表眞如實相之「法性」彙總之。是以含括心、佛性之「法『性』」,或一說與心、佛性相即之「法性」,乃具實相義的「善」與「惡」。若「善」與「惡」與生命體有關,則更兼道德義;然而雖具道德義,究竟仍是以實相義爲基軸。而智顗後學,雖偏重道德義言「性具善惡」,但善、惡心行亦屬萬法萬相之一,亦具非常非無常之性質,是以善可翻惡、惡可轉善。以「善」、「惡」言詮非常非無常之不改之「性」,恰可鼓勵未信者、自卑的信者萌生出惡向善、警戒持善者易有墮惡可能。尤其,對於修持嚴謹者,更是嚴重警戒:善不可以執;執善即非眞善,且意謂未臻非善非惡之最高境界。也因此,智顗天台後學雖偏以道德義之「性具善惡」再詮釋智顗佛性論,究竟而言,仍是契入實相義,與「性具實相」相互呼應。是以,智顗後學的創造性詮釋,亦頗具風采,並尤顯智顗不論以道德或實相角度闡明「性具善惡」,皆相互輝映,且通達「性具實相」。

佛是由眾生修鍊而成,揭示佛以眾生爲本,甚至嚴格說,乃以萬物之靈的圓顱方趾爲本。是以,就「理」言,眾生即佛;就「事」言,眾生即未來佛。探其理論依據,乃因眾生本具的清淨心與本具的佛性當體即是,是同體異名。當被無明冥覆的眾生能還得己心的本來面目,即意謂證得佛道。而成就眾生之爲獨立主體的「心」,因其內在「無明」與「法性」、「善」與「惡」的雙重結構,亦連帶可應證與「心」相即的佛性亦具同等結構,以致佛性縱使本具性惡,亦不足奇,亦不抹殺眾生之能成佛的可能;原因是善性與惡性當體全是,悉爲非常非無常的實相之性。若據「一切萬法由心而起」,〔註154〕可知「心」統攝萬法,能造內外諸境,填實自身存在世界之內涵,而可依此判定位於十法界中的何層果報界域。當行者透過觀行實踐功夫,能覺觀內境深淺的同時,便意謂同步在覺觀外境,並與能否圓覺、妙覺成佛成正比的關係。是以,成佛的先決條件,必須具有「心」;而具有「心」,即意謂具有佛性。此外,基於「心即佛性」,更是凸顯刹那一念心與佛性緊繫的連動關係:一念沈淪,意謂佛性冥覆;一念飛升,意謂佛性彰顯,身心自在解脫。是以,佛性雖爲眾生之能成佛的基本條件,但佛性本身卻不一定僅內具善性或明性,最重要的是,持佛性者是否能將佛性圓滿彰顯。也因此,眾生本具佛性,揭示同位一起跑點;之有果德之殊,純因止觀修行之故,顯見智顗頗重視修

〔註154〕〔隋〕釋智顗,《六妙法門》卷1,《大正藏》冊46,頁553下。

行一環：縱是被社會階層定為草芥之命、芻狗之身，只要有心有力，予以修行，將離佛不遠；縱是成佛狀態，未持續彰顯佛性或保固之，亦將一念偏頗而降為眾生時。是以「心即佛性」一詞，一揭示持「心」之眾生本具之能成佛的資質、條件；二揭示還原與維護每一當下本然清淨心念之重要，進而凸顯成佛之功夫論須時時身體力行。

小　結

　　諸法之「性」，悉為「非常非無常」之「不改」之性。〔註155〕世上唯有真理恒為「不改」，因此諸法之「性」皆為契入真理之實相之性；心之「性」、佛之「性」亦如是。是以「性」之前無論銜以何名、何物，其主質之體皆不離實相之性；含融「非常」之有為法、「非無常」之無為法，並導歸言語道斷的中道實相。加以解析：諸法之性含括相對而言的「非常」、「非無常」，以及泯絕相對的即「非常」即「非無常」。前者呈顯諸法之性不離敵對之雙重結構；後者則全然中道，實相無相，形上不二。而這，不僅可呼應智顗即空即假即中之圓融三諦，並應證眾生宛然本具的清淨心、佛性誠具同體相對的雙重結構，以及泯權歸實的中道實性。善與惡、明與無明、菩提與煩惱、光明與黑暗等無為、有為法同為諸法之「性」的雙重結構，造就結構上必然之「善」與「惡」、完滿與不完滿，是以諸法含有惡法、諸理含有惡理、諸性含有惡性，佛性具有惡性，然而吾人毋須懼畏結構必然之「惡」。若能圓觀通達，一切無礙成佛之路，且能愈顯佛性乃為實相之性，以及修行的可貴。亦即，就成就眾生為獨立主體的「心」而言，意謂眾生須了解、悅納自己的影子和光，才能是真正圓滿的自己；就作為眾生之能成佛的資質的「佛性」而言，並非捨棄、敵視內具的幽闇之性，而是要能通達黑暗與光明本是同體不二，才得能真正證得佛道。觀達而保有、肯定、悅納正負一切法，誠為智顗佛性論的重點。又，基於心本具善惡雙重結構、一切法、實相、靈智、「一本」等特質，更是應證與「心」同體相即的「佛性」：內具實相與靈智般若之質；非佛界之九界眾生的佛性僅是處於深淺冥覆狀態，使佛界與九界非絕然割裂，而是同「體」的即佛界即九界。此外，因「心即佛性」之故，佛誠在心中，非在心

〔註155〕〔隋〕釋智顗說，釋灌頂記，《金光明經玄義》卷1，《大正藏》冊39，頁4上。

外，以致教界凡聖感應說，乃眾生心生的善、惡「機」，能「感」心中之佛，而使佛赴「應」之。此為眾生內心細微感應佛道的文字敘述，毋須頭上安頭，誤以為佛在心外或遠方。

第五章　從「因緣中道實相」之理探智顗「中道佛性」論

智顗於《維摩經玄疏》中，曾以「明不思議因緣中道實相之理」〔註1〕定義圓教。究竟何謂「因緣中道實相」？該詞所建構之理，與智顗立基圓教而所內化、外延的「佛性」論有何關係？又將導致「佛性」具有何種特質，以及與前人佛性論有何之別？此外，從「因緣中道實相」一詞，並可推導出智顗新闢的「中道佛性」一詞，其義蘊又是如何？本章擬探討之。

第一節　智顗「實相」、「中道」、「因緣」義界

本節旨將深蘊智顗圓教思想的「因緣中道實相」一詞，加以分解之，探其義界，以蠡測彼此關係。

一、實　相

智顗學說之究極思想核心，以及最為推崇的，莫過於「實相」二字：

> 五重玄義：一、釋名。二、辨體。三明宗。四論用。五判教。……實相為體。(《仁王護國般若經疏》)〔註2〕

智顗闡釋諸經時，向來以五大面向言之：一、釋名以顯法；二、辨體以明旨

〔註1〕〔隋〕釋智顗，《維摩經玄疏》卷3，《大正藏》冊38，頁533上。

〔註2〕〔隋〕釋智顗說，釋灌頂記，《仁王護國般若經疏》卷1，《大正藏》冊33，頁253中。

歸樞要；三、明修行之宗旨；四、明利益眾生之用；五、判別教義教相之大小權實。其中，智顗以「實相」為經之「體」、眾義之中樞，顯見智顗對「實相」極為重視。智顗並云：

> 《釋論》云：諸小乘經，若有無常、無我、涅槃三印印之，即是佛說……。大乘經，但有一法印。謂諸法實相，名了義經，能得大道。（《妙法蓮華經玄義》）〔註3〕

> 所謂諸法實相。若大乘經有實相印，即是大乘了義經，聞者乃可得菩薩道。若無諸法實相印，即是不了義經，聞者多墮二邊，不能得無生忍也。（《維摩經玄疏》）〔註4〕

了義與不了義之別，在於前者顯了說分明究竟之實義；後者則因權言之故，顯未了未盡之說。智顗以之表明與判分，小乘以諸行無常、諸法無我、涅槃寂靜此三法印印之，證其為佛說，易流於常與無常、我與無我、動與靜之二端知見，無法始終安住於無生無滅之理而不動，實是不了義經；大乘則簡單直捷，以一實相印印之，實是能究竟契應佛道、通達無礙之了義經。從中可見，智顗對實相印的肯定。智顗並就魔事言之：

> 《釋論》云：除諸法實相，其餘一切皆名魔事。……法實相是第一義。（《釋摩訶般若波羅蜜經覺意三昧》）〔註5〕

當心被無明冥覆，即意謂未能得見實相、未處佛界，並意謂內在抽象活動與外在具體行為有所偏差，而這，可以非佛的「魔事」概括之。又從「法實相是第一義」，可見智顗將「實相」置於諸法最上至極之究竟義；亦即，「實相」，即是「理極真實，以實為相」，〔註6〕乃非常非無常、離妄顯真、究竟真理之相。在智顗學說中，「實相」與許多詞彙異名同義。考察相即之諸詞，可勾勒「實相」輪廓與特質：

（一）一　相

〔註3〕　〔隋〕釋智顗，《妙法蓮華經玄義》卷8，《大正藏》冊33，頁779下。
〔註4〕　〔隋〕釋智顗，《維摩經玄疏》卷6，《大正藏》冊38，頁555上。
〔註5〕　〔隋〕釋智顗說，釋灌頂記，《釋摩訶般若波羅蜜經覺意三昧》卷1，《大正藏》冊46，頁626中～下。
〔註6〕　〔隋〕釋智顗說，釋灌頂記，《妙法蓮華經玄義》卷9，《大正藏》冊33，頁793上。又，《妙法蓮華經文句》卷9亦云：「以實為相，故言如實相。」（《大正藏》冊34，頁120下）

　　「實相」爲諸法一味平等本具，因此可言「一相是實相」；〔註7〕以「一」表差別諸法所具之「實相」，不二等一。

（二）一實諦即空即假即中

智顗云：

> 一空一切空，……一假一切假，……一中一切中。非一二三，而一二三。不縱不橫，名爲實相。唯佛與佛究竟此法。（《妙法蓮華經玄義》）〔註8〕

> 何等是實相？謂菩薩入於一相，知無量相；知無量相，又入一相。……利根菩薩，即空故入一相；即假，故知無量相；即中，故更入一相。如此菩薩深求智度大海，一心即三，是眞實相體也。……一實諦即空即假即中，無異無二，故名一實諦。……無三異，故即一實諦。……無顚倒，故名一實諦。……乘高廣眾寶莊挍，故名一實諦。……常樂我淨，名一實諦。一實諦者，即是實相。實相者，即經之正體也。如是實相即空假中。……唯此三諦即是眞實相也。（《妙法蓮華經玄義》）〔註9〕

所謂「實相」，即是離妄眞實之相。教界諸派諸家不離此說，但在結合己家教義後，則各有演繹之方，諸如：智顗「實相」觀即圓融三諦之說，而可就究竟無二之「一實諦」來釋名「實相」，細部並可就個體與全體，開延爲：一空一切空、一假一切假、一中一切中。一實諦與三諦之間，「即空即假即中」，以致即一即三、即三即一，並且非一二三，而一二三，非縱非橫。可知，一實諦意謂離妄無顚倒的實相中道之理，所開演之三諦皆不離此。又因眾生欲明瞭此眞如實相之理，首當回歸「心」此生命主體樞紐，以致亦可說：心即實相即一實諦；一心即「假」、「空」、「中」三心，能開展「即空即假即中」之無量相，而此無量相當下並可入平等不二之一相。但凡行者能了達一實諦即假即空即中之理，即意謂契入實相無相，證得佛道。基於一實諦即空即假即中之理與佛相即，並可就「常樂我淨」果德來豐實「實相」意涵。由上可知，「實相」爲「經之正體」，當不容置疑，並揭示本文智顗佛性論之研究，

〔註7〕　〔隋〕釋智顗說，《妙法蓮華經文句》卷5，《大正藏》冊34，頁74中。
〔註8〕　〔隋〕釋智顗，《妙法蓮華經玄義》卷2，《大正藏》冊33，頁693中。
〔註9〕　〔隋〕釋智顗說，釋灌頂記，《妙法蓮華經玄義》卷8，《大正藏》冊33，頁781上～下。

－323－

亦當以「實相」爲軸心、根柢。

（三）法性、法身

智顗云：

> 夫法性者，名爲實相。尚非二乘境界，況復凡夫？（《摩訶止觀》）
> 〔註10〕

> 法身即是諸法實相，不來不去。……法身是法性。法性即實相。（《維摩經文疏》）〔註11〕

> 法身、法性只是異名，更非兩體。……今以佛所游入法性爲體質也。……法身、法性爲此經正體之主質也。（《金光明經玄義》）〔註12〕

「法性」乃諸法本然之性；「法身」乃顯本法性，而所成之身。兩者與非常非無常、不來不去之「實相」乃同「體」之異名；更嚴格言，「法性」、「法身」可爲「實相」之主質，唯佛得見之。

（四）如來藏

智顗云：

> 實相即如來藏。無量客塵，覆此藏理。修恒沙法門，顯清淨性。（《摩訶止觀》）〔註13〕

> 如來藏即實相。實相不橫，此藏豈橫？（《妙法蓮華經玄義》）〔註14〕

雖然智顗於著述中，取「佛性」一詞行文的比例勝過「如來藏」一詞，但不能否認在其學說中，二詞悉表眾生本具清淨如來之性；皆具之可能成佛的資質、性能。基於與「實相」相即之故，尤顯「佛性」、「如來藏」始終非常非無常、非有非無。因此，「佛性」、「如來藏」之所以「清淨」，不僅指該性離垢無染，更是意謂本身即契入究竟眞如之實相義。當眾生能觀達冥覆「佛性」、「如來藏」的煩惱塵污，還見其本來面目，即意謂徹見實相。也因此，眾生成佛，實因彰顯「佛性」、「如來藏」之際，同時亦徹見實相。佛與實相、成佛之性與實相之性，誠是無別。此外，並由於實相與佛性相即，更意謂佛性

〔註10〕 〔隋〕釋智顗說，釋灌頂記，《摩訶止觀》卷1，《大正藏》冊46，頁6上。

〔註11〕 〔隋〕釋智顗，《維摩經文疏》卷26，《卍續藏》冊18，頁677下。

〔註12〕 〔隋〕釋智顗說，釋灌頂錄，《金光明經玄義》卷2，《大正藏》冊39，頁10下。

〔註13〕 〔隋〕釋智顗，釋灌頂記，《摩訶止觀》卷10，《大正藏》冊46，頁139下。

〔註14〕 〔隋〕釋智顗說，釋灌頂記，《妙法蓮華經玄義》卷5，《大正藏》冊33，頁743上。

雖具明與無明、善與惡等雙重結構，本源仍是歸於實相無相。

（五）大乘因、果

智顗云：

> 《普賢觀》云：大乘因者，諸法實相；大乘果者，亦諸法實相，即其義也。（《妙法蓮華經玄義》）〔註15〕
>
> 佛性通於因果，不縱不橫。性德時，三因不縱不橫；果滿時，名三德。故《普賢觀》云：大乘因者，諸法實相；大乘果者，亦諸法實相。（《觀音玄義》）〔註16〕

據《摩訶止觀》「招果為因」、「剋獲為果」，〔註17〕可知生之因與所生之果乃是相對存在。若無因，則無果；反之，無果，何來因？然因諸法一味平等，皆具實相之體，以致可說：實相乃通達因果而是因是果、亦非因非果，「因」與「果」乃應機施設之權法。又，據上文可知，佛性、如來藏即實相，是以佛性實通於因果、非有非無，並超越時間與空間的縱橫概念，然而為了區分行者本有之「性德」，以及呈顯修行績效的「修德」，而權設「因」與「果」之名。

（六）心

智顗云：

> 心名不生，亦復不滅。心即實相。初觀為因；觀成為果。以觀心，故惡覺不起。心數塵勞，若同、若異，皆被化而轉。（《妙法蓮華經玄義》）〔註18〕

「心」因緣慮、覺知之故，而有動態之意識活動面。然而就理體言，眾生「心」同佛「心」，皆契入實相之義，而為不生不滅、非有非無、非常非無常。那麼如何於實踐上了然「心即實相」之理？則有賴即空即假即中圓觀眾生「心」，使惡覺起亦不起、塵勞轉亦不轉，通達煩惱即菩提，契入實相真義，則眾生心即佛心、心即佛即實相。

（七）人

〔註15〕〔隋〕釋智顗，《妙法蓮華經玄義》卷9，《大正藏》冊33，頁794中。

〔註16〕〔隋〕釋智顗說，釋灌頂記，《觀音玄義》卷1，《大正藏》冊34，頁880下～881上。

〔註17〕〔隋〕釋智顗說，釋灌頂記，《摩訶止觀》卷5，《大正藏》冊46，頁53中。

〔註18〕〔隋〕釋智顗說，《妙法蓮華經文句》卷1，《大正藏》冊34，頁685下。

智顗云：

> 人即實相，實相即人。人法不二也。(《觀音玄義》) 〔註19〕

諸法皆具平等無別的實相之性。若以「人」為例，當可說：「人」與「實相」當體全是。而據智顗特從「人法」切入，可再次應證，在持「心」之眾生中，智顗尤為肯定、並專言圓顯方趾之成佛可能性。

（八）六　塵

智顗云：

> 六塵即實相，無二無別。(《妙法蓮華經玄義》) 〔註20〕

據《法界次第初門》：「塵以染污為義。以能染污情識，故通名為塵也」，〔註21〕可知有情眾生緣慮而生之色聲香味觸法等六境，因會坌污情識而冥覆真性，而名「六塵」。但探其本源，「六塵」與諸法無異，皆與實相當體全是。

（九）罪、福

智顗云：

> 若如是者。所觀之罪，非復是罪；罪即實相。所觀之福，福即非福；
> 福即實相。純是實相，是名大懺悔也。(《金光明經文句》) 〔註22〕

此段引文雖在釋名「大懺悔」，但亦揭示：藉由圓教圓觀，將徹見眾生五逆十惡等罪、五戒十善等福，其實並非絕對實有之「罪」與「福」，原因是「罪」與「福」的本質不離真如實相。

（十）種種異名

智顗著述多處，曾載「實相」有種種同義之異名，諸如：

> 種種異名，皆開示實相。歷一切法，亦復如是。(《妙法蓮華經玄義》)
>
> 〔註23〕
>
> 實相之體祇是一法。佛說種種名：亦名妙有、真善妙色、實際、畢
> 竟空、如如、涅槃、虛空佛性、如來藏、中實理心、非有非無、中

〔註19〕 〔隋〕釋智顗說，釋灌頂記，《觀音玄義》卷1，《大正藏》冊34，頁881中。
〔註20〕 〔隋〕釋智顗說，釋灌頂記，《妙法蓮華經玄義》卷8，《大正藏》冊33，頁778上。
〔註21〕 〔隋〕釋智顗，《法界次第初門》卷1，《大正藏》冊46，頁666上。
〔註22〕 〔隋〕釋智顗說，釋灌頂錄，《金光明經文句》卷3，《大正藏》冊39，頁59下。
〔註23〕 〔隋〕釋智顗說，釋灌頂記，《妙法蓮華經玄義》卷5，《大正藏》冊33，頁72中。

道、第一義諦、微妙寂滅等。無量異名悉是實相之別號；實相亦是
諸名之異號耳。……所謂實相。實相之相，無相不相；不相無相，
名爲實相。此從不可破壞，眞實得名。(《妙法蓮華經玄義》)〔註24〕

諸經異名，或眞善妙色，或畢竟空，或如來藏，或中道等。種種異
名，不可具載。皆是實相別稱。(《妙法蓮華經玄義》)〔註25〕

諸經異名。説眞性實相；或言一實諦；或言自性清淨心；或言如來
藏；或言如如；或言實際；或言實相般若；或言一乘；或言即是首
楞嚴；或言法性；或言法身；或言中道；或言畢竟空；或言正因佛
性性淨涅槃。如是等種種異名，此皆是實相之異稱。(《維摩經玄疏》)
〔註26〕

一相無相，無相一相，即是實相。實相即一實諦，亦名虛空佛性，
亦名大般涅槃。(《四念處》)〔註27〕

諸異名之共同特質，皆指涉勝義妙諦，而其各自特性並點出本是無色無相、
究竟眞實、難以言詮的「實相」之多方位特質，令世人對抽象無形之「實相」
有一概念認識。諸如：據「妙有」、「眞善妙色」，可見智顗肯定因緣和合的差
別假法；據「畢竟空」、「實際」、「一實諦」、「第一義諦」、「如如」、「中實理
心」、「微妙寂滅」，可見實相之究竟深義，不僅超越有爲法，並連無爲法亦不
執，而達言語道斷、不可言詮的實相無相。而這，不僅呼應智顗圓融三諦之
一的中諦，亦可呼應「遮離諸邊」、「非有非無」的「中道」。可知，智顗究竟
義雖是闡述言亡慮絕的實相無相，卻非否定相對言説的有爲、無爲法，是以
智顗亦言「一相無相，無相一相，即是實相」。而據「涅槃」、「大般涅槃」，
可知當行者契入實相之義，則臻於修行究竟果境。據「中實理心」，可知智顗
旨言，眾生本具的清淨心即實相心。當眾生能照見清淨心，即能瞭然無有分
別的諸法實相之理。據「如來藏」、「虛空佛性」，可證智顗定義佛性即實相之
性；佛性的存在，並不違「諸法無我」法印。

〔註24〕〔隋〕釋智顗説，釋灌頂記，《妙法蓮華經玄義》卷8，《大正藏》冊33，頁
　　　　782 中～783 中。
〔註25〕〔隋〕釋智顗説，釋灌頂記，《妙法蓮華經玄義》卷9，《大正藏》冊33，頁
　　　　793 上。
〔註26〕〔隋〕釋智顗，《維摩經玄疏》卷6，《大正藏》冊38，頁558下。
〔註27〕〔隋〕釋智顗説，釋灌頂記，《四念處》卷4，《大正藏》冊46，頁578上。

由上可知，智顗「以實爲相」所定位之「實相」，其實已含融非有之有的緣起妙有、妙色之思想，肯定「不可破壞」〔註28〕的假諦假法的存在價值，而並非像般若宗僅單言緣起性空的空諦。爲了讓世人不因假諦、空諦而執「有」與「無」，智顗並較前人的二諦說，更圓融提出即空即假即中的圓教三諦之概念：肯定「假」法、「空」法，並以不偏一端的中道之法含攝之。由緣起性空過渡至緣起妙有妙色；由二諦說發展至圓融三諦說，可見智顗實相觀的內蘊。此外，除上文所言，另據「一法當體，隨用立稱……。問：實相一法，何故名義紛然？答：隨彼根機，種種差別。赴欲赴宜，赴治赴悟。……四隨殊唱，是一實之異名耳」、「赴機利物，爲立異名也。而法體是一，未曾有異。……名異體一，則隨喜之善遍於法界」，〔註29〕可見作爲諸經之「體」的「實相」，之所以有諸多異名，在於爲利益眾生，而隨種種眾生根機之所宜以立同義之異名。從智顗直接有力的以「實相」印作爲諸義樞紐，可見「實相」的重要性：一切法皆具實相；一切法皆具離妄眞實之法性。亦可見與「實相」異名之「佛性」：誠爲即空即假即中、非常非無常、不可言詮的「實相」之性。佛性非止於道德義之善惡，而其雙重結構亦是赴機應物之權言。

二、中　道

以下先抉微智顗「道」之義涵，繼而釋名「中道」：

（一）道

古今中外每一教派系別，必有代表其核心教義之「道」。甚至，小至個人行走人生時，資作應對處世的人生之「道」亦不同。諸如：道家老、莊所言之「道」，乃重在合乎天地運息的自然軌則，而智顗所言之「道」，則是立基於圓滿具足、不偏不別之圓教基礎上。再細言，智顗「道」之內涵與效用如下：

> 菩提名道。道能通到橫豎彼岸。(《摩訶止觀》) 〔註30〕

> 所言道者，能通爲義。戒、定、智慧能通至涅槃，故名爲道。(《四

〔註28〕〔隋〕釋智顗說，釋灌頂記，《妙法蓮華經玄義》卷8：「妙有不可破壞，故名實相。」(《大正藏》冊33，頁783中)

〔註29〕〔隋〕釋智顗說，釋灌頂記，《妙法蓮華經玄義》卷8，《大正藏》冊33，頁783中～下；〔隋〕釋智顗，《維摩經玄疏》卷6，《大正藏》冊38，頁558下～559上。

〔註30〕〔隋〕釋智顗說，釋灌頂記，《摩訶止觀》卷1，《大正藏》冊46，頁6中。

教義》）〔註31〕

> 道以能通爲義。正道及助道，是二相扶。能通至涅槃，故名爲道。……
> 觀五不受陰三十七品等道，能通至涅槃，名道。……八通名正道者。
> 正以不邪爲義。今此八法不依偏邪而行，皆名爲正。能通至涅槃，
> 故名爲道。（《法界次第初門》）〔註32〕

所謂「道」，若作名詞，一指道路；二指如何行走於此道路的方法、方針。易言之，乃指通往超脫生死輪迴、離一切繫縛、無礙自在的涅槃之路；並指離妄顯正、「能通」涅槃彼岸的交通工具，諸如：無上智慧、戒定實修、八正道、觀行實踐等修道行法。是以「道」，不僅指通往涅槃彼岸的道路，且指含蘊如何行於成佛之道的無上道理、眞理。智顗並云：

> 此理虛通無擁（壅），名之爲道。（《四教義》）〔註33〕

> 中理虛通，名道。（《妙法蓮華經玄義》）〔註34〕

> 道以通達爲義。所覺之理能通觀智，從因達果，名之爲道。（《維摩經略疏》）〔註35〕

> 不斷癡愛，起諸明脫，乃名爲道。（《摩訶止觀》）〔註36〕

唯有究竟無上之理能無礙通達佛道，不偏邪途，而從智顗以「通達」二字言詮「道」之效用，尤見：如何圓通不思議妙智；如何在成佛之路上，從「因」位不斷斷地通達至「果」位，可謂是智顗學說特色之一。

（二）中　道

所謂「道」，含有「能通」、「通達」、「虛通無壅」涅槃之路。那麼加以「中」字，將有何意？智顗就幾個面向豐實「中道」義涵：

1. 不二之道

智顗云：

> 中，以不二爲義；道，以能通爲目。（《三觀義》）〔註37〕

〔註31〕〔隋〕釋智顗，《四教義》卷2，《大正藏》冊46，頁725下。
〔註32〕〔隋〕釋智顗，《法界次第初門》卷2，《大正藏》冊46，頁680中～683上。
〔註33〕〔隋〕釋智顗，《四教義》卷2，《大正藏》冊46，頁727下。
〔註34〕〔隋〕釋智顗說，《妙法蓮華經玄義》卷2，《大正藏》冊33，頁19中。
〔註35〕〔隋〕釋智顗說，〔唐〕釋湛然略，《維摩經略疏》卷9，《大正藏》冊38，頁683上。
〔註36〕〔隋〕釋智顗說，釋灌頂記，《摩訶止觀》卷8，《大正藏》冊46，頁103中。

> 遮二邊，故說名中道。……不二之理，目之爲中；此理虛通無擁（壅），
> 名之爲道。最上無過，故稱第一義。深有所以，目之爲義。（《四教
> 義》）〔註38〕

> 不依於有，亦不附無，故名中道……。遮離諸邊，故名中道……。
> 非有非無中道，遮於二邊。不來不去、不斷不常、不一不異等。（《妙
> 法蓮華經玄義》）〔註39〕

> 非空非有，雙遮二邊，名爲中道。（《觀音玄義》）〔註40〕

常人往往因分別心之故，落於有無、善惡、美醜、生滅等二元對立之慣性思惟，以致無法跳脫二邊迷執的囚籠，任運直達究竟之實相眞義。智顗闡明，「不二」謂「中」；「能通」謂「道」。所謂的無上究竟眞理，乃虛通至妙，非有非無，實消泯一切對立存在，非偏屬任何一端。也因此，智顗並以「不生不滅」詮釋不二的「中道」：

> 若生滅是因緣所生法，即空即假即中。即空，故不生；即假，故不
> 滅；不生不滅，即是中道。（《摩訶止觀》）〔註41〕

十二因緣法演繹即空即假即中圓融三諦之法：智顗就諸法悉因緣和合而生，妙立假法，言說假諦；就諸法縱基於緣起而生、緣散而滅，本性始終空寂不改，言說空諦；就空、假二性不二一如，言說中道中諦。其中的中道中諦，統括一切法，含備體相，不偏一端，意謂諸法之性本不生亦不滅，因此於圓教中，即指非常非無常之實相無相，並意謂即中諦的同時，且「即空即假」諦。又，智顗並以「正」字詮說中道：

> 文殊以無言，言於無言；《淨名》以無，言無言，是名圓教。圓教二
> 種：一、聖說法；二、聖默然。一、聖說者。聖，名爲正。正即中
> 道。乃不當言與無言，亦得論言無言。是故文殊顯不思議聖說法，
> 故以言，言於無言。維摩顯聖默然，故以無言。無言此之聖說，即
> 是默然。默然即是聖說。……若作不生不滅一門能攝四十二地者，
> 即圓教意也。……一切實、非實等，皆是明第一義悉檀。今此四門

〔註37〕〔隋〕釋智顗，《三觀義》卷1，《卍續藏》冊55，頁670上。
〔註38〕〔隋〕釋智顗，《四教義》卷2，《大正藏》冊46，頁727下。
〔註39〕〔隋〕釋智顗，《妙法蓮華經玄義》卷8，《大正藏》冊33，頁783中～下。
〔註40〕〔隋〕釋智顗說，釋灌頂記，《觀音玄義》卷2，《大正藏》冊34，頁887中。
〔註41〕〔隋〕釋智顗說，釋灌頂記，《摩訶止觀》卷5，《大正藏》冊46，頁67中。

亦爾。雖四門不同，皆是明不二門之中道。(《維摩經略疏》) 〔註42〕
中道以「不二」之道稱之，意謂不偏於一端的「正」道。智顗指出，此正道，
即含括「聖說法」與「聖默然」的圓教之法。若說「聖默然」，「以無，言無
言」為中道，乃因實相本是無相之故，那麼為何「聖說法」，「以無言，言於
無言」亦屬中道？此可呼應上文，中道乃即空即假的即中之法，並非否定空、
假二諦的存在價值，是以縱是「說」法，或言及四門中的有門、空門、亦有
亦無門，或涉及行者修行的次第果位，或權法，中道一實諦皆可作為不生不
滅的「不二」之門加以融攝之。此，並可以「一色一香」解之。

2. 一色一香

智顗著述中，「一色一香無非中道」〔註43〕一詞出現 17 回；「一色一香無
非般若」一詞出現 2 回；〔註44〕「一色一香無非佛法」〔註45〕、「一色一香一
切法」〔註46〕與「一色一香悉皆如是」〔註47〕三詞各出現 1 回。從前文可知，
「中道」、「實相」、「般若」乃異名同義，無非展示妙不思議之佛法，因此出
現次數較多的「一色一香無非中道」，可相通另三詞，而代表之：「一色一香」，
意謂含括事相、凡俗之道之一切法，無不反映中道實相。如：

歷一切法無不一味。一色一香無非中道。中道之法具一切法……。
如彼深山上士，一草一果資身即足。(《摩訶止觀》) 〔註48〕

一切諸法皆是佛法。皆佛法，故即皆法性。……即事而真，無非實
相。一色一香莫非中道。(《金光明經文句》) 〔註49〕

無問事理，聞說即悟，皆是說第一義也。故經云：始從得道到泥洹

〔註42〕〔隋〕釋智顗說，〔唐〕釋湛然略，《維摩經略疏》卷9，《大正藏》冊38，頁
690 下～691 上。
〔註43〕含小異之詞：「一色一香無不中道」、「一色一香莫非中道」、「一色一香皆是中
道」。
〔註44〕〔隋〕釋智顗說，釋灌頂記，《仁王護國般若經疏》卷1，《大正藏》冊33，
頁 255 上；卷2，頁 259 中。
〔註45〕〔隋〕釋智顗說，《妙法蓮華經文句》卷8，《大正藏》冊34，頁 112 上～
中。
〔註46〕〔隋〕釋智顗說，釋灌頂記，《摩訶止觀》卷8，《大正藏》冊46，頁 10 中。
〔註47〕〔隋〕釋智顗說，釋灌頂記，《仁王護國般若經疏》卷3，《大正藏》冊33，
頁 266 上。
〔註48〕〔隋〕釋智顗說，釋灌頂記，《摩訶止觀》卷4，《大正藏》冊46，頁 42 中。
〔註49〕〔隋〕釋智顗說，釋灌頂記，《金光明經文句》卷1，《大正藏》冊39，頁 49 上。

夜，若說一色一香無非中道。(《維摩經玄疏》)〔註50〕

誠如上文言，「一相是實相」，此處亦說明，一切有爲、無爲法皆爲一乘法之教味，皆在闡明第一義諦，且理體皆不改不變、一味平等，是以法界諸法，甚至作爲微細之物的「一色一香」、「一草一果」，皆圓滿具足非有非無之中道實相之體；皆具一切法、一切相；皆爲般若眞智所能觀得的即空即假即中之實理。也因此，「中道之法具一切法」、「一色一香無非中道」，乃就眞如理體與淺近事相，或個體與全體，來演繹智顗極重視的：「一即一切；一切即一」、「一切法入一法；一法具一切法」、「一心一切心；一切心一心」〔註51〕等類思想。智顗並云：

> 一微塵中有大千經卷，心中具一切佛法……。一色一香無非中道，此舉中道爲言端。即中而邊，即非邊非不邊，具足無減。勿守語害圓，誣罔聖意。(《摩訶止觀》)〔註52〕

> 一切陰入即是菩提；離是，無菩提。一色一香無非中道；離是，無別中道。眼耳鼻舌皆是寂靜門。(《妙法蓮華經玄義》)〔註53〕

> 一切趣禪，造境即眞。一色一香無非中道。二乘尚不知其名，況證其定。(《妙法蓮華經玄義》)〔註54〕

所謂「中道」，雖是「遮離諸邊」，卻並非否定兩「邊」或兩「端」的存在價值，而是在言毋須執著「邊」或「端」，應了達一切法皆具足「即中而邊，即非邊非不邊」、即空即假即中之圓融眞義。引文中的「一微塵中有大千經卷」、「一切陰入即是菩提」、「一色一香無非中道」、「眼耳鼻舌皆是寂靜門」等詞，皆在說明即事而眞、凡聖一如、山色可爲清淨身、溪聲盡是廣長舌之理；亦即，於妙色妙音的相演中，齊示中道實相之妙法。那麼要如何了解此理？由於一切法皆是心緣境而生，因此關鍵仍在於「心」是否能直契不生不滅、不來不去的眞如實相義，以一心一切心、造境即眞。

要之，就行文脈絡言，「一色一香」意謂：一、因緣和合之假法，即是中道實相，揭示智顗正面肯定假法假相的存在價值。二、由於「中道」、「實相」、「佛

〔註50〕〔隋〕釋智顗，《維摩經玄疏》卷3，《大正藏》冊38，頁521中。
〔註51〕〔隋〕釋智顗說，〔唐〕釋湛然略，《維摩經略疏》卷1，《大正藏》冊38，頁564下、卷6，頁655上；〔隋〕釋智顗說，釋灌頂記，《四念處》卷4，《大正藏》冊46，頁579。
〔註52〕〔隋〕釋智顗說，釋灌頂記，《摩訶止觀》卷1，《大正藏》冊46，頁9上。
〔註53〕〔隋〕釋智顗，《妙法蓮華經玄義》卷1，《大正藏》冊33，頁688下。
〔註54〕〔隋〕釋智顗，《妙法蓮華經玄義》卷4，《大正藏》冊33，頁720中～下。

性」、「法性」乃異名同義，則「一色一香無非中道」可隱射一切草木瓦礫皆具真如法性，亦即佛性。那麼是否表示智顗主張無情草木可成佛？據智顗除了闡明「佛性」、「中道佛性」，並開展三因佛性之說；又據智顗對「心」的釋名、對「心即佛性」的強調、對修行的重視，以及往往以圓顓方趾作為佛性論題的主角，可見智顗雖然肯定無情草木具有法性、中道佛性，但能真正顯發佛性而成佛的成功案例仍是以人類為主。這恐是智顗雖持偏於法界的圓實說，卻未曾直言草木可成佛之因。三、有質礙的色法與無質礙而有緣慮之用的心法本是同「體」不二。「心」具一切法，想當然，「一色一香」之「色」亦具一切法。因「具」之故，「色」存有毋須被消泯的假有妙立之存在價值，但總體而言，「色」具之說乃屬「權」法，究竟仍是在揭示「實」法的中道實相。

3. 佛　性

若欲言「中道」與「佛性」關係，可先從「法性」談起：

> 見法性，即見佛性，即得中道。(《四念處》)〔註55〕

> 佛性即是中道，雙非兩遣。(《妙法蓮華經玄義》)〔註56〕

> 夫法性與一切法無二無別。凡法尚是，況二乘乎？離凡法，更求實
> 相。如避此空，彼處求空。即凡法是實法，不須捨凡向聖。經言：
> 生死即涅槃。一色一香皆是中道。(《摩訶止觀》)〔註57〕

從上文可知，「法性」、「佛性」、「中道」乃異名同義，皆指非有非無、不改不變的真如實相，是以若見其一，當下即能見得其他。由於作為諸法之性的「法性」，與一切法同體無別，皆皆為「實相」之性，因此可說：凡法即實法、生死即涅槃，無有前後隔歷之別。也因此，恰解釋「一色一香」為何是「中道」、為何毋須「捨凡向聖」。此外，亦應證除了有情眾生本具佛性，無情草木亦具。

4. 即空即假即中

智顗云：

> 中，以不二為義：道，以能通為目。照一實諦，虛通無滯，是中道
> 觀也。故云：是二觀為方便道。因是二空觀得入中道，雙照二諦，

〔註55〕〔隋〕釋智顗說，釋灌頂記，《四念處》卷3，《大正藏》冊46，頁573上。

〔註56〕〔隋〕釋智顗說，釋灌頂記，《妙法蓮華經玄義》卷8，《大正藏》冊33，頁
785上。

〔註57〕〔隋〕釋智顗說，釋灌頂記，《摩訶止觀》卷1，《大正藏》冊46，頁6上～中。

心心寂滅，自然流入薩婆若海。(《三觀義》)〔註58〕

觀心者。觀於心性中道之理，安步平正，其疾如風。……觀心者。心

性中道，即空即假即中，常樂我淨觀也。(《妙法蓮華經文句》)〔註59〕

若不察，易引為通行於「不二」的「中道」，必摒棄兩端或迹門，然而智顗實際上乃以不執泥的非離非非離態度視之。若欲得此正見，並能實地施行，首先須於「心」上下功夫：透過觀心，能通、虛通、通達諸法皆是即空即假即中；諸法皆本具天然法爾、無增無減、非有非無、圓融無礙的實相之性。「中道」之「中」，實演繹圓教圓融圓具圓足之不思議義，是以能雙照雙遮真、俗二諦此方便道，並當下開迹顯本，契入一實諦。因此，「一色一香」、「一切諸邊顛倒」〔註60〕無非中道。可知，「中道」狹義，乃指與真、俗，或空、假二諦對應的中諦；廣義，乃指融攝真、俗，或空、假二諦，即空即假即中的圓融諦義。雖有狹、廣之分，卻僅是視角小大之殊，使亦狹亦廣，同體無別。而「觀於心性中道之理」，並呼應眾生本具佛性、眾生心本具圓融中道不思議理。眾生若欲證得佛道果位，便須修三觀，以照見本心，圓入中道，達其性德，彰顯本具之真如妙理。

5. 實　相

上文釋名「實相」時，曾言及「中道」與之異名。在此並作補充，闡明智顗著述載有「中道實相」廿八回，以「中道」強化「實相」乃為不二之「中」；以「實相」凸顯「中道」乃為即空即假即中之一實之理。如：

不著二邊，即是非味非離，顯色中道實相。故《釋論》云：二乘為禪，故呵色事，不名波羅蜜。菩薩呵色即見色實相。見色實相，即是見禪實相。故名波羅蜜到色彼岸。到色彼岸，即是見色中道。(《摩訶止觀》)〔註61〕

智顗闡明，不即不離二端，乃為「中道」；一切差別事法之究竟理體，乃為「實相」。二詞異名同義，可各自行文，亦可併言，以強化詞義特色。而就色法而言，若能圓觀，則「見色實相」；「見禪實相」；「見色中道」。這不僅肯定色法的存在價值，並強調迷悟緣生的事相，無非當體即是即空即假即中之中道實相。

〔註58〕〔隋〕釋智顗，《三觀義》卷1，《卍續藏》冊55，頁670上。

〔註59〕〔隋〕釋智顗說，釋灌頂記，《妙法蓮華經文句》卷2，《大正藏》冊34，頁16中～17上。

〔註60〕〔隋〕釋智顗說，《妙法蓮華經文句》卷1：「一切諸邊顛倒無非中道。」(《大正藏》冊34，頁7上)

〔註61〕〔隋〕釋智顗說，釋灌頂記，《摩訶止觀》卷4，《大正藏》冊46，頁44中～下。

三、因　緣

所謂「因緣」，智顗釋之：「招果爲因」，「緣名緣由」；〔註62〕一切有爲法之所以生滅，無非無明、行、識、名色、六入、觸、受、愛、取、有、生、老死等十二因緣所致。如此，若要成就「無」生住異滅的造作，豈非應棄絕因緣法？亦即，旨明審實不虛，平等離妄的「一實之諦」〔註63〕的圓教，豈非不談因緣所生之差別法？

由前文可知，智顗圓教妙不思議處，在於能即空即假即中圓融三觀，客觀如實地肯定十二因緣法宛然本具眞如實相、中道一實諦理，因此「因緣」能與「中道實相」複合爲一詞，或從「因緣」談及本來自爾的無爲法，雖頗爲弔詭，往內裡深究，卻可因同一理體而可成立。由於智顗「中道」與「實相」實爲異名，因此簡舉「因緣」與「實相」之關係論之：

> 當知十二因緣，實相非因非果，而因而果。獨大乘菩薩諸佛法也。(《維摩經文疏》)〔註64〕

> 既自能深入緣起，是以能說因緣實相甘露也。深入之義意亦顯也。(《維摩經文疏》)〔註65〕

> 圓教……以因緣，故諸法生者，歎說法緣起之用也。……然體非有無，豈得有生。有因緣，故亦得說者。(《維摩經略疏》)〔註66〕

在智顗學說中，十二因緣和合所生之法，是眾生輾轉輪迴六趣、不得解脫之因，卻也是行者觀照、觀察、觀穿，甚至圓滿觀達的客境。由於諸法由心生、諸相由心造，因此「心」不僅是能觀的主體，並是所觀的客體，而可說「心」本身即可織就交互主體性之關係。四教中之圓教即是闡明：若能圓滿觀達十二因緣法之源底，即將得知現象界背後之實相，基於非常非無常、不改不變特質，而可說是「非因非果」；此外，亦可就應機施設之權法，而說是「而因而果」。可知，「因緣」若與「實相」連結，即意謂緣「理」：除了以緣起性空的空諦觀之，且可通達因緣法背後之實相，契應猶如甘露的法性妙理。亦即，

〔註62〕〔隋〕釋智顗，釋灌頂記，《摩訶止觀》卷5，《大正藏》冊46，頁53中。

〔註63〕〔隋〕釋智顗說，釋灌頂記，《觀音玄義》卷2，《大正藏》冊34，頁886中。

〔註64〕〔隋〕釋智顗，《維摩經文疏》卷1，《卍續藏》冊18，頁657中。

〔註65〕〔隋〕釋智顗，《維摩經文疏》卷4，《卍續藏》冊18，頁487中。

〔註66〕〔隋〕釋智顗說，〔唐〕釋湛然略，《維摩經略疏》卷8，《大正藏》冊38，頁586上。

因緣所生之假法並非要像藏、通二教單單「空」之，卻無立之。又，「因緣」若與「事相」連結，即是緣「事」。

被無明冥覆的眾生，往往緣「事」，而未能緣「理」。唯獨圓教能體非有非無、即事即理、即空即假即中，而在十二因緣法中徹見中道實相，卻亦能肯定因緣法的存在價值。

第二節　智顗「因緣中道實相」與「佛性」之關係

一、「因緣中道實相」定題

浩瀚佛教藏經中，僅載「因緣中道實相」〔註67〕一詞三回，且其出處乃來自智顗著述。與智顗百萬字鉅著相較，顯得渺如一粟。雖是如此，卻不表示其相關意涵無貫徹全文，此因：

> 圓教者。圓以不偏爲義。此教明不思議因緣中道實相之理。事理具足，不偏不別，但化最上利根大士，故名圓教也。(《維摩經玄疏》)
> 〔註68〕

智顗極爲推崇圓滿圓融圓足之圓教。其教旨不僅含括真實理體，並肯定差別事相存在的價值，是以「不思議因緣中道實相之理」中之「中道實相」一詞，乃指圓教不偏不滯、不縱不橫、不並不別，深契言語道斷之實相無相之深義；中之「因緣」一詞，乃指有情眾生流轉今昔未三世、輪迴六道、分十二段言說之「十二因緣」，中之「不思議」一詞，在於圓教具足教、理、智、斷、行、位、因、果等八種圓融之法，即一即一切，事理融攝，通達無礙，實非世人可心思或言議。此不次第圓融教說，乃智顗學說之核心教義。其中，若對參文句相似的《四教義》：「圓以不偏爲義。此教明不思議因緣二諦中道。事理

〔註67〕陳英善曾著《天台緣起中道實相論》（臺北：法鼓文化事業有限公司，1997年5月初版3刷）。雖然書名「緣起中道實相」並非意謂智顗或天台後人曾言及此六字，但筆者探討相似卻又與陳氏不盡相同的此概念時，發現佛教經典亦未曾載有此六字，唯獨出現三回「因緣中道實相」一詞，且其出處皆於智顗著述中。又，智顗著述曾載「十二因緣」一詞四四一回；載「十二緣起」一詞僅十回。順智顗文意與詞彙運用的傾向，本文擇言「『因緣』中道實相」一詞行文，而非「『緣起』中道實相」。

〔註68〕〔隋〕釋智顗，《維摩經玄疏》卷3，《大正藏》冊38，頁533上。

具足，不偏不別」，〔註69〕可知其中的「二諦」，攸關十二因緣之理，而為：
一、諸法悉因緣和合、體性實空無之「空諦」；二、諸法體性雖空，卻因十二
因緣法之故，致假相假法實存在之「假諦」。「因緣（二諦）」與「中道實相」
的連結，恰說明空、假二諦，以及空假二諦不二一如。再輔以圓教旨義，智
顗所言的「（十二）因緣中道實相」一詞，恰指即空即假即中的圓融三諦之理。
此外，對照智顗另二回言及該詞之文：

> 約教明如是者。今明四不可說，赴機而有四教。約四教即有四種如是
> 也。一、因緣生滅如是；二、因緣即空如是；三、因緣假名如是；四、
> 因緣即中如是。……四、因緣中道如是者。……《法華經》云：諸法
> 實相義，已為汝等說。……若菩薩聞如是說，即見佛性，開佛知見，
> 住不思議解脫也。佛法有此四種如是義。……《法華經》但因緣中道
> 實相一種如是。第三，觀心明如是義者，即是三觀明四如是也。……
> 眾生一念無明因緣所生之心，即具四種如是之理。……若觀心因緣即
> 一實諦，佛性即是中道如是也。（《維摩經文疏》）〔註70〕

十二因緣，乃佛為引辟支佛覺悟而所言之法。在現實生活中，有情眾生之所
以涉三世、輪迴六道而次第緣起，則誠如《法華玄義》所言：「分別十二因緣
心生，即有六道差降」；〔註71〕亦即，吾人若返本探源，將得知關鍵在於「心」。
但凡眾生心處於無明狀態，則將受染淨緣而生諸法，因此可說：眾生一念無
明因緣所生之心即具因緣生滅、即空、假名、即中等四如是，並可分別對應
佛應眾生機根而說法的藏、通、別、圓四教。其中，因緣即中如是即指「因
緣中道實相一種如是」。那麼，何謂「因緣中道實相」？一、除了上文所考察
的，「因緣」指十二因緣；此外，據此段引文，可知並指眾生一念無明心所生
之十二因緣法。二、「中道實相」，乃指圓教行者所見之離妄真實、平等無別、
究竟無二之一實諦理。是以「因緣中道實相」一詞，不僅可呼應「一念無明
法性心」，且含攝圓教圓融三諦之理。而據引文「若菩薩聞如是說，即見佛性，
開佛知見，住不思議解脫」，則揭示當眾生透過觀行實踐，契入中道實相之理，
即等同徹見自心的佛性，恰應證非有非無之中道實相與佛性無別。又因一念

〔註69〕 〔隋〕釋智顗，《四教義》卷1，《大正藏》冊46，頁722中。

〔註70〕 〔隋〕釋智顗，《維摩經文疏》卷12，《卍續藏》冊18，頁472上～中。

〔註71〕 〔隋〕釋智顗，釋灌頂記，《妙法蓮華經玄義》卷1，《大正藏》冊33，頁686
上。

無明心即法性心、一念心具無明與法性之故，更凸顯「佛性」與「心」同具正、負向卻又當體全是的雙重結構，對無明因緣抱持肯定、包容而非棄離、割裂的態度。智顗並云：

> 明趣道之相亦爲三意：一者，先用勝處調心……。二者，此八勝處具足成就，深入四諦眞觀……。三者，自有行人得初勝處入初禪時，厭畏心重。即作念言：我今何用事中諸禪，但須疾取涅槃。作此念已，即於此地深觀四諦十二因緣中道實相。若發無漏，即證三乘聖果也。（《釋禪波羅蜜次第法門》）〔註72〕

智顗闡述心定於一而除妄念的禪修法門時，指出趣向佛道之方法有三。簡言之，即：一、調心；二、進行寂然眞觀；三、虔誠生起證得佛道之念。其中二、三點皆有關「四諦十二因緣中道實相」，亦即透過觀照一念無明心所生起的十二因緣法，而究竟契入中道實相之理。反向思惟，則若無十二因緣，何須觀行實踐、何有眾生與佛之別、何有中道實相之詞？是以據以上三段引文之互應，可知：如同無明心與法性心之當體全是，「因緣」與「中道實相」相即，尤肯定因緣法，以及心與佛性負向質性存在之價值。此外，並揭示，「因緣中道實相」一詞之深義，乃與圓教圓觀所得證的即空即假即中之圓融三諦緊繫。

二、智顗因緣中道實相觀

智顗著述曾載「中道實相」一詞卅一回；無論「中道」或「實相」，或兩者相聯的複合詞，尤強化「中道實相」不偏一端之非有非無、非常非無常、離妄眞實、不可言詮之實相之義。若「中道」和「實相」二詞，或「中道實相」，與「因緣」作一連結，是否有特別意義？智顗云：

> 天台傳南岳三種止觀：一、漸次；二、不定；三、圓頓。皆是大乘，俱緣實相，同名止觀。……圓頓初後不二……圓頓者。初緣實相，造境即中，無不眞實。繫緣法界，一念法界。一色一香，無非中道。己界，及佛界、眾生界亦然。陰入皆如，無苦可捨。無明塵勞即是菩提，無集可斷；邊邪皆中正，無道可修；生死即涅槃，無滅可證。無苦無集，故無世間；無道無滅，故無出世間。純一實相。實相外，更無別法。法性寂然，名止；寂而常照，名觀。雖言初後，無二無

〔註72〕 〔隋〕釋智顗説，釋法慎記，《釋禪波羅蜜次第法門》卷10，《大正藏》冊46，頁545上。

別，是名圓頓止觀。(《摩訶止觀》)〔註73〕

「緣」之生，乃眾生心識攀緣外境所致，是以十二因緣法揭示眾生爲何涉三世而輪迴六道。既是因緣和合所生，愈顯「緣實相」之弔詭；亦即，緣慮而生，乃有爲造作，豈眞能「緣實相」？此涉及一切法有眞妄之別：當眾生隨無明之染緣，則起九界之染法；當隨三學之淨緣，則起佛界之淨法。智顗指出，漸次、不定、圓頓止觀法門，「俱緣實相」。其中，圓頓之教的「緣實相」，乃指行者能「緣」諸差別事相背後之眞如實相之性，以致初、後之位相即，所造之境離迷情、絕虛妄；縱是一色一香等細微之物，亦盡有中道實相之體。那麼何謂「繫緣法界，一念法界」？據「繫緣是止；一念是觀」，〔註74〕可知智顗透過「法性寂然」、「寂而常照」的圓頓止觀，證實一切法宛然本具即空即假即中之理，以致心繫淨緣之法界，誠爲一相之法界。而這誠如《法華玄義》所言：「九界之權；一界之實」，〔註75〕己界、眾生界等九界乃屬權法，究竟皆具佛界之「實」。鑑於心因緣和合所生之一切法皆具中道實相之理，可證實九界即佛界，並順理可推得「塵勞即是菩提」、「生死即涅槃」等非道即佛道之理。無論有爲或無爲、世間或出世間，一切法本具無生無滅、無增無減的「純一實相」。然而若欲通達實相無相、諸法悉爲一相，以及「因緣中道實相」之微言，則須加以即空即假即中的圓觀之。關於「緣實相」，智顗並云：

> 順因緣者。因緣之性即是實相。順此實相，深觀諸法，具生、法二空。因緣即法空也。緣實相，修二空三昧。(《維摩經略疏》)〔註76〕

> 衍門明義，同緣實相，隨順應化。……雖順相有作，而於內心不違實法。(《維摩經略疏》)〔註77〕

> 論其修習，皆緣實相常住之理。(《妙法蓮華經玄義》)〔註78〕

〔註73〕〔隋〕釋智顗說，釋灌頂記，《摩訶止觀》卷1，《大正藏》冊46，頁1下～2上。

〔註74〕〔隋〕釋智顗說，釋灌頂記，《摩訶止觀》卷2，《大正藏》冊46，頁11中。

〔註75〕〔隋〕釋智顗，釋灌頂記，《妙法蓮華經玄義》卷2，《大正藏》冊33，頁696上。

〔註76〕〔隋〕釋智顗說，〔唐〕釋湛然略，《維摩經略疏》卷10，《大正藏》冊707中。

〔註77〕〔隋〕釋智顗說，〔唐〕釋湛然略，《維摩經略疏》卷4，《大正藏》冊38，頁615上。

〔註78〕〔隋〕釋智顗，釋灌頂記，《妙法蓮華經玄義》卷6，《大正藏》冊33，頁750中。

若緣實相修者，一發一切發。(《妙法蓮華經文句》) 〔註79〕

十二因緣之本質即是不改不變、不生不滅的真如實相。若能緣順實相之理，深觀十二因緣和合所生之法，將察主客雙泯，人空並法空。可知，「緣實相」即是歷緣隨順外境，己心卻能安住離妄無別的一實之理。就此並可解釋，心之所以能認知、體會「一色一香無非中道」、「舉足下足無非道場」，〔註80〕純因能善順即空即假即中的中道實相之故。也因此，若能「緣實相」修習，則初、後之位相即；縱使是初發心，亦一發一切發，離凡得入中道第一諦理。智顗且言：

> 心緣中道，入實相慧，名停止義。實相之性，即非止非不止義。又此一念，能穿五住，達於實相。實相非觀亦非不觀。如此等義，但在一念心中。不動真際，而有種種差別。(《摩訶止觀》) 〔註81〕

> 即事而真，無非實相。一色一香莫非中道。皆中道，故即是甚深。……若緣中道，即是三智一心中緣三諦一諦。此境無量，唯佛無量智乃能緣之。(《金光明經文句》) 〔註82〕

> 無漏真明，念念開發，增長一切法界願行。事理和融，心心寂滅，自然迴入平等法界薩婆若海。(《四教義》) 〔註83〕

但凡行者之心能「緣」實相，或「緣」與「實相」異名同義的「中道」，即意謂安住一實諦；惡覺妄念止息，心性寂然不動。是以探源十二因緣和合所生之法，定位作為理體的「實相之性」：一、可就令心安住實理，而說「非不止」；二、可就實相之性的相用，亦即會生滅的十二因緣法，而說「非止」。同理，基於行者一念心能觀穿五住地煩惱，通達內在本具的實相，而可就宛然本有，定位為「非觀」；又因無明冥覆，存有五住，而有賴「非不觀」，以證得實相。「非止非不止」與「非觀非不觀」，更是凸顯圓頓止觀法門的特質：妥適稱述心「緣中道」或「緣實相」，雖因因緣法之故而有種種差別之相，但本具一切佛法的一念心，始終安住無生無滅的真如法性。此外，透過因緣法，卻可觀

〔註79〕 〔隋〕釋智顗說，《妙法蓮華經文句》卷10，《大正藏》冊33，頁145下。

〔註80〕 〔隋〕釋智顗，釋灌頂記，《妙法蓮華經玄義》卷6，《大正藏》冊33，頁760中～下。

〔註81〕 〔隋〕釋智顗說，釋灌頂記，《摩訶止觀》卷3，《大正藏》冊46，頁25下。

〔註82〕 〔隋〕釋智顗說，釋灌頂記，《金光明經文句》卷1，《大正藏》冊39，頁49上～中。

〔註83〕 〔隋〕釋智顗，《四教義》卷11，《大正藏》冊46，頁763下。

達實相，凸顯淺近事相本具即空即假即中之深妙眞理，而可說「即事而眞」、「一色一香莫非中道」。那麼行者爲何能「緣實相」呢？其實能「緣實相」，即意謂已臻至佛界，以致一心能具三智，而當下觀得空假中三諦即一諦之理。可知，「緣起中道實相」一詞，即意謂在因緣假法下，心始終寂然安住妙不思議境，權實無二，九法界即佛法界，「事理和融」。又，據《摩訶止觀》「別雖次第，皆緣實相」，〔註84〕可知別、圓二教皆「緣實相」，那麼有何之別？智顗云：

> 通教三空，緣眞諦。別教三空，緣實相。……三諦入有爲相，有爲相即是世間有爲法；無相緣滅是無爲法，故以爲二。今明不見空性異於無相，不見無相異於無作，即是實相。實相中尚不見一，云何有二？二既俱泯，即得入不二法門。（《維摩經略疏》）〔註85〕

圓教與藏、通、別等三教之別，在於前者是圓融圓滿圓具、究竟絕待之「實」說；後三教則是適於一時機宜之法、具不同程度相待之「權」說。細言之，藏教尙止於析空觀。通、別二教雖皆言人空、法空，以及人、法俱空，但通教緣緣起性空的眞諦空理，僅認爲諸法當體即空，無生無滅，未肯定因緣和合、假名存在之假法，而別教則是緣實相，除了肯定空法空諦，並能肯定假法假諦。然而雖然別、圓二教皆「緣實相」，但從引文可明確得知：別教二分緣起性空的空諦與因緣和合、假名施設的假諦，卻未能理解「有爲相即」的有爲法與「無相緣滅」的無爲法，當體即是非假非空的中諦，以致隔歷三諦。圓教則持不但中，肯定自性本空的諸法、無因緣造作的無爲法、絕眾相的「無相」同體無別。如此，不但所言之「空」，乃爲無住之本，卻又能立一切法；此外，並揭示即假即空即中圓融三諦。可知別教因隔歷之故，以爲實相有二；圓教則持實相是不二的「一相」，亦爲「無相」。可知，雖皆「緣實相」，別、圓二教當是有別。

　　由上可知，智顗獨一無二所關設的「因緣中道實相」一詞，深蘊止觀雙運、事理和融、權實不二、非道即佛道之理。

三、智顗「因緣」、「中道」、「實相」與「佛性」之關係

〔註84〕〔隋〕釋智顗說，釋灌頂記，《摩訶止觀》卷7，《大正藏》冊46，頁90下。
〔註85〕〔隋〕釋智顗說，〔唐〕釋湛然略，《維摩經略疏》卷9，《大正藏》冊38，頁693中。

（一）「因緣」與「佛性」

若探源「因緣」與「佛性」二詞互訓併言，可知起於《涅槃經》：「十二因緣，名爲佛性」，〔註86〕爾後智顗加以闡發之：

> 《涅槃經》云：十二因緣，名爲佛性。即十二因緣三道。三道，三種佛性也。（《維摩經玄疏》）〔註87〕

> 《大經》云：十二因緣，名爲佛性者。無明、愛、取既是煩惱。煩惱道即是菩提。菩提通達，無復煩惱。煩惱既無，即究竟淨，了因佛性也。行、有是業道，即是解脫。解脫自在，緣因佛性也。名色、老死是苦道。苦即法身。法身無苦無樂是名大樂；不生不死是常。正因佛性故。（《妙法蓮華經玄義》）〔註88〕

> 若通觀十二緣眞如實理，是正因佛性；觀十二因緣智慧，是了因佛性；觀十二緣心具足諸行，是緣因佛性。（《摩訶止觀》）〔註89〕

> 緣起是道場。觀十二因緣有四種相。初心菩薩能用無作道品，觀因緣三道，得三種菩提，即是道場。若觀因緣，見三佛性，即無盡也。（《維摩經略疏》）〔註90〕

> 《大品經》云：若有能深觀十二因緣，即是坐道場。此經云：緣起是道場。無明乃至老死皆無盡故。又《涅槃經》云：十二因緣，名爲佛性。見佛性，故住大涅槃。依此而推。十二因緣何得非佛法界也？（《三觀義》）〔註91〕

一切有爲法皆自「緣」而起，因此能致眾生流轉生死的「十二因緣」，名爲通因果而不改不變的「佛性」，頗費思量。智顗進而將無明、愛、取三支歸爲煩惱道，行、有二支歸爲業道，識、名色、六入、觸、受、生、老死七支歸爲苦道，並分別與勝義的了因、緣因、正因佛性相即，更顯弔詭。而這，可從二方面解釋之：一、若能觀達十二因緣或三道的本質無非是離妄眞實之實相，

〔註86〕〔北涼〕曇無讖譯，《大般涅槃經》卷27，《大正藏》冊12，頁524上。

〔註87〕〔隋〕釋智顗，《維摩經玄疏》卷5，《大正藏》冊38，頁553上。

〔註88〕〔隋〕釋智顗，釋灌頂記，《妙法蓮華經玄義》卷2，《大正藏》冊33，頁700上。

〔註89〕〔隋〕釋智顗說，釋灌頂記，《摩訶止觀》卷9，《大正藏》冊46，頁126下。

〔註90〕〔隋〕釋智顗說，〔唐〕釋湛然略，《維摩經略疏》卷6，《大正藏》冊38，頁643中。

〔註91〕〔隋〕釋智顗，《三觀義》卷1，《卍續藏》冊55，頁673下。

便能了然箇中所凸顯的，十二因緣和合所生之法，或加以三分的「三道」，當下即爲「三德」。是以，若能圓「觀因緣三道」，即能「得三種菩提」，即可證得非道即佛道。是以，十二因緣乃可作爲得道成佛的「道場」，且爲得證涅槃的「佛法界」。二、「十二因緣」被名爲「佛性」，凸顯了因佛性具能令眾生「煩惱既無，即究竟淨」的性能，應證煩惱德即般若德；緣因佛性具能令眾生「解脫自在」的性能，應證業道即解脫德；正因佛性具能令眾生超脫世間生死苦樂輪迴，而臻無苦無樂之「大樂」，以及不生不死之「常」的性能，應證苦道即法身德。可知，若能通觀可分爲三道的十二因緣法，即意謂發顯三因佛性。「十二因緣，名爲佛性」，不僅肯定因緣法的存在價值，並鼓勵眾生若能顯發本具之佛性，即可跳脫輪迴、解脫生死。三、從上文可知，智顗學說中的「實相」與「佛性」乃異名同義，因此「十二因緣，名爲佛性」，即意謂十二因緣和合所生之法無非中道實相；若能圓觀，即能證得。而這，除了可呼應本章或本節「因緣中道實相」之題名，並可與智顗相關文相互對應，如：

　　　若觀因緣即是佛性，佛性即是法性。法性眞理尚不見一，何得有二？

　　（《維摩經略疏》）〔註92〕

「十二因緣，名爲佛性」的完整句，乃透過圓教圓觀十二因緣法，將得見佛性。「佛性」，不僅意謂離妄平等一味之「實相」，且指諸法非常非無常、不改不變之本性。「法性」、「佛性」、「實相」無別，則縱是十二因緣和合之法有差別之相，亦不礙諸法之性體本具同一之實相實理。由此並可推導，智顗會言「因緣」，緣於眾生心識易於攀緣外境，以致以眾生爲本位：勸導若能觀達因緣法，即能見得同體異名的「佛性」、「法性」、「實相」，而證得涅槃。

（二）「因緣」、「中道」、「實相」與「佛性」

　　智顗著述中，雖不一定專以「因緣中道實相」一詞行文，但不乏分解、稀釋，再輔以「佛性」言之：

　　　圓教詮因緣即中道不思議佛性涅槃之理。（《四教義》）〔註93〕

「中道」、「佛性」、「涅槃」從上文可知，乃異名同義，皆意謂妙不可思議之眞如實相一實諦理。智顗將諸詞併連，予以豐實己身最爲推崇的「圓教」內蘊，再加「因緣」與之相即，顯見智顗以眾生爲本位，設身處地打造功夫論

〔註92〕〔隋〕釋智顗說，〔唐〕釋湛然略，《維摩經略疏》卷8，《大正藏》冊38，頁681上。

〔註93〕〔隋〕釋智顗，《四教義》卷11，《大正藏》冊46，頁760上。

與境界論。由此可知，所謂圓教，不外是教導心識隨染淨緣而生外境、輪迴生死不得解脫的眾生，如何透過因緣和合所生之法，了知當體即是中道實相不思議理，由此而證得涅槃。以十二因緣中的「無明」、「愛」爲例：

> 無明與愛是二。中間，即是中道。無明是過去，愛是現在。若邊、若中，無非佛性，並是常樂我淨。無明不生，亦復不滅，是名不思議不生不滅十二因緣也。(《妙法蓮華經玄義》) 〔註94〕

「無明」、「愛」的「中間」，非指並具二支二分之一因緣力用的中界點，而是指二支因緣和合所生之法的究竟理體。由於理體同一，乃爲離妄平等的實相之性，亦即眞如法性，而可說不緣不離二支。是以，智顗會以「若邊、若中」此弔詭語，來詮釋與「中道」、「法性」異名同義的「佛性」，亦爲直指雙遮雙照、終始不改的理體。據引文，並可見「佛性」一效用：佛性乃眾生本具。當眾生能顯發本具之佛性，即能證得涅槃殊勝果德，觀達十二因緣和合所生成的生滅有爲法實爲不生不滅不思議理。若以觀法言之：

> 觀心明圓教者。觀心因緣所生，具足一切十法界法。無所積聚，不縱不橫，不思議中道二諦之理。……是則四教皆從一念無明心起。上來數引《華嚴經》，明破微塵，出三千大千世界經卷之義意在此也。
> (《維摩經玄疏》) 〔註95〕

> 我即佛性。佛性即中道。因緣生法，一色一香無不中道。此則從凡至聖，悉皆是中道第一義諦。(《妙法蓮華經玄義》) 〔註96〕

智顗表明，萬法由心緣境所生，而會有藏、通、別、圓等四教之判釋，全因「一念無明心起」。就此，可揭示智顗以被無明冥覆的眾生爲學說的核心點，無時不設身處地傳達解脫成佛之道。其中，智顗最爲推崇的圓教，即在闡明若能即空即假即中圓觀一念心，將能了然心因緣所生之一切，乃具足十法界法。智顗思想中，所謂的「心具」十如、十種相性、一切相、一切性相、眾生性相、十二因緣、無量心、道品、萬善、一切作、萬行、萬行波羅密、三不退、五支、一切夢法、一切佛法、十法門……等說，皆可在圓觀一念心時得到應證。可見圓融三觀一念心極爲重要，若能觀行，即空即假即中三諦之

〔註94〕〔隋〕釋智顗，釋灌頂記，《妙法蓮華經玄義》卷2，《大正藏》冊33，頁700上。

〔註95〕〔隋〕釋智顗，《維摩經玄疏》卷4，《大正藏》冊38，頁544中。

〔註96〕〔隋〕釋智顗說，釋灌頂記，《妙法蓮華經玄義》卷6，《大正藏》冊33，頁761中。

理才得以圓證。而「破微塵，出三千大千世界經卷」之「破」，乃爲不破之破，含通達巧意，是以該句與「一色一香無不中道」，含有異曲同工之妙；皆彰顯一念心因緣所生之法無不契入實相中道不思議理。眾生若能圓觀，即可證得。那麼眾生爲何能圓觀？則是因爲眾生本具蘊含即空即假即中諦理的佛性之故。智顗學說中的「佛性」，會另名「中道佛性」，從其內蘊即可蠡探。

四、從「因緣中道實相」觀探智顗「佛性」義涵

智顗云：

> 根塵相對，一念心起，即空即假即中者。若根，若塵，並是法界，並是畢竟空，並是如來藏，並是中道。云何即空？並從緣生。緣生即無主；無主即空。云何即假？無主而生，即是假。云何即中？不出法性，並皆即中。當知一念即空即假即中，並畢竟空，並如來藏，並實相。非三而三，三而不三。……不一二三，二三無妨。此一念心不縱不橫，不可思議。非但己爾，佛及眾生亦復如是。《華嚴》云：心、佛及眾生是三無差別。當知己心具一切佛法矣。（《摩訶止觀》）
> 〔註97〕

若以引文解構「因緣中道實相」，可說：一、「根塵相對，一念心起」、就事相而言的十「法界」，乃表「因緣」；二、「即空即假即中」、就理體而言的一相「法界」、「畢竟空」、「如來藏」，乃表「中道」與「實相」。亦即，刹那一念心因六根、六塵緣會之故，而能生一切法。因緣所生之法，本無絕對實有之性，可說「即空」；體性雖空無，因緣和合之差別假法卻是妙有存在，可說「即假」；非有非無、不改不變，融攝「即空」與「即假」，致空、假二諦相即，不二一如，可說「即中」。由此可知一念心對境所生之法，本具即空即假即中圓融三諦理；「空」能破一切法，「假」能立一切法，「中」能妙一切法。空、假、中三諦表實相理體之三面向，而可說「非三而三」；雖有三諦之名與義，皆同爲實相理體，是一相，亦爲無相，而可說「三而不三」，是以三諦不一不異，當體無別。當眾生能了然此絕待的圓妙之理，即可說一念心已契入不可思議境，證得佛道。引文末句，「心具一切佛法」，可應證佛與眾生可因心本具一切之故，而當體無別，亦揭示眾生若能體達己心本具之即空即假即中圓融諦理，即爲佛。一疑：若依

〔註97〕　〔隋〕釋智顗説，釋灌頂記，《摩訶止觀》卷1，《大正藏》冊46，頁8下～9
　　　　　上。

圓教旨言不思議「因緣中道實相」之理而言，引文中曾載二回的「如來藏」，有無特別意義？若分析文理結構，引文中的「並畢竟空，並如來藏，並實相」，乃分別對應「即空」、「即假」、「即中」。「畢竟空」、「實相」，與空、中諦相應，易解，然而「如來藏」為何對應「即假」？據《法華玄義》：「多所含受，故名如來藏。……含備諸法，故名如來藏」，〔註98〕可知與「佛性」異名的「如來藏」，能攝一切染淨之法。此乃就事相，來說明「如來藏」與「即假」的關係。此外，又因「即假」即是「即空」、「即中」，因此可就理體來論，「畢竟空」、「如來藏」、「中道」乃異名同義，皆表即空即假即中圓融不思議諦理。可知，此段引文不僅闡釋何謂「因緣中道實相」，並說明與之對應的「如來藏」，同是事理具足，權實不二，不偏不別。智顗並云：

> 若中道緣於實相，一道清淨是慧行。歷一切法門，諸度皆是摩訶衍。
> 十二因緣即是佛性。(《摩訶止觀》) 〔註99〕

「因緣中道實相」加以分解，可說「因緣」加「中道實相」；意謂一念因緣所生之法即是本具即空即假即中圓融三諦理之中道實相。若綜結上文，可呼應：一念無明法性心、非種為如來種、非道為佛道、事理和融、權實並俱、止觀雙運。而作為與「十二因緣」敵對卻相即；與「中道」、「實相」類例而相即的「佛性」而言，並可證實「佛性」本具：無明與明、善與惡等雙重結構；即空即假即中的真如實相之性。「因緣中道實相」一詞，證實眾生可緣理無礙，證成佛道，而「佛性」的存在，不僅肯定眾生具有之能成佛的條件，也說明「因緣中道實相」命題必然成立。

第三節　智顗中道佛性論

在《大正藏》、《卍續藏》佛典中，「中道佛性」一詞共載二〇五回；「佛性中道」一詞共載七十七回。加以考察，二詞最早由智顗起用，並於著述中載前詞五十八回、後詞十回，且多有相關論述與發揮；餘回，多由智顗天台後人繼之論及。其中，「佛性中道」一詞除了就行文脈絡可分解為「佛性」與「中道」二詞；〔註100〕此外，就文意而言，「佛性中道」無非是「中道佛性」的倒

〔註98〕〔隋〕釋智顗說，釋灌頂記，《妙法蓮華經玄義》卷 8，《大正藏》冊 33，頁 783 中。

〔註99〕〔隋〕釋智顗說，釋灌頂記，《摩訶止觀》卷 3，《大正藏》冊 46，頁 30 中。

〔註100〕如：〔隋〕釋智顗，《維摩經文疏》卷 13：「若觀無作之苦，見一實諦、虛空、

裝敘述，以凸顯「佛性」的「中道」特質與義，因此就出現比例多寡，本文擇「中道佛性」一詞行文，並含融「佛性中道」相關詞義。一疑：智顗之前，印度與中土佛性論主以「如來藏」、「佛性」二詞為主角；無論詞義內涵是否隨時空發展脈絡或論述者而有內化或外延的詮釋，皆不離二詞。那麼，為何智顗佛性論中，除了以「佛性」與正、了、緣因等「三因佛性」為兩大論述核心，另外並闢「中道佛性」論題？以下，先釋名「中道佛性」一詞，後加以探討智顗立該詞之由。

一、雙遮二邊之不思議理

> 遮二邊，故說名中道。……諸佛菩薩之所證見，審實不虛，謂之為諦。故言中道第一義諦，亦名一實諦也，亦名虛空、佛性、法界、如如、如來藏也。(《四教義》) 〔註101〕

> 若是真諦之理，即是思議之理。若是中道佛性之理，即是不思議之理。……中道之理與真諦有異。真諦名思議理者，非如來藏也。以中道之理，名不思議者，即是如來藏也。無所積聚，乃名為藏。故名不思議理也。(《維摩經玄疏》) 〔註102〕

> 非常非斷，名為中道。……問：何不取真為佛性耶？答：中道是究竟；真、俗是境界佛性耳。(《禪門章》) 〔註103〕

空、假、中三諦，乃智顗繼前人真、俗二諦之說後，為避免世人執泥一端，而新立之。若相互比對，可說：真諦即空諦，乃闡明緣起性空之理；俗諦即假諦，乃闡明諸法雖性空、因緣和合之假法假相存有之理與義；中諦乃立於非常非斷之中道，闡明空、假二性不二一如之理。真、俗二諦與中諦相較，雖然皆是審實不虛之理，但顯然前二諦為世人可心思言議之理，而中正絕待的中諦則是深妙難議之中道第一義諦，亦即一實諦。若以「佛性」言之，智顗則慣將言詮中諦的「中道」，和與「如來藏」異名的「佛性」複合，凸顯不思議理，並視真、俗二諦僅是「境界佛性」。一疑，「藏」字意謂「無所積聚」生死苦果，那麼為何智顗不直接將「如來藏」與「中道」複合，而常以「中

　　佛性、中道、法身，名為見諦」。(《卍續藏》冊 18，頁 558 中)
〔註101〕〔隋〕釋智顗，《四教義》卷 2，《大正藏》冊 46，頁 727 下。
〔註102〕〔隋〕釋智顗，《維摩經玄疏》卷 5，《大正藏》冊 38，頁 550 下。
〔註103〕〔隋〕釋智顗說，《禪門章》卷 1，《卍續藏》冊 55，頁 646 中。

道佛性」行文？此除了涉及智顗用詞偏好，恐爲呼應中土文化儒、道與玄學對人之善性、惡性、天性、才性等質性之品類討論。另一疑，智顗爲何視眞、俗二諦是「境界佛性」，而非「中道佛性」？在《大正》、《卍續》佛典中，「境界佛性」一詞僅載十二回；其中一回出自智顗《禪門章》。該詞罕見，然而繫連智顗爲差別塵沙事相而所立之十法界，可見行者若僅觀得未究竟之眞、俗二諦，則落於佛性未究竟彰顯的差別法界中；當能觀得含藏中道之理的中諦，才算究竟彰顯佛性，而明瞭即空即假即中、佛界即九界、一相一味等圓融之理。智顗並云：

> 如來非苦非集非滅非道。非諦是實。……實者，即是實相，中道佛性也。（《妙法蓮華經玄義》）〔註104〕

四諦中，若說成正等正覺的佛無三界六趣的苦諦，無貪瞋等煩惱及善惡諸業的集諦，可理解，那麼爲何佛亦無生死幻累的滅諦，以及無八正道以通於涅槃的道諦？亦即「如來非苦非集」易解，何以如來亦「非滅非道」？原因是，四諦乃相對言說，眞正證得佛道，即契入實相無相、不可言詮之不思議境，非生死非涅槃，非去非來，因此亦無「非滅非道」可言。而據引文，並可應證，中道佛性即是一味一相的眞如實相。以下茲舉幾例，闡明智顗以遮離二邊，言詮「中道實相」：

（一）非有非無

智顗云：

> 不有亦不無者，即中道之法也。不有，故非俗；不無，故非眞。然說法本約二諦，既雙非二邊說何等法，當知正說大乘中道也。所以者何？凡夫者有；二乘者無；菩薩正觀中道佛性，是故大乘《方等》爲諸菩薩說法，多說中道入不二法門，故言不有亦不無也……。圓教雖立四門，只一門即是四門，四門即是一門。不定有，故不有；不定無，故不無。無所依倚，將此虛心豁然，入不二法門。見中道佛性，即是眞，名不有不無。……今簡僞顯眞，點出圓教得意之者爲不有不無，以歎勝應如來說法不有亦不無也。即是說於圓教眞佛性中道不有不無也。（《維摩經文疏》）〔註105〕

由於因緣和合所生之法，本無自性，而可說是「不有」的眞諦；雖是體性空

〔註104〕〔隋〕釋智顗，釋灌頂記，《妙法蓮華經玄義》卷3，《大正藏》冊33，頁711。
〔註105〕〔隋〕釋智顗，《維摩經文疏》卷6，《卍續藏》冊18，頁500上～中。

寂，但假名施設的假相確實存在，而可說是「不無」的俗諦；言諸法空性與假性乃不二一如者，即是雙非有無二邊、言詮大乘中道的中諦。而這三諦，並非所有眾生皆能證得；往往深著五欲的凡夫僅證得俗諦，自淨自度的聲、緣二乘者僅證得眞諦，而修自利利他之道的菩薩則能離諸邪導，契入非有非無的中諦。此中諦不偏有無，並能雙照有無，誠表一實平等的中道佛性。可見藏通別圓四教雖皆對諸法存在與否予以探討，而有「有」、「無」、「亦有亦無」、「非有非無」等得入眞性實相之四門，但其中唯有圓教不著「有」、「無」，以致雖立四門，但統括之，卻亦可說即是意謂實相無相、一相一味、不依有無的「非有非無」門。是以圓教行者能入中道不二法門，所彰顯之佛性亦具四門即一門、三諦即一諦之中道特質。可見，智顗以「中道佛性」一詞凸顯圓教佛性觀，頗具巧思。

（二）非前非後

智顗云：

> 法即法性。法無有人前後際斷故者。……心及諸法即是法性，何有生死、涅槃前後。若法性非二法者，即是中道佛性，豈有前後？（《維摩經略疏》）〔註106〕

「法即法性」，指因緣和合所生之「法」，本質即爲「法性」，此意謂即事即理、事理和融。誠如「有」、「無」相對，「生死」與「涅槃」、「前」與「後」亦是。圓教直表達，當下即一即一切，消泯一切相對概念，直契實相無相、一相一味之不思議境。「心」、「諸法」、「法性」、「實相」、「中道」、「佛性」乃異名同義，而爲表諸法之性實同體無二、雙非雙照，因此特將「中道」與「佛性」複合。「中道佛性」一詞，尤凸顯諸法本具即空即假即中之性，亦凸顯緣「事」無礙緣「理」。

（三）非枯非榮

智顗云：

> 若見十法界法皆是一法性，法性非我非無我，能雙照十法界我無我，即莊嚴我無我枯榮之雙樹。若行者能了此四枯四榮，即是法性。五陰非枯非榮，名見中道佛性。……眞、俗同結成四枯；中道佛性結

〔註106〕〔隋〕釋智顗說，〔唐〕釋湛然略，《維摩經略疏》卷4，《大正藏》冊38，頁614上。

成四榮也。(《三觀義》)〔註107〕

「法性」與「中道佛性」乃同體異名。然而就引文「了此四枯四榮,即是法性」、了「五陰非枯非榮,名見中道佛性」,可見智顗尤凸顯中道佛性非此非彼、不離二邊、不即二邊、中正絕待、偏於法界之特質。而這並可呼應《摩訶止觀》:「八顛倒轉成四枯四榮,亦是非枯非榮。中間入涅槃、見佛性也」。〔註108〕又因枯榮乃相對而言,因此意謂「中諦」的「中道佛性」,與真、俗二諦相較時,則可說前者是「四榮」。可見「中道佛性」有二層次:一、對應「四枯」之真俗二諦,而謂為「四榮」;二、直指形而上的實相無相,而謂為「非枯非榮」。

(四)不生不滅,不垢不淨

智顗云:

> 中道佛性不生不滅,不垢不淨。(《四念處》)〔註109〕

中道佛性即為中諦。從「非有非無」順理可推,雙遮二邊的不思議理,即含括「不生不滅,不垢不淨」。

二、具一切法

若就全貌而言,「中道佛性」不僅雙遮,並雙照二邊;亦即,不僅只透過因緣和合所生之法探究其真如本性,並且不隔有情與無情、事與理,肯定一切法的存在價值。智顗舉幾個面向勾勒中道佛性具一切法:

(一)邪正雙遊

智顗云:

> 今明菩薩能以佛慧,見中道佛性之理非邪非正,而邪正雙遊,入不思議八解脫。八正即是大乘真禪悅法喜之食。……今明菩薩能依佛慧,見中道佛性,不捨八味禪事邪,而修背捨,入八解脫。邪正不妨,成三諦三昧,即是大乘禪悅之食。(《維摩經文疏》)〔註110〕

《大正藏》、《卍續藏》共載「佛性之理」一詞一〇六回,其中智顗著述載有

〔註107〕〔隋〕釋智顗,《三觀義》卷2,《卍續藏》冊55,頁679下～680上。

〔註108〕〔隋〕釋智顗說,釋灌頂記,《摩訶止觀》卷9,《大正藏》冊46,頁127下。

〔註109〕〔隋〕釋智顗說,釋灌頂記,《四念處》卷3,《大正藏》冊46,頁568上。

〔註110〕〔隋〕釋智顗,釋灌頂續補,《維摩經文疏》卷12,《卍續藏》冊18,頁554下～555上。

十五回，餘回多爲智顗後人所言。而智顗五回將「中道」與「佛性之理」併言，餘則或銜接「實相」、「虛空」、「眞如」，或討論十界皆具佛性相本末之理，〔註111〕或闡明「三種非道之理即是三種佛性之理」，〔註112〕顯見「佛性」不單意謂眾生之可能成佛的性能，在智顗學說中，更是視爲圓教眞如實相不思議之理，即空即假即中，事理和融，權實並明。若說二詮，智顗雙遮行文手法，不僅在從空假或眞俗二諦中，凸顯中諦義，並直契形上的實相無相；雙照，則多添因緣和合所生之法所帶來的假法假相肯定，與事理無礙。而此段引文，即是一例證：智顗表示，菩薩行者能以通達一切事理之大慧，證得中道佛性之理非止於正道可詮，而是既超越又不離邪道與正道。據「非邪非正，而邪正雙遊」，可見智顗佛性論非僅框於道德義範疇，現象與實相、事與理、邪道與正道、權與實，全全是佛性圓融所具，皆有存在而不被棄離的價值，原因是，諸法皆是同體無別，實相一相。也因此，圓教行者能了然邪道與正道彼此不相妨害，在佛慧之下，一切通達無礙，而能究竟離縛得自在，證八種解脫之禪定，契入即空即假即中圓融三諦理。

（二）無假、無空而不中

智顗云：

> 眾生從本以來，即是非眞非有，與菩薩非眞非有，一如無二如，不異不別。眞是眾生迷，故作有解、眞解，故墮二邊，有界內、界外生死也。菩薩了知十法界一切眾生皆有中道佛性。無明自體之疾，此即己疾、佗疾同是眞體一無明也。將此一語驗知此經明觀中，則無假、無空而不中也。（《維摩經文疏》）〔註113〕

眾生與菩薩皆是非有非無的存在，彼此不二不異，等無分別，那麼爲何要分「眾生」、「菩薩」二名？主要是迷、悟之別，而決定所臻境界：眾生迷於諸法，執於「有」或「無」，而墮常、斷二邊；大覺有情之菩薩，能圓觀曉達十法界之眾生皆本具中道佛性、佛界與九界無別、眾生與佛之病同體無別，並皆具無明之性。可知，在圓教行者圓觀之下，含中諦之義的中道佛性，乃收空假而爲中。如此，若無空、假二諦，何來中諦？由此可見，智顗強調中道

〔註111〕〔隋〕釋智顗述，釋灌頂記，《觀音玄義》，《大正藏》冊34，頁889上。

〔註112〕〔隋〕釋智顗說，〔唐〕釋湛然略，《維摩經略疏》卷9，《大正藏》冊38，頁683中。

〔註113〕〔隋〕釋智顗，釋灌頂續補，《維摩經文疏》卷21，《卍續藏》冊18，頁632下。

佛性肯定一切法。

（三）不但中

智顗云：

> 藏、通，觀生、無生，入偏眞理，名爲眞實。別、圓，觀無量、無
> 作，入中道佛性，名爲眞實。(《維摩經略疏》) 〔註114〕

> 若三藏教觀生滅四諦，入偏眞，名眞實。通教觀無生四諦，入偏眞，
> 名眞實。若別教觀無量四諦，入中道佛性，名眞實。若圓教觀無作
> 四諦，入中道佛性一實諦，名眞實。《維摩經文疏》〔註115〕

藏、通、別、圓四教皆在詮說離迷情、絕虛妄的「眞實」之理，但隨四教行
者觀行與迷悟程度，所認知之「眞實」亦是有別。若以四教來分四諦，則：
藏教言因緣聚散、實有實無的生滅四諦；通教言當體即空的「無生四諦」；別
教言界內外有無量差別之相的「無量四諦」；圓教言法爾任運自然，能離斷證
造作的「無作四諦」。令人生疑的是，別、圓二教皆言「入中道佛性」爲「眞
實」，如此二教豈非無別？智顗闡明圓教：

> 圓三諦者，非但中道具足佛法，眞俗亦然。三諦圓融，一三三一。(《妙
> 法蓮華經玄義》) 〔註116〕

別、圓二教雖以中道佛性作爲中諦內涵，但：一、別教乃觀空、假二諦之外
有絕待的中諦，是爲隔歷之「中」，而可謂爲「但中」；二、圓教則圓觀即空
即假即中三諦，收相待之空、假二諦爲絕待之中諦，三諦與一實諦「一三三
一」，悉當體即是實相無相，因此圓教中諦之「中」乃中正圓融之「中」，而
可謂「不但中」。可知，別、圓二教雖以觀中諦之理爲觀道之至極，可惜別教
持「但中」，未能究竟契入中道實相不思議理，而圓教之「不但中」，非數非
非數、非常非無常，雙照空、假二諦，致一切法皆爲絕待之妙法。

（四）非道即佛道

智顗云：

〔註114〕〔隋〕釋智顗說，〔唐〕釋湛然略，《維摩經略疏》卷3，《大正藏》冊38，頁
607中～下。

〔註115〕〔隋〕釋智顗，釋灌頂續補，《維摩經文疏》卷10，《卍續藏》冊18，頁536
下～537上。

〔註116〕〔隋〕釋智顗說，釋灌頂記，《妙法蓮華經玄義》卷2，《大正藏》冊33，頁
705上。

今菩薩觀無作集諦，婬怒癡性猶如虛空，故不斷，亦不爲所染也。
不同凡夫不斷而俱亦不同，二乘斷而不俱，菩薩用佛慧觀三毒性，
即是中道佛性，通達婬怒癡性，見一切佛法，即見無作集諦也。故
《諸法無行經》云：貪欲即是道，恚癡亦復然。如是三法中，具足
一切諸佛法也。（《維摩經文疏》）〔註117〕

見中道佛性。此則行於非道，通達佛道也。（《維摩經文疏》）〔註118〕

若見中道佛性，住大涅槃。斷無明別惑變易生死者，乃是眞無爲法。
即是平等眞法界。（《維摩經文疏》）〔註119〕

以集諦言之，圓教行者以清淨大慧，圓觀舊譯爲婬怒癡、新譯爲貪瞋痴此三
毒，將了然當下同體即是含具一切佛法之理的中道佛性。如此，三毒性猶如
無爲虛空，無礙周徧，何須斷之，又豈會受其染污？可知，圓教行者不像於
生死迷惑流轉的凡夫不能斷三毒，或像聲、緣二乘能斷三毒，卻不能觀得中
道佛性。任憑三毒熾盛，圓教行者但凡能圓觀，即能見得三毒之性即爲中道
佛性。因此，三毒能「具足一切諸佛法」，雖頗爲弔詭，在圓教一心三觀之下，
卻可成立。此外，由於一切非道之性與中道佛性當體全是，當能徹見中道佛
性，即能了然不斷斷煩惱之理，而可說：縱使「行於非道」，亦能「通達佛道」；
九界即佛界，十法界乃平等一如之法界。

三、一實諦

除了以雙遮、雙照來闡論「中道佛性」義涵，智顗並就平等不二的「一
實諦」予以言詮：

照一實諦，虛通無滯，是中道觀也。……觀以觀穿爲義，亦是觀達
爲能。觀穿者，即是觀穿見思、恒沙、無明之惑，故名觀穿也；觀
達者，達三諦之理。是以《涅槃經》云：即以利钁斷之。磐石、沙、
鹵直過無礙，徹至金剛。磐石者，見思惑也；沙者，塵沙無知惑也；
鹵者，即是無明住地惑也。徹過者，觀穿之義。至金剛者，即達中
道佛性理也。……第三觀者，得見中道，雙照二諦，即是一時平等

〔註117〕〔隋〕釋智顗，《維摩經文疏》卷13，《卍續藏》冊18，頁558上。
〔註118〕〔隋〕釋智顗，《維摩經文疏》卷13，《卍續藏》冊18，頁561下。
〔註119〕〔隋〕釋智顗，《維摩經文疏》卷15，《卍續藏》冊18，頁576中～下。

也。(《三觀義》)〔註120〕

《大般涅槃經》:「譬如有人善知伏藏,即取利钁掘地,直下磐石、沙礫,直過無難。唯至金剛不能穿徹」。〔註121〕其中,「金剛」不能被利钁穿徹之由,在於「金剛」喻眾生「佛性」,因此非天魔波旬及諸人天所能壞。智顗援引之,卻在其著述有二種版本:一、完全援引《涅槃經》此段文,表利钁不能穿徹金剛;〔註122〕二、更易為「利钁斬地,徹至金剛」。〔註123〕雖有殊異,但考察智顗相關文,皆旨在引申闡明「觀達」中道之理,而非在敘述天魔波旬等不能壞金剛。亦即:智顗以磐石、沙、鹵,分別喻指見思、塵沙、無明三惑;以利钁之能直斬徹透磐石、沙、鹵,喻為「觀穿」觀法;利钁直能「徹至金剛」而無礙,喻為「觀達」觀法,或利钁不能穿徹金剛,而有賴「觀達」此殊妙觀法;金剛,喻為中道佛性理。從《涅槃經》重在闡述佛性不可摧,以致利钁無法破徹金剛,發展至智顗有三惑、觀穿、觀達之喻,以及強調「金剛」為「『中道』佛性」,可見,智顗創造性詮釋《涅槃經》之迹。而從「金剛」內涵之充實,以及觀法之闡述,顯見智顗欲強調「觀達」法門:若能圓「觀」即空即假即中三諦理,則能周偏照了,通「達」無礙「中道佛性理」此源底,可見智顗欲在「觀穿」義外,凸顯能不觀觀、不斷斷的「觀達」法門之特質與重要性。一疑,雖然「觀穿」與「觀達」之詞與義,皆是智顗所新闡,但是否「觀穿」遜於「觀達」法門?智顗有別前人「空」、「有」之見,以從假入空觀、從空入假觀、中道第一義觀,來觀穿見思、恒沙、無明等三惑,揭示「觀穿」著重在「智慧利用,穿滅煩惱」,而從「徹至金剛」,則凸顯「觀達」重在「觀智通達,契會真如」,〔註124〕可知「觀穿」、「觀達」各有效用與特色。然而若據「觀以觀穿為義,亦是觀達為能」,便可了然二者一體無別;能「觀穿」的當下,即能「觀達」,反之。又,智顗《維摩經玄疏》內

〔註120〕〔隋〕釋智顗,《三觀義》卷1,《卍續藏》冊55,頁670上。

〔註121〕〔北涼〕曇無讖譯,《大般涅槃經》卷7,《大正藏》冊12,頁408下;〔宋〕釋慧嚴等依《泥洹經》加之,《大般涅槃經》卷8,《大正藏》冊12,頁649下。

〔註122〕〔隋〕釋智顗,《維摩經玄疏》卷2,《大正藏》冊38,頁525下。

〔註123〕〔隋〕釋智顗,《三觀義》卷1,《卍續藏》冊55,頁670上;〔隋〕釋智顗說,釋灌頂記,《摩訶止觀》卷5,《大正藏》冊46,頁67中;〔隋〕釋智顗,釋灌頂續補,《維摩經文疏》卷23,《卍續藏》冊18,頁644下～645上。

〔註124〕〔隋〕釋智顗說,釋灌頂記,《摩訶止觀》卷5,《大正藏》冊46,頁21下。

容〔註125〕與《三觀義》此段引文相仿，顯見「一實諦佛性理」即「中道佛性理」：以「一實諦」對應之，凸顯「中道」不二一如的特質；「佛性」後加「理」字，強調佛性非止於表述與肯定眾生之可能成佛的性能，智顗還欲強調，與「心」相即的「佛性」所內蘊之真如實理。而這並可呼應引文首句「照一實諦，虛通無滯，是中道觀」。亦即，若欲體解中道佛性一實諦理，須賴能雙照二諦的中道觀加以觀之，才能通達無礙，契入不生不滅真心深義。職是之故，可說：「中道佛性『理』」能「窮至心性，本際金剛」。〔註126〕智顗並云：

> 依了義經者。謂諸大乘方等十二部經中，皆明中道佛性實相如如之理。若依此教，而修諸波羅蜜，萬行功德，則心與中道相應，能見佛性如來藏理，故云依了義經。不依不了義經者。所謂聲聞所應行，九部中不修中道佛性如來藏理。若依此教，而修諸波羅蜜，萬行功德，則隨二邊，不見佛性如來藏理，故云不依不了義經也。（《法界次第初門》）〔註127〕

了義與不了義經之別，在於前者顯了分明說示究竟之實義；後者不明了開顯法性實義。智顗指出，大乘所有經典皆爲了義經，皆在闡明「中道佛性實相如如之理」；若能觀行實踐，體解大道，則能徹見清淨佛性如來藏理，而聲聞、緣覺二乘所有經典，未闡明中道佛性理，是以行者滯泥「空」、「有」二邊，未見佛性如來藏理。就此可揭示：一、經典是否含有「中道佛性如來藏理」，區別了義或不了義經，並且是大乘或聲、緣二乘區分的關鍵。二、「佛性」與「中道」、「實相」、「如如之理」複合，以及聲、緣二乘「隨二邊」，更是凸顯中道佛性不離雙照二諦的中道一實諦理。又，智顗「了義」與「不了義」經之分，吾人恐會褒前貶後、取前棄後，然而「不了義」經果真不可取？智顗云：

> 圓教者。中道佛性即我義也。《中論》云：佛或時說我，或時說無我。

〔註125〕 〔隋〕釋智顗，《維摩經玄疏》卷 2：「照一實諦虛通無滯名中道觀也。……觀以觀穿爲義，亦是觀達爲能。觀穿者，穿見思、恒沙、無明之惑，故名觀穿也；觀達者，達三諦之理也。故《大涅槃經》云：如人善知伏藏，即取利钁掘地，直下槃石、沙、礫，直過無難。唯至金剛，不能穿徹。槃石者，見思惑也；砂者，塵沙無知惑也；礫者，即是無明住地惑也。徹過者，即觀穿義也。至金剛者，即達一實諦佛性理也。……第三觀者，得見中道，雙照二諦，即是一時平等也。」（《大正藏》冊 38，頁 525 下）
〔註126〕 〔隋〕釋智顗，《維摩經文疏》卷 23，《卍續藏》冊 18，頁 645 上；〔隋〕釋智顗說，〔唐〕釋湛然略，《維摩經略疏》卷 8，《大正藏》冊 38，頁 672 中。
〔註127〕 〔隋〕釋智顗，《法界次第初門》卷 3，《大正藏》冊 46，頁 688 上。

> 於佛正法中無我無非我。此經云：於我。大經云：無我法中有眞我。
> 又云：我與無我，其性不二。不二之性即是實性。實性者是二十五
> 有眞我也。前三是權我；圓教是實我。(《維摩經略疏》) 〔註128〕

智顗依教法之淺深，判釋藏、通、別、圓等化法四教：藏教教聲、緣二乘修
析空觀；通教乃教二乘與鈍根菩薩得但空，以及利根菩薩得不但空，而雙通
藏、別二教；別教教菩薩得事理隔歷而不融之中道實相；圓教教最上利根菩
薩得事理圓融之中道實相。對照上一段引文，顯見「明中道佛性實相如如之
理」的了義經，屬圓教；「隨二邊，不見佛性如來藏理」的不了義經，依淺深
而分屬非圓之三教。雖然上一段引文的不了義經爲聲、緣二乘所應行，與藏、
通、別三教所教之三乘對象有廣、狹義之歧出，但不能否認，智顗可證成「前
三是權我；圓教是實我」，原因是：圓教無論單言「我」、「無我」，或進一步
收二邊而言「無我無非我」，皆是扣緊與中道佛性實相如如之理相即而言，以
致可說，「無我法中有眞我」、「我」與「無我」同具不二之實性。相對之下，
藏、通、別三教單言「我」與「無我」二端，未究竟中道不二之性，確與圓
教有高下之分。然而圓教「我」與「無我」無別，便凸顯言詮「我」與「無
我」二邊的藏、通、別三教雖程度未迨，卻屬應機適材之權說。又，從一實
圓教可含融前三教與不了義經，可證其妙不思議處。可知，智顗雖然分判四
教與分別三乘，但並無貶抑聲、緣二乘，以及藏、通、別三教。此外，從上
二段引文可知，得見中道佛性實相如如之理是圓教之爲圓教的關鍵。亦即，
智顗立「中道佛性」一詞，不僅肯定「無我」，並肯定「我」，其所蘊含的一
實諦理乃具開權顯實、開迹顯本，廢權立實、會三歸一、含融一切、不二一
如之圓妙。

小　結

　　智顗之前中印佛性論，雖然已明法性、法體、法身、法界、眞如、如如，
與如來藏、佛性等無差別，但無非多以無垢無染的清淨心、清淨性、如來心、
如來性、善性等來充實「佛性」內涵，而將無明煩惱作爲冥覆眾生佛性的外
來客。此外，並視因緣法、煩惱，與單一正向之佛性有著敵對關係；眾生須

〔註128〕〔隋〕釋智顗說，〔唐〕釋湛然略，《維摩經略疏》卷1，《大正藏》冊38，頁
　　　　569中。

析空、體空，斷除因緣和合造就的有爲法，並想方設法破除煩惱，才得以成佛。智顗佛性論一反前人，獨樹一幟，肯定佛性本具正、負雙重結構，周圓解釋無明煩惱何以生起之由；肯定因緣法存在價值，無須捨棄、割離，即能當下證得涅槃。智顗佛性論周徧含圓，圓融圓足圓具，以不斷斷、不觀觀來悅納肯定生命負向質地。若加以解構，可說智顗佛性論旨從「佛性」、「中道佛性」、「三因佛性」三面向切入。「佛性」，旨從「一念無明法性心」相即，推證佛性本具善與惡、法性與無明、菩提與煩惱等正負雙重結構；三因佛性則從三智、三觀、三諦、三實相、三心、三佛種、三軌、三德、三道……等，來勸籲鼓勵眾生須精進修諸功德，資發般若，以朗然圓顯正因佛性。既有「佛性」、「三因佛性」一三三一的外延開展與一實收攝的演繹，何以智顗要新關「中道佛性」名與義？而這可從智顗所推崇的圓教，旨明不思議因緣中道實相之理論起。

　　「因緣中道實相」本是「因緣」與「中道實相」，或「因緣」與「中道」、「實相」的弔詭結合；亦即，以常人思惟而言，有爲法與無爲法豈能複合地相即？智顗「以實爲相」所定位之「實相」，其實已一反前人，含融非有之有的緣起妙有、妙色之思想，肯定「不可破壞」的假諦假法的存在價值。爲杜世人承固有普知的眞、俗二諦而滯泥「無」、「有」二端，智顗圓融提出即空即假即中的圓教三諦之概念；肯定「假」法、「空」法，並以不偏一端的中道之法含攝之。也因此，智顗立說圓教旨意，會在「因緣」與「實相」間，並加「中道」一詞，純爲強調中道中諦乃是能雙遮雙照「空」、「假」二諦的眞如一實諦理。由此而推導出的中道佛性，即指圓融三諦中的不二中諦，能非有非無、非假非空、一即一切、一切即一，並印證無論有情眾生或無情草木，一色一香無非中道，無不具足中道佛性。而「中道實相」外，智顗並與「因緣」複合，主因智顗圓教雖如中觀系，闡述緣起性空實相之理，但其實並演繹佛心、眾生心、諸法之性能具十界三千諸法；此十界三千諸法，是攀緣對境的假法，亦具緣起實相空義，亦具即假即空的中道義，是以智顗藉由繫緣於法界，廣緣事理，來肯定因緣法的存在價值，以及無礙通達實相無相的妙不思議。由緣起性空過渡至立基中道實相的緣起妙有妙色，是智顗圓教圓實之說極爲精彩之一環，而從佛性、諸法之性同具正負雙重結構，發展至赴機應物之「權」說與眞如一味之「實」說乃相即不二，周徧法界無不理事和融、體用一如，更是蘊合智顗無限巧思。

　　若整體言，智顗「中道佛性」論，著重闡述中道佛性內蘊中道眞如實相一實諦理，能融鎔眞、俗二諦，直契無分別之不思議境，並未像其「佛性」論著重從與「心」相即談及，亦未像其「三因佛性」論大闡正因、了因、緣因佛性的開闊關係。雖是如此，卻在各自理論範疇中，彼此有異曲同工、不謀而合之處，並豐實智顗總體佛性論內涵。

第六章　智顗「三因佛性」論

　　智顗之前，《大般涅槃經》等文已可窺見正因、了因、緣因此三因佛性初形；直迄智顗，三因佛性才算真正定名，以及成熟箇中義涵。問題是：為何智顗表述三因佛性，一反前人靜態義的文字敘述，而常以行為動詞或名詞，或動、名詞相合的詞組，來與三因佛性同位相「即」？再者，為何智顗要常併體、性、相、因、果等多重層次，以多款型貌來表述三因佛性？據考察，前者之由在於，智顗欲強化成佛的實踐義、具象化本傾於抽象的三因佛性概念；後者之由，可從智顗大倡圓教圓說、隨機施教解釋起。然而不管如何，智顗闡述三因佛性，或行文簡鍊深微，或泛稱命題與特殊命題相「即」，或假人格化的行為動詞，或多以果境表述，其所顯現的行文風格，確實易讓閱讀者孳生誤解，或僅在智顗經文表相義中有限發展，甚為可惜。本章，首先擬從智顗「三因佛性」各類相關之表述，呈顯智顗易引人費解、生疑的詮釋地帶；爾後，擬返本探源，考察智顗三因佛性的根本義。

第一節　智顗三因佛性論易令讀者困惑之處 〔註1〕

　　智顗於逾百萬字的鉅著 〔註2〕 中，常就正因、了因、緣因此三因佛性，來

〔註1〕 以「困惑」二字立名，在於筆者曾殫心竭慮於智顗多元方式所建構的三因佛性論。當恍然理解智顗或體、性、相、因、果等多重層次，或動詞，或名詞，或動詞加名詞之詞組的行文方式後，一是欽佩智顗的面面俱到；二是怕初學者恐遭類似筆者不得其門的境遇；三是智顗學說實非簡白易懂，因此本節擬以三因佛性為線索，來檢討智顗的詮釋手法。並非批判或貶抑，僅是用來呈顯智顗行文特色之一風貌，並記錄閱讀過程之曾經困惑。

〔註2〕 學界對智顗部分著作尚有真偽之議，如：日僧普寂於《止觀復真鈔》等作中，堅決認為《觀音玄義》是偽作（參《大日本佛教全書》冊23（東京：佛書刊行會），

建構與鋪展佛性論。基於不思議圓教圓說的特質，以及隨機施教等考量，智顗常併體、性、相、因、果等多重層次來予以申論之。由於萬法皆因緣和合，本性皆空，「一法異名」〔註3〕不違真義，因此縱使「特殊命題」與「泛稱命題」置於同一平台等視，縱使多重層次之義併論合言，亦不算奇誕荒謬，然而關於智顗三因佛性論，閱讀者基於智顗簡化、特殊、多樣的論述用語，容易解讀為：正因佛性指「實相」、「法身」；了因佛性指「般若」；緣因佛性指「功德」等。〔註4〕若理解僅止於此，則在絲縷層層相繫下，容易忽略：智顗雖然常就佛性所發顯的相、用文字來多元詮釋不可言詮的佛性本體，但智顗不僅單論「一佛性」，〔註5〕並特闡三因佛性，恐是有番用心良苦。吾人若不鉤隱抉微，則除了未真識得智顗三因佛性的根本義涵、彼此橫豎體一的關係，並且易模糊智顗佛性論的核心問題與思想進路，進而未得窺覽其佛性論全貌。失之毫釐，尚有千里之差。若僅取經典文字表相義而加以擴延申論，恐

1912 年）。又如佐藤哲英並進一步提出含有性惡思想的《觀音玄義》、《觀音經疏》、《請觀音經疏》皆為灌頂所著（參佐藤哲英，〈普寂の觀音玄義僞作說とその反論〉，收錄於《天台大師の研究》（東京：百華苑），1961 年，頁 475～496）。亦有學者提出反對之見，如安藤俊雄持文獻學證據，認為《觀音玄義》等著是智顗作品（參安藤俊雄，蘇榮焜譯，《天台學——根本思想及其開展》（臺北：慧炬出版社），1989 年 10 月，頁 201～204）……。筆者鑑於《觀音玄義》、《觀音經疏》、《請觀音經疏》等有僞作之疑之作，與智顗《摩訶止觀》、《法華玄義》、《法華文句》……等無僞作之疑之作相較，有異曲同工之妙，因而不認為《觀音玄義》、《觀音經疏》、《請觀音經疏》等經是僞作。關於細由，另文再予以闡論。

〔註3〕　〔隋〕釋智顗說，釋灌頂記，《妙法蓮華經玄義》卷 8，《大正藏》冊 33，頁 779 上。

〔註4〕　如：張風雷《智顗佛教哲學述評》：「智顗認為……『正因佛性』是本自具有的不可改變的本性，『了因佛性』是能夠認識正因佛性的覺智，『緣因佛性』是能夠助發覺智，開顯正性的功德善根。」（中國人民大學哲學系博士論文，1994 年；收錄於佛光山文教基金會總編輯：《中國佛教學論典（五）》（高雄：佛光山文教基金會），2001 年，頁 203-4）；賴永海《中國佛性論》：「智顗的三因佛性的基本思想是，以非有非無，不染不淨之實相為正因佛性，以能觀照顯發實相之般若智慧為了因佛性，以能資助覺智開顯正性之功德善行為緣因佛性。」（北京：中國青年出版社，1999 年 8 月）；楊維中〈論天台宗的染淨善惡觀〉：「在智顗學說中，正因佛性主要是指諸法實相、中道理體。所謂緣因佛性，智顗主要是指功德、修行和諸法假相。……所謂了因佛性，智顗多指般若觀照。」（《人文雜誌》，2004 年第 3 期，頁 41）；周貴華《唯識、心性與如來藏》：「智者大師……稱覺性為正因，覺智為了因，一切功德善根為緣因。」（北京：宗教文化出版社，頁 135-6）

〔註5〕　「一佛性」一詞，可參〔隋〕釋智顗，《妙法蓮華經玄義》卷 9，《大正藏》冊 33，頁 793 中；〔隋〕釋智顗說，《妙法蓮華經文句》卷 7，《大正藏》冊 34，頁 92 下。本文會使用「一佛性」一詞，主為與三因佛性作一對比區分。

如隔靴抓癢，易事倍功半；若未追根究柢，並有遺珠之憾。職是之故，本文擬返本探源智顗三因佛性論；此非考溯智顗之前三因佛性發展之跡，而是重在撥開觀性、現相、明用的重重枝葉，回歸考察智顗根本義的三因佛性。

一、智顗「三因佛性」探源與各類表述方式

就文獻所考，三因佛性名字與初步義涵，可回溯至《大般涅槃經》曾於兩處重覆闡述「生因」、「了因」；「正因」、「緣因」：

> 因有二種：一者，生因；二者，了因。能生法者，是名生因；燈能了物，故名了因。煩惱諸結，是名生因；眾生父母，是名了因。如穀子等，是名生因；地水糞等，是名了因。〔註6〕

> 因有二種：一者，正因；二者，緣因。正因者，如乳生酪；緣因者，如酵、煖等。……正因者，謂諸眾生。緣因者，謂六波羅蜜。〔註7〕

該二引文未系統界定，但從中可推敲後來三因佛性發展的雛形：正因如穀子，能生法；了因如燈，能了物；緣因如酵、煖，具緣助功能。若欲論三因佛性真正定名與成熟箇中義涵，則是直迄智顗。然而智顗所闡論的三因佛性卻有多種型貌，吾人一旦執文取義，恐悖離智顗初衷本懷，並孳生混淆處。以下，擷取數類，並以表格示之：

甲表　相即之詞〔註8〕

		正因佛性	了因佛性	緣因佛性	註
一	三般若〔註9〕	法性實相	般若觀照	五度功德資發般若	般若
		實相般若	觀照般若	方便般若	

〔註6〕　〔宋〕釋慧嚴等依《泥洹經》加之的《大般涅槃經》卷26，《大正藏》冊12，頁774下；卷28，頁530上。

〔註7〕　同上，卷26，頁775中；卷28，頁530中～下。

〔註8〕　「三因佛性」、「三因（佛）性」、「三因種子」、「三種種」、「三佛種」、「三種如來種」皆是異名同義，是故該表擷選、歸類與諸名相即之詞。關於「佛『種』」、「如來『種』」與佛「性」的關係，下文將進一步闡論。

〔註9〕　〔隋〕釋智顗說，釋灌頂記，《妙法蓮華經玄義》卷10：「法性實相，即是正因佛性；般若觀照，即是了因佛性；五度功德資發般若，即是緣因佛性。此三般若，與涅槃三佛性，復何異耶。」（《大正藏》冊33，頁802上）

		觀心即中	（觀心）即空	（觀心）即假	
二	三觀〔註10〕	觀心即中	（觀心）即空	（觀心）即假	主體觀法
三	三實相〔註11〕	五陰實相	假名實相	心數實相	客境實相
四	三菩提〔註12〕	實相菩提	實智菩提	方便菩提	菩提
五	心王、心所〔註13〕	心王	慧數	餘九數	心、心數
六	三心、三智〔註14〕 三心	理心發	智心發	善心發	心
	三智	開一切種智	開一切智	開道種智	智
七	三佛種〔註15〕	《涅槃》用心性理不斷	《大品》以一切種智學般若	今經明小善成佛	佛種
八	三如來種〔註16〕	《法華經》明皆是一相一種	《智度論》明諸智慧門爲種	《法華經》明彈指散華，佛種從緣起	如來種

〔註10〕 〔隋〕釋智顗說，釋灌頂記，《金光明經玄義》卷2：「觀心即中，是正因佛性；即空，是了因佛性；即假，是緣因佛性。是爲觀心三佛性。」（《大正藏》冊39，頁8上）

〔註11〕 〔隋〕釋智顗，釋灌頂記，《金光明經玄義》卷2：「今觀五陰，稱五陰實相，名正因佛性。觀假名，稱假名實相，名了因佛性。觀諸心數，稱心數實相，名緣因佛性。故經云：佛性者，不即六法，不離六法。此之謂也。」（《大正藏》冊39，頁8中）

〔註12〕 〔隋〕釋智顗說，釋灌頂記，《妙法蓮華經玄義》卷5：「類通三菩提者。眞性軌即實相菩提；觀照軌即實智菩提；資成軌方便菩提。」（《大正藏》冊33，頁745上）

〔註13〕 〔隋〕釋智顗，釋灌頂續補，《維摩經文疏》卷11：「心王即正因佛性也；慧數即了因佛性也；餘九數皆緣因佛性也。」（《卍續藏》冊18，頁540下）

〔註14〕 〔隋〕釋智顗，釋灌頂記，《仁王護國般若經疏》卷5：「發三種智。一、正因，理心發。用中道觀，開一切種智。二、了因，智心發。用即空觀，開一切智。三、緣因，善心發。用即假觀，開道種智」（《大正藏》冊33，頁284上）；〔隋〕釋智顗，《四教義》卷11：「云何名爲三種心發？一者，緣因，善心發；二者，了因，慧心發；三者，正因，理心發。……此三種心開發，故名之發心也。」（《大正藏》冊46，頁763上）

〔註15〕 〔隋〕釋智顗說，《妙法蓮華經文句》卷6：「《大品》以一切種智學般若，此取了因性爲佛種。《涅槃》用心性理不斷，此取正因性爲佛種。今經明小善成佛。此取緣因爲佛種。若不信小善成佛，即斷世間佛種也。」（《大正藏》34，頁79上）

〔註16〕 〔隋〕釋智顗說，《維摩經文疏》卷25：「如來種亦有三，即是正因、了因、緣因三種種也。如《法華經》明皆是一相一種，即是正因種。如《智度論》明諸智慧門爲種，即是了因種。又《法華經》明彈指散華，佛種從緣起，即是緣因種。」（《卍續藏》冊18，頁666上～中）

九	性德三因種子〔註17〕		有心者	隨聞一句	彈指散華	三因種子
十	菩薩眼〔註18〕		眼之本不空不有	了此眼不可得空	能捨一切塵勞，而行布施事中諸用功德	眼根
十一	六即人法〔註19〕		不即六法，不離六法	觀人空	觀法空	人法
十二 ·一	三　軌〔註20〕	原義	眞性軌	觀照軌	資成軌	三軌
		分釋	汝實我子，我實汝父。	我昔教汝無上道，故一切智願猶在不失。	願	
		分釋	我不敢輕於汝等，汝等皆當作佛	是時四眾以讀誦眾經	修諸功德	

〔註17〕〔隋〕釋智顗說，釋灌頂記，《妙法蓮華經玄義》卷9：「若取性德爲初因者。彈指散華是緣因種。隨聞一句是了因種。凡有心者是正因種。此乃遠論性德三因種子，非是眞實開發，故不取爲因也。」（《大正藏》冊33，頁796上）

〔註18〕〔隋〕釋智顗說，釋灌頂記，《請觀音經疏》卷1：「菩薩以不可得空，是空亦空，無染不著，而能於眼空中慈悲方便，行諸萬行，通達佛道。導成福德，趣於菩提。但眼之本不空不有，即是正因佛性。了此眼不可得空，即是了因佛性。能捨一切塵勞，而行布施事中諸用功德，即緣因佛性。」（《大正藏》冊39，頁970下）

〔註19〕〔隋〕釋智顗，釋灌頂記，《觀音玄義》卷1：「觀人空是了因種也。……觀法空是緣因種也。以觀人法空即識三種佛性。故《大經》云：眾生佛性不即六法，不離六法。不即者。此明正因佛性非陰非我。非陰，故非法；非我，故非人。非人，故非了；非陰，故非緣。故言不即六法也。不離六法者。不離眾生空而有了因：不離陰空而有緣因。故言不離六法也。佛從初發心觀人法空，修三佛性，歷六即位成六即人法。」（《大正藏》冊34，頁878下～879上）

〔註20〕〔隋〕釋智顗，釋灌頂記，《妙法蓮華經玄義》卷5：「類通三佛性者。眞性軌即是正因性；觀照軌即是了因性；資成軌即是緣因性。故下文云：汝實我子，我實汝父。即正因性。又云：我昔教汝無上道，故一切智願猶在不失。『智』即了因性，『願』即緣因性。又云：我不敢輕於汝等，汝等皆當作佛。即正因性。是時四眾以讀誦眾經，即了因性；修諸功德，即緣因性。又云：長者諸子，若十、二十，乃至三十。此即三種佛性。又云：種種性相義，我已悉知見。既言種種性，即有三種佛性也。若知三軌即三佛性，是名理佛性；五品觀行見佛性；六根相似見佛性；十住至等覺分眞見佛性；妙覺究竟見佛性，是故稱妙（云云）。」（《大正藏》冊33，頁744下）

十二 ·二	三軌；十如是中的 體性相〔註21〕	自性清淨心	智	《淨名》云： 一切眾生皆菩 提相，不可復 得。	
		如是體	如是性	如是相	
十三	三德大乘〔註22〕	理	數、非數不決定	數法	果境 之德
		一乘	非一、非非一	三乘	
		定慧力莊嚴	智慧莊嚴	福德莊嚴	
十四	三德涅槃〔註23〕	法身德	般若德	解脫德	果境 之德
十五 ·一	三功夫〔註24〕	眾生無始以來，佛 性真心常為無明 之所隱覆。緣了兩 因，力破無明闇， 朗然圓顯也。	眾生無量劫以 來，聞大乘經， 乃至一句一 偈，受持讀誦解 說書寫，觀行修	眾生無量劫 來，所有低頭 合掌、彈指散 華、發菩提 心、慈悲誓願	功夫 論

〔註21〕〔隋〕釋智顗，釋灌頂記，《妙法蓮華經玄義》卷2：「《淨名》云：一切眾生
皆菩提相，不可復得。此即緣因，為佛相。性以據內者：智願猶在不失。智
即了因，為佛性。自性清淨心即是正因，為佛體。此即三軌也。」（《大正藏》
冊33，頁695上）

〔註22〕〔隋〕釋智顗，《三觀義》卷2：「眾生悉有正因佛性。正因佛性即是理，即本
有之一乘也。數法者，即是緣因佛性。緣因佛性即是福德莊嚴。福德莊嚴有
為有漏，是聲聞法分，為數法說三乘也。非一、非非一，數、非數不決定者，
即了因佛性。了因佛性即是智慧莊嚴。智慧莊嚴能從一地至於一地，不得緣
因，亦不得正因，心無取著，數、非數不決定也。數不決定者，緣因性不可
得也；非數不決定者，正因性不可得也。……此三佛性成三德大乘。不縱不
橫，如世伊字。故《涅槃經》云：佛性者即是一乘。《法華經》云：佛自住大
乘，如其所得法。定慧力莊嚴，以此度眾生。此亦三德成乘義也。」（《卍續
藏》冊55，頁676下～677上）

〔註23〕〔隋〕釋智顗，《四教義》卷11：「三德涅槃。名之為住者。一、法身。二、
般若。三、解脫。此三不縱不橫，如世伊字，名祕密藏。真實心發，即是法
身。了因心發，即是般若。緣因心發，即是解脫。三心既發，同世伊字。假
名行人。以不住法，住此三心。即是住於三德涅槃祕密之藏。」（《大正藏》
冊46，頁763上）

〔註24〕〔隋〕釋智顗，《四教義》卷11：「一、緣因，善心發者。眾生無量劫來，所
有低頭合掌、彈指散華、發菩提心、慈悲、誓願、布施、持戒、忍辱、精進、
禪定等。一切善根，一時開發，一心具足萬行諸波羅蜜也。二、了因，慧心
發者。眾生無量劫來，聞大乘經，乃至一句一偈，受持讀誦、解說書寫，觀
行修習所有智慧，一時開發，成真無漏也。三、正因，理心發者。眾生無始
已來，佛性真心常為無明之所隱覆。緣、了兩因，力破無明闇，朗然圓顯也。」
（《大正藏》冊46，頁763上）

			習，所有智慧，一時開發，成眞無漏也。	、布施、持戒、忍辱、精進、禪定等，一切善根，一時開發，一心具足，萬行諸波羅蜜也。
十五·二	三功夫〔註25〕	不敢輕慢而復深敬者	讀誦經典	皆行菩薩道
十五·三	三功夫〔註26〕	知一切眾生,正因不滅,不敢輕慢。	於諸過去佛,現在若滅後,若有聞一句,皆得成佛道。即了因不滅。	低頭舉手,皆成佛道。即緣因不滅。
十六	三識〔註27〕	八識	七識	六識	
		八識所有無明,所有智慧，並是正因、正因種、正因性。	七識所有無明,所有智慧,並是了因、了因種、了因性。	當知六識所有無明,所有智慧,並是緣因、緣因種、緣因性。	-A 即A
十七	三解脫〔註28〕	眞性解脫	實慧解脫	方便解脫	-A 即A
		塵勞之儔是如來種	不斷癡愛,起諸明脫		
			明	脫	

〔註25〕　〔隋〕釋智顗說,釋灌頂記,《妙法蓮華經文句》卷10:「讀誦經典,即了因性。皆行菩薩道,即緣因性。不敢輕慢而復深敬者,即正因性。」(《大正藏》冊34,頁141上)

〔註26〕　〔隋〕釋智顗,釋灌頂記,《妙法蓮華經玄義》卷6:「知一切眾生,正因不滅,不敢輕慢。於諸過去佛,現在若滅後,若有聞一句,皆得成佛道,即了因不滅。低頭舉手,皆成佛道,即緣因不滅也。一切眾生無不具此三德,即是開麁顯妙。」(《大正藏》冊33,頁757中)

〔註27〕　〔隋〕釋智顗,釋灌頂記,《四念處》卷4:「當知六識所有無明,所有智慧,並是緣因、緣因種、緣因性。七識所有無明,所有智慧,並是了因、了因種、了因性。八識所有無明,所有智慧,並是正因、正因種、正因性。如是三種種、三相、三性。未發,名爲六根清淨;三種若發,即眞正開佛知見。」(《大正藏》冊46,頁577上)

〔註28〕　〔隋〕釋智顗說,釋灌頂記,《妙法蓮華經玄義》卷10:「不思議解脫有三種:眞性、實慧、方便,即是三佛性義。且復塵勞之儔是如來種,豈非正因佛性?不斷癡愛,起諸明脫。明即了因性;脫即緣因性。三義宛然,判是無常。涅槃三種佛性,何得是常耶。」(《大正藏》冊33,頁802下)

十八	三道；三種非種〔註29〕	苦道	煩惱道	業道	-A 即 A
十九	如來蜜種	法性	智慧	善法	A 即 A
	三道；非種〔註30〕	有身、六入、七識處	無明有愛、三毒、四倒、五蓋、八邪、九惱	十不善是惡業	-A 即 A
廿・一	觀十二因緣〔註31〕	通觀	通觀十二緣眞如實理	觀十二因緣智慧	觀十二緣心具足諸行	觀法

廿・一	觀十二因緣〔註31〕	別觀	識等七支	無明、愛、取	行、有	

廿・二	即三道是三德〔註32〕	變生死身即法身	轉無明爲明	變縛成解脫	-A 即 A
廿一	十二因緣	苦道（名、色、老、死）	煩惱道（無明、愛、取）	業道（行、有）	-A 即 A
		法身無苦無樂	菩提通達	解脫自在	

〔註29〕　〔隋〕釋智顗説，《維摩經文疏》卷25：「一、正因如來種即是苦道；二、了因如來種即是煩惱道；三、緣因如來種即是業道。……故説三種非種爲如來種，以成《淨名》所問：三種非道爲佛道義也」；「一者，汙泥出蓮譬，譬煩惱道爲了因種；次，糞壤生牙，譬不善業道爲緣種；次，起身見，譬苦道爲正因種。達五陰即正因性也。」（《卍續藏》冊18，頁666上；頁668上）

〔註30〕　〔隋〕釋智顗説，〔唐〕釋湛然略，《維摩經略疏》卷9：「今經明不思議種，以非種爲種，故以身等煩惱不善皆如來種。……非但法性、智慧、善法是三佛如來種，只此三道是三如來蜜種。……初，有身、六入、七識處。此三是正因如來種。次，無明有愛、三毒、四倒、五蓋、八邪、九惱。此六是了因如來種。後，十不善是惡業，即緣因如來種。」（《大正藏》冊38，頁686上）

〔註31〕　〔隋〕釋智顗説，釋灌頂記，《妙法蓮華經玄義》卷2：「不思議不生不滅十二因緣者。爲利根人即事顯理也。《大經》云：十二因緣，名爲佛性者。無明、愛、取既是煩惱。煩惱道即是菩提。菩提通達，無復煩惱。煩惱既無，即究竟淨，了因佛性也。行、有是業道，即是解脫。解脫自在，緣因佛性也。名、色、老、死是苦道。苦即法身。法身無苦無樂，是名大樂。不生不死是常，正因佛性。」（《大正藏》冊33，頁700上）

〔註32〕　〔隋〕釋智顗説，釋灌頂記，《摩訶止觀》卷9：「若通觀十二緣眞如實理，是正因佛性；觀十二因緣智慧，是了因佛性；觀十二緣心具足諸行，是緣因佛性。若別觀者。無明、愛、取，即了因佛性；行、有，即緣因佛性；識等七支，即正因佛性。何以故？苦道是生死；變生死身即法身。煩惱是闇法；轉無明爲明。業行是縛法；變縛成解脫。即三道是三德。性得因時，不縱不橫，名三佛性。修得果時，不縱不橫，如世伊字，名三德涅槃。」（《大正藏》冊46，頁126下）

廿二	十二因緣〔註33〕	七支苦即法性五陰；中道		轉無明以爲明，由惑故解		轉惡行爲善行，由惡故善	轉
廿三·一	因果〔註34〕	《大經》云：非因非果，名佛性者。即是此正因佛性也。	因	性德了因	因	性德緣因	因果
			果	修德了因（了轉名般若）	果	修德緣因（緣轉名解脫）	
廿三·二	因果〔註35〕	因	性德非緣非了	因	性德了因種子	因	性德緣因種子	因果
		果	修德成就，則是不縱不橫三點法身	果	修德即成般若，究竟即成智德菩提	果	修德成解脫，斷德涅槃	

二、問題思考

　　《大般涅槃經》闡述生、了二因，或正、緣二因時，主以靜態名詞表詮之，一目了然。若根據上表言詮智顗三因佛性的詞文，恐易生疑：一、正因佛性，屬於名詞：「法性實相」、「五陰實相」、「心王」、「法身德」、「眞性軌」、「實相菩提」、「八識」、「佛體」、「識等七支」等；抑或屬於行爲動詞：「觀心即中」、「理心發」、「開一切種智」、「眞性解脫」、「通觀十二緣眞如實理」、「變生死身即法身」、「緣了兩因，力破無明闇，朗然圓顯」、「不敢輕慢而復深敬者」等？二、了因佛性，屬於名詞：「般若」、「假名實相」、「慧數」、「般若德」、「觀照軌」、「實智菩提」、「七識」、「佛性」、「無明、愛、取」等；抑或屬於行爲動詞：「（觀心）即空」、「智心發」、「開一切智」、「實慧解脫」、「轉無明

〔註33〕　〔隋〕釋智顗，《三觀義》卷2：「《涅槃經》云：十二因緣名爲佛性。佛性不出三種。因名三種佛性；果名三德涅槃。所以者何？七支苦即法性五陰，故屬正因佛性。《涅槃經》云：無明有愛，是二中間則有生死，名爲中道。中道者即佛性。若轉無明以爲明，由惑故解，此即了因佛性。轉惡行爲善行，由惡故善，此即緣因佛性。」（《卍續藏》冊55，頁677中）

〔註34〕　〔隋〕釋智顗說，釋灌頂記，《觀音玄義》卷1：「《大經》云：非因非果，名佛性者。即是此正因佛性也。又云：是因非果，名爲佛性者。此據性德緣、了皆名爲因也。又云：是果非因名佛性者。此據修德緣、了皆滿。了轉，名般若；緣轉，名解脫。亦名菩提果，亦名大涅槃果。果皆稱爲果也。」（《大正藏》冊34，頁880下）

〔註35〕　〔隋〕釋智顗說，釋灌頂記，《觀音玄義》卷1：「若論性德了因種子，修德即成般若，究竟即成智德菩提。性德緣因種子，修德成解脫斷德涅槃。若性德非緣非了即是正因。若修德成就，則是不縱不橫三點法身。」（《大正藏》冊34，頁878中）

為明」、「觀十二因緣智慧」、「聞大乘經，乃至一句一偈，受持讀誦解說書寫，觀行修習，所有智慧」、「讀誦經典」等？三、緣因佛性，屬於名詞：「五度功德」、「心數實相」、「餘九數」、「解脫德」、「資成軌」、「方便菩提」、「六識」、「佛相」「行、有」等；抑或屬於行為動詞：「（觀心）即假」、「善心發」、「開道種智」、「行菩薩道」、「方便解脫」、「變縛成解脫」、「觀十二緣心具足諸行」、「所有低頭合掌、彈指散華、發菩提心、慈悲誓願、布施、持戒、忍辱、精進、禪定等」、「皆行菩薩道」等？再者，智顗行文中，假若三因佛性之一是以靜態名詞稱述，另二為動態行為稱述；或者，三因佛性之一為動態行為稱述，另二為靜態名詞稱述，〔註36〕是否表示三因佛性並非置於相等平台，而有主、從、尊、卑，甚或本體、屬性的關係？三者，假若與三因佛性相「即」之詞皆為動詞或名詞，則三者的關係又是如何？三因佛性究竟指物、行為、現象，或另有他指？

此外，就語義角度觀之，可發現該表廿餘則之間仿似有一臍帶，歸類後可彼此相繫互應：正因佛性不離實相、中、理、真性軌、體、法身德等類敘述；了因佛性不離般若、空、智、觀照軌、性、般若德等類敘述；緣因佛性不離功德、假、善、資成軌、相、解脫德等類敘述。因此，註4所舉例的幾位學者會如此依文詮解智顗三因佛性，多少有跡可尋。然而，若僅止此解，則是否意謂佛性真有三種類型，甚至有迥異之三體？抑或是，如同表中十二則，智顗以佛界十如是中的體、性、相，分別與正因、了因、緣因佛性相即，以表三因佛性本為一體，而基於體、性、相關係，才將佛性三分，以示世人？如此，智顗一佛性與三因佛性的關係，以及特立三因佛性之由，是否可就此處切入？此外，據實相、般若、功德等指涉，以及佛性意謂眾生之可能成佛之性，則三因佛性當是屬於正向、光明、至善、純良，決不含具黑暗、沈淪、障蔽、妄想等負面雜質，以保證佛的殊勝品質與德性，然而據上表可知：表十五則之前，智顗均以正向文句來闡論三因佛性；之後，則併含負向文句來推導三因佛性，諸如：一、表十六則，智顗分別將六識、七識、八識與緣因、了因、正因佛性相比配，三識並皆具無明、智慧。問題是：縱覽全表，智顗理應「般若」緣故，而隸屬了因佛性稱述範疇，何以三因佛性皆能兼具無明與智慧？這是否可成為三因佛性同體、彼此無別的線索？若是，則如何解釋與三因佛性相比配的三識的相異存在？二、表中廿至廿二則，智顗細論十二

〔註36〕例如：表中之一；十三。

因緣，將觀「識（名色、六處、觸、受、生、老死）等七支」、「無明、愛、取」、「行、有」分別與正因、了因、緣因佛性相即，並將十二因緣所細分的這三類，逐次歸分為苦道、煩惱道、業道。問題是：成佛本是走上覺悟解脫的極樂世界，何以智顗要以生死輪迴的迷界三道，與三因佛性、三德相即？而這，似乎與智顗以實相、般若、功德等類稱述的三因佛性義不盡相同？

　　以上雖僅簡舉該表幾則來蠡測之，但頗令人思考：三因佛性根本義究竟是什麼？負向雜質等三惡道，與三因佛性關係又是如何？與本文前幾章智顗「佛性」論與「三因佛性」論，又有何異同？若欲解決諸問題，筆者認為，仍是要抉微實相、般若、功德等類三因佛性的稱述，進一步返本探源智顗三因佛性的根本義；如此才能圓滿詮釋，智顗如何建構三因佛性論，以成就眾生解脫成佛之道。

第二節　智顗三因佛性本義考

　　智顗對「佛性」的界定，就權法而言，可就「因」位，甚或「果」位探討之；就實法而言，可就「非因非果」之位探討之。無論是權或實，或就各種面向表詮之，皆不離眾生本具非常非無常、不改不變、不生不滅、不增不減之自我本性，而此自我本性即是眾生之可能成佛的性能。然而皆本具佛性的眾生，為何有人能圓滿成佛、有人卻不停輪迴六趣中，備受諸苦毒？關鍵在於，是否朗然顯發內在的佛性。就前幾章可知，智顗「佛性」論與「中道佛性」論，雖有言及行者透過圓頓止觀法門可圓滿照見佛性，而得以成佛，然而卻未細節闡述，行者從修行「因」位至「果」位的過程中佛性顯發的軌跡，諸如：佛性之「相」、「用」，隨行者修行，有何變化？與「體」又有何關係？此外，並未專援生活實例，以明修行法門；亦未以三觀、三智、三實相、三道、三心、三軌、三道、三德、三心、三佛種……等，鉅細靡遺闡論與佛性的關係？而智顗「三因佛性」論皆有含括，以致除「佛性」論與「中道佛性」論，智顗「三因佛性」論並可資作豐實其總體佛性論的重要一環。本節，即在承繼前節智顗三因佛性論的闡述迷思，擇以返本探源方式，考察智顗「三因佛性」之根本義，以解決前節之相關提問。此外，並考察智顗立三因佛性之由，以及與智顗「佛性」論、「中道佛性」論的異同及其關係。

一、智顗三因佛性與圓融三諦的關係

「如來藏」、「佛性」二詞爲古今中外佛性論的核心專用詞，而隨語境文意或隨逗機緣，而有小更易變化的異名同義詞，諸如：「藏如來」、「如來性」、「如來種」、「佛界」、「佛種」……等；亦有同指勝義的異名同義詞，諸如「實相」、「眞如」、「法性」、「法身」、「中道」、「如如」、「清淨心」、「理性」、「實性」、「不二之性」、「眞性」……等。本文會以「佛性」爲題名，而非「如來藏」等其他異名同義詞，主因是智顗著述中，「佛性」出現的比例勝過其他異名同義詞。若加以細察，智顗不僅單單闡論「佛性」，並將「佛性」與「中道」複合，以明圓教因緣中道實相不思議義與圓融三諦。此外，智顗並將一佛性發展成三因佛性。

佛教對「佛」普遍定義爲：「覺」；或「自覺、覺他（人）」；或「自覺、覺他（人）、覺行圓滿」。智顗亦不例外，但卻饒富一己學說的融會特色，而側重從覺智、圓智作爲「佛」的基準點，並將「心」作爲「覺」、「觀」的下功夫處；此外，並直契言語道斷、不來不去、不生不滅、意謂實相無相的層面。而佛性之「性」，並可就空、假、中三「不改」義論之，證成「性」具「非常」的不動性義、「非無常」的種性義，以及非空非假、中道言之的「非常非無常」的實性義。可知智顗以「不改」，界定「性」內涵之理是恒久不變；「性」究極之理，即指「非常、非無常」。「佛性」無論從「一佛性」或「中道佛性」言起，皆不離即空即假即中、非常非無常的實相之性，已透顯「三因佛性」之基型不離圓融三諦義。

二、從「相、性、體」與「三軌」探智顗三因佛性

（一）相、性、體

智顗云：

> 佛界十法者，皆約中道分別也。《淨名》云：一切眾生皆菩提相，不可復得。此即緣因，爲佛相。性以據內者。智願猶在不失。智即了因，爲佛性。自性清淨心即是正因，爲佛體。此即三軌也。（《妙法蓮華經玄義》）〔註37〕

〔註37〕〔隋〕釋智顗，釋灌頂記，《妙法蓮華經玄義》卷2，《大正藏》冊33，頁695上。

智顗於《觀音玄義》，肯定「一一界各有十種性相本末究竟等」；〔註38〕於《妙法蓮華經文句》，亦表示「一一界皆有十如」，〔註39〕揭示每一法界皆具相、性、體、力、作、因、緣、果、報、本末究竟等十如是。而此處，智顗援經，並結合佛界十如是中的相、性、體，闡明三因佛性之義：一、緣因佛性：智顗援引《維摩詰經》「一切眾生即菩提相」，〔註40〕以「性德之相」畢竟寂滅，不增不減，表「佛『相』」，〔註41〕並與緣因佛性相即。「菩提」二字，易引人以為此處在言，具有般若覺智的了因佛性，但據智顗「菩提相」之相關闡釋，諸如：《妙法蓮華經文句》：「菩提相即煩惱相，明暗不相除，顯出佛菩提」；〔註42〕《維摩經玄疏》：「一切眾生即大涅槃，即菩提相，明此不思議因緣」、「眾生悉菩提相。即發大慈大悲，緣無作四實諦」，〔註43〕可知智顗會援「一切眾生即菩提相」來與「緣因佛性」相即，在於凸顯本具菩提相、涅槃相的眾生，在諸因緣和合之法中，具有「緣」無作四實諦理、圓滿諸功德的能力。二、了因佛性：智顗援引《妙法蓮華經》「一切智願，猶在不失」，〔註44〕並以「智願」之「智」，專表「據內」的「佛『性』」，且與了因佛性相即。智顗於著述中，共載「智願」二字十一回。雖然引文未言及「智願」之「願」指何，但據《妙法蓮華經玄義》：「我昔教汝無上道，故一切智願猶在不失。智即了因性；願即緣因性」，〔註45〕及相關載述，可知「願」指緣因佛性所發的大悲弘願；「智」指了因佛性具有了諸事理的無上智慧。然而若是如此，則《妙法蓮華經文句》：「無價寶珠者。一乘實相真如智寶也。……于時聞法微信樂欲，即了因智願種子也」〔註46〕中的

〔註38〕〔隋〕釋智顗說，釋灌頂記，《觀音玄義》卷2，《大正藏》冊34，頁888下。
〔註39〕〔隋〕釋智顗，釋灌頂記，《妙法蓮華經文句》卷10，《大正藏》冊34，頁139下。
〔註40〕〔後秦〕鳩摩羅什譯，《維摩詰所說經》卷1，《大正藏》冊14，頁542中。
〔註41〕〔隋〕釋智顗說，釋灌頂記，《觀音玄義》卷2：「佛相者，即是性德之相也。《淨名經》云：一切眾生即菩提相。聖人鑑之，冷然可別也。」（《大正藏》冊34，頁889上）
〔註42〕〔隋〕釋智顗，釋灌頂記，《妙法蓮華經文句》卷9，《大正藏》冊34，頁133下。
〔註43〕〔隋〕釋智顗，《維摩經玄疏》卷2，《大正藏》冊38，頁530下；540下。
〔註44〕〔後秦〕鳩摩羅什譯，《妙法蓮華經》卷4，《大正藏》冊9，頁29上。
〔註45〕〔隋〕釋智顗，釋灌頂記，《妙法蓮華經玄義》卷5，《大正藏》冊33，頁744下。
〔註46〕〔隋〕釋智顗，釋灌頂記，《妙法蓮華經文句》卷8，《大正藏》冊34，頁106下～107上。

「了因智願種子」一詞,「智願」與「了因」併連,是否可意指「智願」之「願」乃屬「了因佛性」?加以考察,「智願」二字有二解:(一)「智」與「願」,分指了因與緣因佛性;(二)「智」之「願」,專指了因佛性。此處,《妙法蓮華經文句》「于時聞法,微信樂欲,即了因智願種子」,則屬後意;引文則屬前意。可知,隨著語境文脈,或為相對言說,智顗詞彙義涵恐有易動,不得不慎。三、正因佛性:據印度如來藏學發展時,已將「自性清淨心」與「如來藏」相即,〔註47〕以及《華嚴經》「心、佛,及眾生,是三無差別」,〔註48〕幾為教界共識,可知智顗將「心」與「佛性」相即,乃是承繼前人之說。然而智顗將佛性三分,並將「自性清淨心」與「正因佛性」相即,且表「佛體」,則有別前人。智顗佛性論,多對「心」闡述,諸如:「心即是自性清淨心,亦名法身」、「本心即自性清淨心」,〔註49〕或進而與「正因佛性」〔註50〕相即之語,顯見智顗對「自性清淨心」的肯定,且表佛性不離眾生心。由上可知,智顗闡明,自性清淨心、智、菩提相,分別可與正因、了因、緣因佛性相即,並分別表示如是體、性、相。至此,引文之意應可掌握,但為何智顗末處作結,並言及「三軌」?此問題,留待下文,從類通三軌探三因佛性時再釋,而此處則另舉二段文,討論體、性、相與三因佛性的關係:

> 無明支轉,即變為明。明即了因,成聖人如是性。惡行支轉,即變為善行。善行即緣因,成聖人如是相。識、名色等苦道轉,即法身,成聖人如是體。(《妙法蓮華經玄義》)〔註51〕

〔註47〕 如:〔元魏〕菩提流支譯,《佛說不增不減經》卷1,《大正藏》冊16,頁467中～下。

〔註48〕 〔東晉〕佛馱跋陀羅譯,《大方廣佛華嚴經》卷10:「心如工畫師,畫種種五陰,一切世界中,無法而不造。如心佛亦爾,如佛眾生然,心、佛,及眾生,是三無差別。諸佛悉了知,一切從心轉。若能如是解,彼人見真佛。」(《大正藏》冊9,頁465下～466上)

〔註49〕 〔隋〕釋智顗說,〔唐〕釋湛然略,《維摩經略疏》卷1,《大正藏》冊38,頁577上;623下。

〔註50〕 如:《維摩經玄疏》卷6:「諸經異名:說真性實相:或言一實諦;或言自性清淨心;或言如來藏;或言如如;或言實際;或言實相般若;或言一乘;或言即是首楞嚴;或言法性;或言法身;或言中道;或言畢竟空;或言正因佛性性淨涅槃。如是等種種異名,此皆是實相之異稱。」(《大正藏》冊38,頁558下)

〔註51〕 〔隋〕釋智顗,釋灌頂記,《妙法蓮華經玄義》卷3,《大正藏》冊33,頁705下。

譬如石蓮。黑，則巨染；硬，則巨壞。不方不圓，不生不減。劫初無種，故不生；今不異初，故不減。是名蓮子相。一切眾生自性清淨心，亦復如是。不爲客塵所染，生死重積，而心性不住不動，不生不減，即是佛界如是相。《淨名》曰：一切眾生即菩提相。即其義也。譬如蓮子。雖復烏皮淤泥之中，白肉不改。一切眾生了因智慧，亦復如是。五住淤泥，生死果報，一切智願猶在不失，是名佛界如是性，故言煩惱即菩提。又諸法不生，般若生，即其義也。譬如蓮子在淤泥中，而四微不朽，是名蓮子體。一切眾生正因佛性，亦復如是。常樂我淨，不動不壞。名佛界如是體。(《妙法蓮華經玄義》)
〔註52〕

上文以「種類」釋「佛『種』義」時，曾言「三道是三德種」。而此處從「無明支轉，即變爲明」等語，以及石蓮之譬，可證智顗所定義的佛性，是內具惡與善、無明與明等具有雙重結構之性。因此，除佛界如是體、性、相可與三因佛性相即，餘九界悉可。只不過，佛界之理體與事相圓融無礙，餘九界之如是體或性或相，則隨界別而處於不同程度的冥覆狀態。也因此，爲更能名副其實，餘九界眾生必須行菩薩道，圓滿功德，啓發覺智，亦即修習由「無明」、「惡行」、「苦道」等負支「轉」爲「明」、「善行」、「法身德」等正支之類的功夫，以開顯正因理體。也由於有此非道「轉」爲「正道」之說，恰可鼓勵未信者、自卑的行者不棄斷惡修善、斷無明修明的信念；警戒行者若不保固善意淨行，則隨時會負轉而墮三道。尤其，對修持謹嚴者嚴重警戒：善不可以執，執善即非眞善，且未達到無善無惡的最高境界。

又，引文雖用「轉」字，並非意謂佛性眞可一百八十度或九十度之「轉」。由於佛性本具同體之雙重結構，因此「轉」字僅是權說，用來形容非道與佛道之間的轉變關係。而從上三段取與三因佛性相即之文，吾人對三因佛性深義應有基本認識。若重新再檢視十如是之說，將可發現智顗以體、性、相闡論正因、了因、緣因佛性，實有妙處：承體起用，起肉身活動之用，是故緣因佛性所涉，多屬開發善根的修善行爲，有功德之「相」；同樣承體起用，起能知之用，是故了因佛性所涉多屬智慧，乃爲「據內」之「性」。三者當然是「一」；方便言說，可以分解而說「三」。然而吾人若僅止於權說，未意識三

〔註52〕 〔隋〕釋智顗，釋灌頂記，《妙法蓮華經玄義》卷7，《大正藏》冊33，頁773中。

因佛性即「一」，恐有未完善處：哪有無「性」之體？若有，依「性」乃「非常，非無常」的界定，執文者將以爲有一絕對實體意義之「體」，大謬。同理，離「體」之「相」，至終不過是冥行，行者甚至自以爲有功德；離「體」之觀解，堪爲戲論、妄見，未見究竟，甚至比不觀還糟。觀「性」、現「相」皆須隨時回歸到「體」上。易言之，觀性其實是觀體之性；現相其實是現體之相。但由於此體之「性」、之「相」亦屬萬法萬有之「性」、之「相」，因此縱是身處因緣和合所生的差別法中，若能緣順眞如理體，不糊塗，不失宗旨，則所觀、所現雖看似僅是外在存有之「性」、之「相」，其實都在明「體」、證「體」。

（二）三 軌

智顗云：

> 言三法者，即三軌也。軌，名軌範。還是三法可軌範耳。……三軌者：一、眞性軌；二、觀照軌；三、資成軌。名雖有三，祇是一大乘法也。（《妙法蓮華經玄義》）〔註53〕

> 以眞性軌爲乘體。不偽，名眞；不改，名性。即正因常住。諸佛所師，謂此法也。一切眾生亦悉一乘。眾生即涅槃相，不可復滅；涅槃即生死，無滅不生。故《大品》云：是乘不動不出，即此乘也。觀照者。祇點眞性，寂而常照，便是觀照，即是第一義空。資成者。祇點眞性法界，含藏諸行，無量眾具。即如來藏，三法不一異。……不縱不橫。三法亦如是。亦一亦非一，亦非一非非一，不可思議之三法也。……眞性軌得顯，名爲法身；觀照得顯，名爲般若；資成得顯，名爲解脫。（《妙法蓮華經玄義》）〔註54〕

所謂「三軌」，乃以三法作爲法軌規範的法則。可分爲三：一、眞性軌：無虛無偽，名「眞」；非常非無常、不改不動，名「性」。乃指眞如實相之理體。二、觀照軌：圓觀諸法，照見湛寂眞性。乃指能觀達平等眞性之智慧。此處，智顗以「第一義空」作註解，乃是爲凸顯能觀得中道實相之空寂妙理。三、資成軌：含藏諸菩薩行，圓具無量功德。乃指能資助觀照之智，開發眞如實性之萬行。然而雖有三軌之名，智顗表明，究竟乃指唯一能成就佛道的大乘

〔註53〕〔隋〕釋智顗，釋灌頂記，《妙法蓮華經玄義》卷5，《大正藏》冊33，頁741中。

〔註54〕〔隋〕釋智顗，釋灌頂記，《妙法蓮華經玄義》卷5，《大正藏》冊33，頁742中～下。

法，原因是：眞性軌乃乘體，而觀照軌與資成軌皆爲顯發此乘體。易言之，所謂眞性，即離一切邪非、常住不變之眞如實理，諸如：衆生皆可乘一乘而成就佛道；衆生悉具非有非無之涅槃相；離生死，無有涅槃，因此在諸法實理中，生死即不生不滅的涅槃。由於是不改不變之實理，因此可作爲唯一成就佛道之大乘法之「體」，爲諸佛所師從。智顗並表明，以立基實相眞義的如來藏言之，可知正因、了因、緣因等三種佛性，或眞性、觀照、資成等三軌皆是不一不異，亦一亦非一，亦非一非非一，不縱不橫。若眞性、觀照、資成等三軌能圓滿得顯，則分別證成法身、般若、解脫等三德。又，雖然引文言說眞性軌時，從「即正因常住」，可見與正因佛性的關係；此外，「即如來藏，三法不一異」，亦可見與三因佛性的相即關係，但爲更明確闡明彼此相即，可如此言之：

> 類通三佛性者。眞性軌即是正因性；觀照軌即是了因性；資成軌即是緣因性。故下文云：「汝實我子，我實汝父」。即正因性。又云：「我昔教汝無上道，故一切智願猶在不失」。「智」即了因性，「願」即緣因性。又云：「我不敢輕於汝等，汝等皆當作佛」。即正因性。是時四衆以讀誦衆經，即了因性。修諸功德，即緣因性。（《妙法蓮華經玄義》）〔註55〕

所謂正因佛性，指諸法中的眞如實相理體，內含一乘中道正理，因此智顗所援引的《妙法蓮華經》：「此實我子，我實其父」、「我不敢輕於汝等，汝等皆當作佛」〔註56〕二句，意指「衆生即是佛」，確可代言正因性。所謂了因佛性，即是覺智之性，乃能照了眞如之理，因此「智願猶在不失」的「智」，或藉由「讀誦衆經」而開啓佛智，皆可用來勾勒了因性。所謂緣因佛性，即一切功德善根之性，因此「智願」的「願」所指的大悲弘願，或修諸功德，起發善根，皆描述緣因性發顯的狀態。繼上，智顗對「三軌」的闡述，此處則明確將眞性、觀照、資成等三軌，與正因、了因、緣因等三種佛性，以類通方式相即。此處，並可呼應智顗「心是可軌」〔註57〕一語：由於正因佛性即是自性清淨心、本具大乘殊勝不二之法，因此佛性之所以三分，可解爲：衆生心

〔註55〕〔隋〕釋智顗，釋灌頂記，《妙法蓮華經玄義》卷5，《大正藏》冊33，頁744下。
〔註56〕〔後秦〕鳩摩羅什譯，《妙法蓮華經》卷2，《大正藏》冊9，頁17下；卷6，頁50下～51上。
〔註57〕〔隋〕釋智顗說，《妙法蓮華經玄義》卷8，《大正藏》冊33，頁778下。

本具眞如不改之性、觀達眞性之智，以及能資助觀照之智而使開發眞性之萬行，是以眾生若能依循內心之眞性，加以觀智、心行，以之爲軌範，則能成就正法，圓滿佛德。

三、從「通於因果」探智顗三因佛性

佛性乃眾生之可能成佛的根本依據。相對佛之「果」而言，佛性是否屬佛之「因」？又，智顗立三因佛性，以「因」爲名，是否旨爲探討行者修行之因位？若是，爲何智顗佛性論並談及功夫論、修德之果位，且類通三軌等異名？以下，先以「金光明」之喻闡明三因佛性：

> 云何三佛性？佛，名爲覺；性，名不改。不改，即是非常非無常。如土內金藏，天魔外道所不能壞，名正因佛性。了因佛性者。覺智非常非無常。智與理相應，如人善知金藏。此智不可破壞，名了因佛性。緣因佛性者。一切非常非無常功德善根，資助覺智，開顯正性。如耘除草穢，掘出金藏。名緣因佛性。當知三佛性，一一皆常樂我淨，與三德無二無別。既以金光明譬三德，還以金光明三字，譬三佛性也。（《金光明經玄義》）〔註58〕

智顗以「金」、「光」、「明」三字，表「非常非無常」的「理」、「智」、「功德善德」，以譬正因、了因、緣因佛性：正因佛性，如不能壞的「土內金藏」，常隱而不顯。了因佛性能與之相應。若欲掘出，則有賴緣因佛性功德善根之行。三者的關係是，緣因佛性「資助」了因佛性，齊同「開顯」正因佛性。三因佛性中，緣因、了因佛性特以行者修習之故，得見善或惡、明或無明等變化。基此，智顗並就種子得成大樹喻，進一步譬說了因、緣因佛性：

> 釋了因、緣因者。了，是顯發；緣，是資助。資助於了；顯發法身。了者，即是般若觀智，亦名慧行正道智慧莊嚴；緣者，即是解脫，行行助道福德莊嚴。《大論》云：一人能耘，一人能種。種喻於緣，耘喻於了。通論教教，皆具緣、了義。今正明圓教二種莊嚴之因；佛具二種莊嚴之果。原此因果根本，即是性德緣、了也。此之性德，本自有之，非適今也。《大經》云：一切諸法本性自空，亦用菩薩修習空，故見諸法空。即了因種子，本自有之。又云：一切眾生，皆有

〔註58〕 〔隋〕釋智顗，釋灌頂記，《金光明經玄義》卷1，《大正藏》冊39，頁4上。

> 初地味禪。《思益》云：一切眾生即滅盡定。此即緣因種子，本自有
> 之。以此二種，方便修習，漸漸增長，起於毫末，得成修得，合抱大
> 樹。(《觀音玄義》)〔註59〕

智顗假「種子」「漸漸增長」「得成」「大樹」之喻，闡論了因、緣因佛性。能令眾生得「見諸法空」的了因種子與「滅盡定」的緣因種子，眾生本自有之。種子是否能長成大樹，全有賴眾生「修習」的功夫。智顗援經，將修習之法喻為「耘」、「種」，分別指攝了因、緣因。若改以因、果關係為喻，本自有之的了因、緣因種子是「性德」，是「莊嚴之因」；修習之果為「修得」，修習至終所臻的境界是「莊嚴之果」。莊嚴之果既是佛所具，則了因、緣因種子修習而得的果境可分別稱為了因、緣因佛性，是以眾生本自有的了因、緣因種子與佛的了因、緣因佛性本質上無別，差別僅在潛存與顯發。

　　然而若不謹慎理解此種因、果之喻，執泥於名相字面，恐生嚴重誤解，以為修習至終真有果可得，而且是兩種果。幸好此段引文起首已點破：開發緣因不過是「資助」了因；開發了因，不過是「顯發法身」，因此非二果。縱使方便言之，表兩種果，也非究竟果；究竟果唯一。那麼，何謂究竟果？「一切諸法本性自空」；「一切眾生即滅盡定」，則所謂的究竟果非世人理解中的果，修習前後也只是潛存與充足顯發的關係，是以從潛存角度來說，有得、有果；從顯發角度來說，究竟無得、無果，不過還其本來面目。此段引文亦闡明，眾生修習的能力，不論是觀解或修善，皆來自喻為種子的佛性本身，不應該是修習之後才將種子潛能開發。否則，成佛還得在了因、緣因之外再安立一根據，成了頭上安頭。是以修習本身即意味喻為種子的佛性在顯發。然而，喻為種子的佛性本自有之，不待修習，此言豈非意謂：種子在自我修習，以自我顯發？此即牽涉主體問題：智顗以「心」表述，而心有知、行兩種能力。心可不使用它們，繼續讓它們處於冬眠狀態，也可甦醒活動。一疑：眾生未覺、未修習前，與修習後，三因佛性果真無別？智顗云：

> 雖非是因，而名為正因；雖非是果，而名為法身。《大經》云：非因
> 非果，名佛性者。即是此正因佛性也。又云：是因非果，名為佛性
> 者。此據性德緣了，皆名為因也。又云：是果非因，名佛性者。此
> 據修德緣了皆滿。了轉，名般若；緣轉，名解脫。亦名菩提果，亦
> 名大涅槃果。果，皆稱為果也。佛性，通於因果，不縱不橫。性德

〔註59〕〔隋〕釋智顗，釋灌頂記，《觀音玄義》卷1，《大正藏》冊34，頁880中。

時，三因不縱不橫；果滿時，名三德。故普賢觀云：大乘因者，諸
法實相；大乘果者，亦諸法實相。智德既滿，湛然常照，隨機即應，
一時解脫。斷德，處處調伏，皆令得度。〔註60〕

佛性本是通於因果，非常、非無常，不縱不橫。三因佛性之有「因」字，主
為特別強調即是證得佛果之因，使世人易於辨識，然而由於有「不改」的基
型，以因、果論佛性，也僅屬方便施設。智顗就三方面論之：一、正因佛性
非因非果，但為與法身德區別，而名正「因」；二、緣因、了因佛性皆從緣起，
於眾生未修習前，以及修習後的這二階段，為方便區別，可就因果而二分為
「性德緣、了」、「修德緣、了」。當修德究竟果滿時，「了轉，名般若；緣轉，
名解脫」。智顗用「轉」字，形容果德圓滿前，緣因、了因佛性內具善與惡、
明與無明等性德；果德圓滿時，其所內具的「非道」之性，將正轉為「佛道」
之性，而分別具有般若德與解脫德。也由於是同體之「轉」，佛性始終不改不
變，僅是潛存或顯發之別。三、智顗並以「智德」、「斷德」，分別表述了因、
緣因佛性由未修習前之「因」，至修習後之「果」的狀態。當果滿時，「智德」
了因與「斷德」緣因，其實與未修習時無異。只不過，果滿時，是臻於佛界，
因而智德「湛然常照，隨機即應」、斷德「處處調伏，皆令得度」，而未果德
圓滿時，就事相言，佛性即非佛之九界之性。除了緣、了，其實正因佛性亦
如是。然而若要更精簡言詮三因佛性「因」義與「果」義之別，簡要之，其
實僅在於潛存或顯發。而究竟言，三因佛性乃深契中道實相一乘義，始終通
於因果，而非因非果。若從因或果言之，僅是方便之權說。

四、從「種」之三義探智顗「佛性」、「佛種」與「如來種」

智顗著述載「正因佛性」、「了因佛性」、「緣因佛性」共九十二回；「正因性」、
「了因性」、「緣因性」、「三因性」共卅三回；「三因性」一回；「三種佛性」廿
二回；「緣因佛種」一回；「正因種（子）」、「了因種（子）」、「緣因種（子）」、「三
因種子」共五十一回；「正因如來種」、「了因如來種」、「緣因如來種」共十八回。
可見智顗闡述正因、了因、緣因等三種佛性時，不時與三因「種子」或「如來
種」交替行文，揭示三因佛性之名為「因」，隱涵「因」位之種子喻。一問題是：
智顗在言及一佛性時，不乏取異名同義的「佛種」、「如來種」交替行文，但在

〔註60〕 〔隋〕釋智顗，釋灌頂記，《觀音玄義》卷1，《大正藏》冊34，頁880下～
881上。

論及三種佛性之種子義時，僅見「緣因佛種」一回，餘皆取三因「種（子）」與三因「佛性」之名闡述。爲何智顗未取三因「佛種」行文？原因恐在於：智顗作品至少有一半以上是注疏前人之作，諸如：《仁王護國般若經疏》、《妙法蓮華經玄義》、《觀音玄義》、《金光明經文句》、《三觀義》、《維摩經玄疏》……等。雖然智顗注疏時，往往含融己家思想的創造性詮釋，然而智顗往往將所欲注疏的經文載入，再予以詮釋；尤其前人部分作品，智顗除了注疏，並在建構己家思想系統時，反覆援引，可說明深入己著之文理，顯見智顗對前人部分思想的承繼與重視。其中，智顗對《妙法蓮華經》「佛種從緣起，是故說一乘」〔註61〕、《維摩詰所說經》「六十二見及一切煩惱皆是佛種」、「貪恚癡爲種」、「煩惱爲如來種」、「塵勞之疇（儔）爲如來種」〔註62〕等思想極爲肯定，並以圓教圓頓圓實之說加以詮釋。此外，智顗並融會前人思想，諸如取《佛說佛名經》「八萬四千諸塵勞門皆悉清淨」〔註63〕之「八萬四千諸塵勞門」一「詞」，與《維摩詰所說經》「一切煩惱，皆是佛種」之「意」，而結合爲「八萬四千塵勞門爲如來種」。〔註64〕加以考察智顗闡述「佛種」、三因「種（子）」或三因「如來種」之語境，可知智顗當言及「佛性」「從緣起」而有「一乘」之思想，則慣以「佛種」一詞表之；爲言及三因佛性種子義，以及「即」非道之思想，則慣以三因「種（子）」或三因「如來種」表之。亦即，雖然「佛種」與「如來種」異名同義，但智顗恐爲裨益世人方便識別語境文意，因此慣將「佛種」與「緣起」併言，並慣以三因「種（子）」或三因「如來種」之詞，來凸顯三因佛性種子義，以及與非道相「即」之概念。

　　智顗著述共載「佛種」一詞六十八回、「如來種」一詞七十二回。據《三觀義》「佛性、如來種亦異名」、「種之與性，義類相扶」，〔註65〕以及《維摩經玄疏》「種即是性」，可知「種」與「性」無別，而「佛性」與「佛種」、「如來種」乃異名同義。雖是異名，考察智顗著述，在不同語境文意，智顗常會有用詞之慣性，諸如上文所述，常言及「佛性」「從緣起」之概念，智顗常以「佛種」喻之，以表緣「起」之過程與狀態；在言非道與三種「佛性」能相即時，智顗常以三因「如來種」代之，從中可見智顗承繼前人並予以創新的

〔註61〕〔後秦〕鳩摩羅什奉，《妙法蓮華經》卷1，《大正藏》冊9，頁9中。
〔註62〕〔後秦〕鳩摩羅什譯，《維摩詰所說經》卷2，《大正藏》冊14，頁549上～中。
〔註63〕〔元魏〕菩提流支譯，《佛說佛名經》卷1，《大正藏》冊14，頁16～17。
〔註64〕〔隋〕釋智顗說，釋灌頂記，《大正藏》冊34，頁935下。
〔註65〕〔隋〕釋智顗，《三觀義》卷2，《卍續藏》冊55，頁677上；下。

跡印。然而「佛性」為非常非無常、不改不變之性，豈真能與「佛種」、「如來種」符實相即？以下就綜說、別說言之：

（一）綜　說

智顗釋名「種」字：

> 種，以能生為義，亦是種類為義，亦是種性為義。種以能生為義者。若不能生，不名為種。以此三種能生佛法身，從微至著，終于大果，即是能生義。亦是種類義。若此三種非佛種類，此外何處更有同類之法？又種性義者？性，名無改。此之三法，從初至後，不斷不滅，性無改變，必致三佛三德之果，故名不改為種性義也。（《維摩經文疏》）〔註66〕

智顗以「能生」、「種類」、「種性」，釋名「佛種」、「如來種」之「種」：一、能生：之名種子，必具「能生」之性能。正因、了因、緣因此三種佛性，當能圓滿發顯，即意謂具足一切功德，圓滿成就佛之法身、報身、應身。從眾生佛性被無明冥覆，至解脫纏縛、圓朗顯發，恰如一種子「從微至著，終于大果」，可見智顗以「種」代「佛『性』」，乃為譬喻佛性「能生」至佛果。二、種類：世間與出世間、有為法與無為法，可依共性、各別之特性而作不同分類。諸如：佛種與魔種，其種類便是有別。是以，正因、了因、緣因此三種佛性，就種類言，想當然，乃為同類之「佛」種。三、種性：所謂「性」，乃是就理體而言，探究其質性。而諸法，無論有為或無為法，作為理體的「性」必是不待因緣、宛然本存、非常非無常、不改不變。而佛性，縱是分為三種，其「性」從行者修行之「因」位至「果」位，亦即「從初至後」，必是不斷不滅，從無改變；縱是佛性圓朗發顯、三種佛性圓滿成就三種果德，其「性」始終「無改」。可知，智顗著述中，會出現「佛種」、「如來種」，乃為揭示「佛性」具有「能生」、「種類」、「種性」意。

（二）別　說

智顗文中，並對佛「種」、如來「種」所具的這三義，分別闡述或證成之：

1.「能生」義

智顗云：

> 問曰：種以能生為義，義符無常；性以不改為義，義符於常。此二

〔註66〕〔隋〕釋智顗，釋灌頂續補，《維摩經文疏》卷25，《卍續藏》冊18，頁666中。

　義別，何得言符？答曰：緣、了兩因符種，不足致疑。但正因符種，
　義似有乖。深求其致，亦相符也。真如不生，非因非果，說爲正因
　佛性。是則非因非性說爲正因性。何以不得非因非種，說爲正因種
　乎？（《三觀義》）〔註67〕

智顗假質難者提問：正因、了因、緣因三種佛性可因種子喻之故，名爲正因、
了因、緣因三如來「種」。種子既有「能生」之意，則應屬世間生滅遷流、
刹那不住的「無常」法，然而佛「性」之「性」，乃通因果而「不改」自體，
應屬出世間的「常」法。亦即，能生之種子，當爲「無常」意；不改之「性」，
當爲「常」意。二者迥異，豈能符應？智顗答難：緣因、了因佛性乃代表佛
性彰顯時之「用」與「相」，或佛性隨行者修行程度、境界而所發顯的「用」
與「相」。從佛性被無明冥覆，至能朗然圓顯，猶如埋在土壤的種子，隨因
緣成熟，而生根、發芽、結果，清楚呈顯一「能生」之跡，因此以「種」代
言緣因、了因佛性之「性」，較爲世人理解。然而非因非果、不生不滅、一
實真如的正因佛性若說具有「能生」之種子義，則頗費思量。智顗「非因非
性說爲正因性。何以不得非因非種，說爲正因種」，具畫龍點睛之妙。亦即，
「能生」之「種」，其本質乃是非常非無常、不改不改之「性」，因此「種」
即「非種」，正因性亦得說爲「非因非種」。也因此，以「種」表三因佛「性」
並無絲毫矛盾。至此，可與上文作呼應：「法性」、「佛性」乃異名同義。縱
是「能生」之種子，亦具諸法真如之性。是以，種子因「能生」義，可謂「無
常」；因其本質乃真如實性，可謂「常」。種子既具「常」與「無常」，與就
「相用」而言「無常」、就「體」而言「常」的佛性，乃是相符。一疑：既
然「佛『性』」與「佛『種』」、「如來『種』」無別，那麼爲何智顗時而要以
「佛『種』」、「如來『種』」代言「佛性」？此乃爲凸顯佛性在「相用」上的
「能生」義。尤其智顗將一佛性三分爲正因、了因、緣因佛性，恐是希冀讀
者能在「常」之「體」，與「非常」之「相用」間，明瞭：雖是眾生本具佛
性，但這僅能證明眾生皆平等站於之可能成佛的共同起跑點。成佛與否，或
彼此修行境界有何高下殊異，純賴在修行上下功夫。了因、緣因佛性的存在，
即爲了凸顯行者的修行境界，以及發顯正因佛性的淺深狀態，有勸籲世人修
行之效。

〔註67〕〔隋〕釋智顗，《三觀義》卷2，《卍續藏》冊55，頁677下。

2. 「種類」義

智顗云：

> 種者。三道是三德種。《淨名》云：一切煩惱之儔為如來種。此明由
> 煩惱道，即有般若也。又云：五無間皆生解脫相。此由不善，即有
> 善法解脫也。一切眾生即涅槃相，不可復滅。此即生死為法身也。
> 此就相對論種。若就類論種。一切低頭舉手，悉是解脫種。一切世
> 智，三乘解心，即般若種。夫有心者皆當作佛，即法身種。諸種差
> 別，如來能知。一切種祇是一種，即是無差別。如來亦能知，差別
> 即無差別，無差別即差別。(《妙法蓮華經文句》) 〔註68〕

無論是「佛性」，或細分為三種，皆不能否認皆屬於「佛」之種類。而據上文，
諸如：法性與佛性相即；「一色一香無非中道」，而此「中道」並同指「中道佛
性」，便可推得：智顗認為世間、出世間等每一物、每一法，無論渺小濁污之一
塵，或卑微之瓦礫，或一花一草，或含括昆蟲、牲畜等一切有情識的眾生，或
常行放逸、斷慧命等事的魔，甚至含具眾惡的闡提，皆本具佛性、皆為「佛」
之種類。而智顗此段引文，舉相對論種與類論種，亦可證成此說：一、相對論
種：智顗以苦道、煩惱道、業道，分別作為成就法身德、般若德、解脫德之「種
子」。此說頗為弔詭，智顗則援引《維摩詰所說經》說明之：智顗將該經「六十
二見及一切煩惱皆是佛種」、「塵勞之疇（儔）為如來種」，〔註69〕更易為「一切
煩惱之儔為如來種」，以闡明一切自苦而來、能生惡業的煩惱妄惑，若能如實觀
照覺了之，將能證得般若德，以致可說：煩惱道乃般若德之「種」。智顗並援引
該經「以五逆相而得解脫」、「一切諸法是解脫相」，〔註70〕更易為「五無間皆生
解脫相」，以闡明感無間地獄苦果之五種惡業，若能如實觀照覺了之，則能藉由
修順理益己之善法，而證得解脫德，以致可說：業道乃解脫德之「種」。智顗還
援引該經「一切眾生畢竟寂滅，即涅槃相」，〔註71〕更易為「一切眾生即涅槃相，
不可復滅」，以表「據業力五道流轉」而「處處受生」的眾生，〔註72〕若能如實

〔註68〕 〔隋〕釋智顗，釋灌頂記，《妙法蓮華經文句》卷7，《大正藏》冊34，頁94
　　　　中～下。
〔註69〕 〔後秦〕鳩摩羅什譯，《維摩詰所說經》卷2，《大正藏》冊14，頁549上～
　　　　中。
〔註70〕 〔後秦〕鳩摩羅什譯，《維摩詰所說經》卷1，《大正藏》冊14，頁540中：
　　　　卷2，頁548上。
〔註71〕 〔後秦〕鳩摩羅什譯，《維摩詰所說經》卷1，《大正藏》冊14，頁542中。
〔註72〕 〔隋〕釋智顗說，釋灌頂記，《妙法蓮華經文句》卷4：「若言處處受生，故名

觀照覺了之，則可明瞭作爲眾生輪迴生死之果報的苦道，乃法身德之「種」。二、類論種：智顗有別勢均、恰爲正反關係的相對論種，而以同類之例來闡明佛種。此說，較易世人理解。諸如：凡低頭合掌、發菩提心、修六度等諸心行等，可說即是解脫德之「種」。凡一切世俗普通之智慧，若能透過三乘的信解心，可說即是般若德之「種」。凡眾生當有意跳脫生死輪迴、欲求佛道，可說即是法身德之「種」。

　　綜上可知，就相對論種、類論種所闡釋的「佛種」，乃含括種種「差別」的類型。如此，諸種豈同佛種？智顗則表示，佛能從種種差別的事相中，觀得如實平等之實相，是以「一切種祇是一種」。諸法、諸種類之本質皆是佛性、法性、實相，皆是「無差別」，是以可就相對論種、類論種言之，而無絲毫矛盾。末，智顗所強調的「差別即無差別，無差別即差別」，即可意謂：事相即理體；理體即事相。亦即，證成佛道者，不但能假觀諸法皆因緣和合的差別假相；且當下同時能空觀因緣所生之法皆無自性；並當下同時能中觀空諦即假諦、雙遮雙照，圓融證成相待即絕待、絕待即相待。職是之故，在世人眼中，無論是與佛性同類的類論種，或極端懸殊的相對論種，皆屬佛之「種」。智顗從「種類」論佛種，證成一切諸法皆具佛性，而非有情眾生或有善根者才具。這恐是智顗後人，諸如：〔唐〕湛然《金剛錍》云：「木石無心之語，生于小宗」；〔註73〕〔宋〕荊溪《四明尊者教行錄》肯定「一成一切成，故說無情成佛也」〔註74〕之因。然而智顗雖肯定草木土石等無情識者，以及有情眾生本具佛性，其著述卻未直言「無情成佛」，這恐是智顗與湛然、知禮等天台後人有別之處。亦即，考察智顗學說，可知智顗雖持一色一香皆本具佛性，卻未論及，甚至肯定無情草木皆十足具有發顯佛性的能力。而這，恐是智顗在闡論一佛性、中道佛性後，並新闢三因佛性論的原因之一。此外，鑑於佛性，或所喻作的佛種，可從三分的敵對論種與三分的類論種言之，智顗並將佛種細分爲三：

> 如來種義，即是以非種明如來種也。……若如十二因緣三道法相解
> 者，三道法相即是如來種。所以然者？離三道之外，更無有三種如

　　　　眾生者。此據業力五道流轉也。」（《大正藏》冊 34，頁 55 中）
〔註73〕〔唐〕釋湛然述，《金剛錍》卷 1，《大正藏》冊 46，頁 782 下。
〔註74〕日本國師問、〔宋〕釋知禮答，釋宗曉編《四明尊者教行錄》卷 4：「欲顯眞修，須依理性。理非今古，不簡色心。一成一切成，故說無情成佛也。又依緣修說。無情成佛者，相盡情忘。則無情悉成佛矣。」（《大正藏》冊 46，頁 890 中）

> 來種也。三種如來者：一、正因如來種即是苦道。二、了因如來種
> 即是煩惱道。三、緣因如來種即是業道。……三種非種爲如來種，
> 以成《淨名》所問，三種非道爲佛道義也。……如來種亦有三，即
> 是正因、了因、緣因三種種也。如《法華經》明，皆是一相一種，
> 即是正因種。如《智度論》明，諸智慧門爲種，即是了因種。又《法
> 華經》明，彈指散華，佛種從緣起，即是緣因種。(《維摩經文疏》)
> 〔註75〕

首先，智顗就敵對論種，闡明「三種非種爲如來種」之理：因緣和合所生之
諸法，呈顯差別萬千的殊相；可說是十二因緣所致的苦道、煩惱道、業道，
乃能令無明眾生輪轉惑業苦，無法跳脫生死輪迴。十二因緣與三道，在世人
眼中，應爲行者所棄，然而智顗則談及諸法一性殊相的「法相」概念，肯定
「三道法相即是如來種」。亦即，諸法、三道皆本具一實相之性，皆深蘊佛道
義，豈能與如來種有別。也因此，若與各具特色的三因佛性比配，可說：「正
因如來種即是苦道」；「了因如來種即是煩惱道」；「緣因如來種即是業道」。其
次，智顗並就類論種分別闡明三因如來種義：一、正因種：諸法雖爲殊相，
卻具同實相理體之一性，以致可說「一相」；諸法就各自特性不同，所屬不同
種類，但同一理體之故，而可說「一性」。從「一相一種，即是正因種」可知：
諸法皆屬正因佛性此種類；「正」意謂不二、絕待之「中」；正因種，具實相
無相之「一相」，以及眞如平等之「一性」。二、了因種：「諸智慧門爲種，即
是了因種」，輔以智顗敵對論種時所言的「了因如來種即是煩惱道」，以及上
段文「一切世智，三乘解心，即般若種」，可知：「了因」之「了」，意謂照了
無明煩惱，體達眞如實理。而之所以能周徧照了，乃因智慧之故。可知凡權
智所說之一切教法能入眞如實智之門戶者，乃皆屬於了因佛性此種類。三、
緣因種：據「彈指散華，佛種從緣起，即是緣因種」，輔以智顗敵對論種時所
言的「緣因如來種即是業道」，以及上段文「五無間皆生解脫相。此由不善，
即有善法解脫也」、「一切低頭舉手，悉是解脫種」，可知五戒十善等世間善法、
或三學六度等出世間善法，亦即所有隨緣順理、安住佛道、遠離三途惡趣之
法，皆可作爲緣因佛性的種類。

又，雖然此段引文，智顗旨論「種類」義之佛「種」，但就相對論種，其
實可窺得，亦含括「能生」的種子義，以及殊相一性的「種性」義，而可證

〔註75〕〔隋〕釋智顗說，《維摩經文疏》卷 25，《卍續藏》冊 18，頁 666 上～中。

得「種」之三義乃環環相扣。除此，亦可在類論種證成之，諸如：一、「一相一種，即是正因種」，若以「能生」的種子義解之，可說：當灌溉佛種，令之發芽、茁壯，乃至結果成實，即意謂佛性之種圓滿發顯；持佛性種子者能就實相理體，明瞭諸法與非道皆為「一相一種」。是以就佛性所內具的此性能或此深義，而可名為「正」因種。若以「種性」義解之，可說：正因種乃具「一相一種」之性；若能發顯，即能通達「一相一種」即諸相諸種，理事無礙。此外，「一相一種」與諸法所本具的理體實義不謀而合，可資諸法皆具正因佛性種子之一證。二、「諸智慧門為種，即是了因種」，若以「能生」的種子義解之，可說：凡了因佛性種子結果成實時，即可進入無上智慧之門；持了因種者，具有次第或圓頓開顯智慧的能力。若以「種性」解之，可說：了因種具有智慧之性；若能發顯，則能通達一切差別事相的權法，得契常住不變不改的真如實法。三、「彈指散華，佛種從緣起，即是緣因種」，若以「能生」的種子義解之，可說：所有緣順善理之法皆可資為彰顯佛性、成就佛果的種子；持緣因佛性種子者，具有緣順善理、開發一切善根、圓行菩薩道的能力。若以「種性」義解之，可說：緣因種具有善理之性；若能發顯，即意謂能福德莊嚴、成就善道。

3.「種性」義

繼上，智顗並證成佛「種」、如來「種」即是「非常非無常」之佛「性」：

> 問曰：此經始終不說佛性，何得約佛性明義耶。答曰：此經〈佛道品〉，淨名說：行於非道，通達佛道。十二因緣三種道，即是非道，通達三種佛菩提之道也。文殊師利說如來種。種、性，眼、目之異名。如天帝釋豈異憍尸迦？若謂不作佛性名說，非明佛性義者。有經不作二諦名說，亦應不明二諦義。若爾，何得言諸佛常依二諦說法也。(《三觀義》)〔註76〕

「佛性」與「如來藏」二詞為古今佛性論專用詞，然而若改以「佛種」表「佛性」，是否會悖違本義？智顗在注疏《維摩詰經》〔註77〕時，假難者提問：該經始終未言「佛性」一詞，豈真含有此義？智顗以〈佛道品〉內容答難：智

〔註76〕〔隋〕釋智顗，《三觀義》卷2，《卍續藏》冊55，頁677中。

〔註77〕如：〔隋〕釋智顗說，〔唐〕釋湛然略，《維摩經略疏》卷9，《大正藏》冊38，頁683中～下；〔隋〕釋智顗，《維摩經文疏》卷25，《卍續藏》冊18，頁662下～663上；〔隋〕釋智顗，《三觀義》卷2，《卍續藏》冊55，頁677中。此處引文，筆者則舉《三觀義》為例言之。

顗援維摩詰居士「行五無間，而無惱恚；至于地獄，無諸罪垢」等「行於非道，通達佛道」之理，以及文殊菩薩「有身爲種，無明、有、愛爲種」〔註78〕等「非種爲如來種」之理，闡明：所謂「非道」，乃指十二因緣所致、能令眾生輪迴生死的苦道、煩惱道、業道。此三道與三種佛菩提之道，其理體皆是眞如實義，因此可說彼此通達不二。也因通達之故，可說非道乃是成就佛道的種子。如此，佛「種」、如來「種」與佛「性」豈有不同？智顗並以「眼、目無別」、「天帝釋豈異憍尸迦」等異名同義爲例，闡明「種」即是「性」。此外，且舉「有經不作二諦名說」，卻內含二諦義，強調「不說佛性」，未嘗無以佛性明義。智顗除言「種、性」名無別，並繼而以種性義釋之：

> 問曰：佛性有三，如來種亦有三耶？答曰：種亦有三。經言：有身爲種；六入爲種。即苦道，正因如來種，正因佛性之異名也。經言：無明貪恚爲種；六十二見爲和（種）。即是了因如來種，了因佛性之異名也。經言：十不善道爲種。即緣因如來種，緣因佛性之異名也。種之與性，義類相扶。故《法華經》云：唯有如來知此眾生種相體性，即其義也。（《三觀義》）〔註79〕

> 一、眞性解脫即是苦道。文殊說如來種，云：身爲種；六入爲種。此是正因種。種即是性；性即眞性解脫也。二、煩惱道即是實慧解脫者。文殊師利言：貪欲爲種，瞋癡爲種。此即了因種也。又此經云：若知無明性即是明，明即是實慧解脫也。三、方便解脫即是業道者。文殊師利云：十不善道爲種，此即緣因種。方便解脫之種也。種即是性。故《涅槃經》云：十二因緣，名爲佛性；即十二因緣三道。三道，三種佛性也。（《維摩經玄疏》）〔註80〕

此二段引文，可置於「種類」義中的敵對論種範疇。置此，一欲證「種」之三義乃環環相扣；二欲證「種」同「性」，皆具不改不變之性。智顗表示，佛性、如來種皆可三分：一、正因如來種：無論是有六根身相的「有身」，或能生眼、耳、鼻、舌、身、意等六識的「六入」，皆爲能生三界生死果報的苦道。其理體與正因佛性無別，而可說：苦道是成就如來法身果德的種子；屬於正

〔註78〕 〔後秦〕鳩摩羅什譯，《維摩詰所說經》卷2，《大正藏》冊14，頁548下～549中。

〔註79〕 〔隋〕釋智顗，《三觀義》卷2，《卍續藏》冊55，頁677中～下。

〔註80〕 〔隋〕釋智顗，《維摩經玄疏》卷5，《大正藏》冊38，頁553上。

因佛性的種類；同正因佛性，具有眞如正等、絕待一實、不改不變之性。可知，苦道即正因如來種即正因佛性。二、了因如來種：無論是通攝三界一切煩惱的貪瞋痴三毒，或不了事理的諸邪見，皆爲煩惱道。其理體與正因佛性無別，而可說：煩惱道是成就如來般若果德的種子；屬於了因佛性的種類；具有如實覺了眞如實相之理的智慧之性。可知，煩惱道即了因如來種即了因佛性。三、緣因如來種：十不善道即業道。其理體與緣因佛性無別，而可說：業道是成就如來解脫德的種子；屬於緣因佛性的種類；具有緣順實相、成就一切善根功德之性。可知，業道即緣因如來種即緣因佛性。亦可知，所謂非種，乃屬苦道、煩惱道、業道，分別可與正因種、了因種、緣因種相即。具有能生種子義、種類義、種性義的「種」字，與「佛性」之「性」無別。然而勘察這二段引文，將發現一特性：智顗在論及「種即是性」時，雖多用身、六入、貪欲等負面之詞表三因佛「種」，但在豐實佛性之「性」此內涵時，卻多用眞性解脫、方便解脫、實慧解脫等正面之詞表之，恐智顗爲凸顯「種」之三義，以及「性」之不改不變義。此外，並可證得，輪迴三道的眾生，無論就「種、相、體、性」而言，皆與佛當體即是。此外，基於十二因緣所致成的三道，即爲三德，以及三非種即爲三如來種，以致並可就離縛而得自在的三種解脫言：正因佛性即眞性解脫；了因佛性即實慧解脫；緣因佛性即方便解脫。隱含正因佛性眞性；了因佛性即實慧之性；緣因佛性即指能修方便道以解脫眾縛之性。雖是三性，其實乃非常非無常、不改不變的佛「性」的三面向。

由上可知，智顗分別以正因、了因、緣因如來種即三道，表達「Ａ即－Ａ」說，並且以「非道爲佛道」、「非種爲如來種」表達「－Ａ即Ａ」說。若以世人角度觀之，恐過於弔詭而不易接受，智顗則持「種」具有：一、「從微至著，終于大果」的「能生」義；二、屬於之可能成佛的「種類」義；三、「從初至後，不斷不滅，性無改變」的「種性」義，而圓滿證成此說。也因此，智顗「種」之三義，應不重在解釋「一相一種」的正因種、「智慧門爲種」的了因種、「佛種從緣起」的緣因種，而是專爲苦道、煩惱道、業道所相即的三因佛種所施設。原因是，正種爲如來種，本無庸置疑，然而要證成相對論種，便需多傾心力。再者，佛性是歷因果而不改，豈眞「能生」、「從微至著，終于大果」？因此，「佛『種』」即「佛『性』」，但更精準言，「佛種」一詞及義，乃一譬喻之說，其功效是，更能唯妙唯肖勾勒與非道相即的關係。

　　智顗前人，諸如：《大般涅槃經》：「我身即有佛性種子」、「佛性者，即是一切諸佛阿耨多羅三藐三菩提中道種子」；〔註81〕《大方廣佛華嚴經》：「說一切眾生，如來種子不可斷故」；〔註82〕《勝鬘師子吼一乘大方便方廣經》：「如一切種子，皆依於地而得生長」；〔註83〕《大般涅槃經》：「譬如種子。地亦不教汝當生芽；以法性，故牙則自生。乃至花亦不教汝當作果；以法性，故而果自生。眾生修道亦復如是」〔註84〕等，顯見已取「種子」義，或加強其「能生」義，來豐富「佛性」等異名同義詞之內涵。其中，「菩提中道種子」，可窺智顗「（實相）中道佛性」之形；「如來種子不可斷」，可窺智顗佛性不改不變之義；「以法性」，喻能自生長的種子，並與智顗「法性」與「佛性」相即之說相應，可知智顗種子義佛性及相關思想有承繼前人之處，並予以創新，融合己家圓教圓融三觀三諦。

五、從「佛種從緣起」探智顗三因佛性

　　智顗著述，載有「佛種從緣起」一詞九回，並不時有相關之演繹。從前章，可知中道佛性內涵不離因緣中道實相，而據上文，可知有為法、三道、非種、緣因佛性等，與十二因緣有莫大關係，是以此處筆者擬抉微「佛種從緣起」一詞，以探討：一切有為法皆待緣而起、從緣所生。然而，意謂成佛種子的「佛種」，為何能從致使眾生涉三世而輪迴六道的「十二因緣」而起？該詞何意？在智顗佛性論中扮演何種角色？考察佛典，該詞最早出現於《法華經》：

　　　　無數諸法門，其實為一乘。諸佛兩足尊，知法常無性，佛種從緣起，
　　　　是故說一乘。是法住法位，世間相常住。（《妙法蓮華經》）〔註85〕

此則偈頌，分別闡明「一乘」、「佛」、「佛種」、「法住法位」四種觀念：一、佛教有無數能通往眾聖入道的法門。然而究竟言之，可說眾生乃乘一實之道而成佛。二、佛以戒定福慧等之功德為二足，能自在遊行法界，且能通曉諸法皆無絕對實有之性，因此於兩腳眾生中至為尊貴。三、一切有為法待緣而

〔註81〕〔北涼〕曇無讖譯，《大般涅槃經》卷8，《大正藏》冊12，頁410下。

〔註82〕〔東晉〕佛馱跋陀羅譯，《大方廣佛華嚴經》卷12，《大正藏》冊9，頁478中。

〔註83〕〔宋〕求那跋陀羅譯，《勝鬘師子吼一乘大方便方廣經》卷1，《大正藏》冊12，頁219中。

〔註84〕〔北涼〕曇無讖譯，《大般涅槃經》卷29，《大正藏》冊12，頁537中。

〔註85〕〔後秦〕鳩摩羅什譯，《妙法蓮華經》卷1，《大正藏》冊9，頁9中。

生，而諸法本具之佛種乃緣順一乘教理而起。四、因緣法所生之世間相縱是千差萬別，眞如實理始終安住在實相之位。智顗繼《法華經》所言的一乘之理，並進一步融攝圓教三諦三觀不思議義，詮釋此則偈頌：

> 頌教一。「知法常無性」者。實相常住無自性，乃至無無因性。無性亦無性，是名無性。「佛種從緣起」者。中道無性，即是佛種。迷此理者，由無明爲緣，則有眾生起；解此理者，由教行爲緣，則有正覺起。欲起佛種，須一乘教，此即頌教一也。又無性者，即正因佛性也。佛種從緣起者，即是緣、了。以緣資了，正種得起。一起一切起。如此三性，名爲一乘也。(《妙法蓮華經文句》) 〔註86〕

智顗闡明此則偈頌乃在頌揚中道一乘之教，並加以註解：一、知法常無性：離妄眞實之相，乃恒常安住於「無自性」、甚至「無無因性」之理。「無自性」，在於因緣所生之法，本無絕對實有之自性、僅有隨自因緣而生的假性之理。是以，無絕對實有之性，以及無絕對實無之性，可名「無性」。二、佛種從緣起：據智顗以「無性亦無性」定義「無性」，可知與絕對不二之「中道」之理不謀而合。而從智顗以「中道無性」定義佛種，可窺見該佛種除了含具非有非無之性，並且含融即空即假即中眞如實相義。亦即，此佛種，即是諸法之理體實性；諸法因緣和合而生時，皆本具佛種。若不解以「中道無性」作爲內蘊的佛種義，則是迷執無明染緣、輪轉六道生死的眾生。反之，若能明瞭，則能緣順眞如實理而成正等正覺的佛。可知，「佛種從緣起」之「起」：一、譬具「能生」義的佛性之種。二、凸顯有爲法，及其所本具的佛種皆待緣而起。而佛種雖從「緣」起，但由於緣順一乘實理，因此理論上無絲毫矛盾。智顗對《法華經》該偈頌，並以三因佛性解之：所謂無絕對實有實無之性的「無性」，即是「正因佛性」。所謂「佛種從緣起」，即在言說緣因、了因佛性。也因此，《法華經》該則偈頌旨明：「以緣資了，正種得起」。一疑：智顗如此作註腳，是否妥適？結合智顗上文，以及此處對「無性」、「佛種」的定義，可知：行者若能行菩薩道，修諸功德，則開發具有一切功德善根的緣因佛性，能圓滿成就解脫果德。此際，該果德並能資助含具智慧的了因佛性，照了事理，圓滿成就般若之德。而藉由了因佛性的般若果德，當下並能開顯正因佛性，圓滿成就法身果德。三因佛性的關係，恰是「以緣資了，正種得起」。而

〔註86〕 〔隋〕釋智顗，釋灌頂記，《妙法蓮華經文句》卷4，《大正藏》冊34，頁58上。

此語，恐令吾人生疑三者有主從或前後關係。其實並不然。原因是，三者本是同體，因此有著「一起一切起」的同步關係。茲以圖表簡示之：

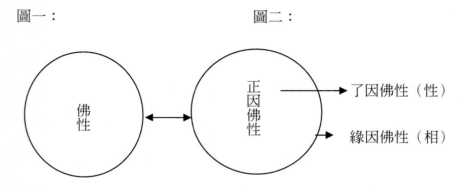

圖一：　　　　　　　　　　圖二：

佛性

正因佛性　→　了因佛性（性）

　　　　　　→　緣因佛性（相）

一佛性其實即為三因佛性，因此圖一其實等同圖二。而如此標圖二之因是：一、表「以緣資了，正種得起」。二、表「一起一切起」。無論正轉佛道，佛性顯；或負轉非道，佛性冥，三因佛性彼此恆是同步關係。但圖二亦僅屬方便權說之圖，真正實義，應如圖一，三因佛性即為一乘實理的佛性。若以佛界十如是論之，即為「正因為佛『體』」；「了因為佛『性』」；「緣因為佛『相』」。又，智顗另有一段注疏文，可資「中道無性，即是佛種」的補充：

> 「諸法寂滅相，不可以言宣」下，即是前說中道無性佛種之理。此
> 理非數，又不可說，今以方便作三乘說。又非生非滅，而以方便作
> 生滅說。又偏真之理，亦非示說。以方便，故作四門說。……能說
> 三乘法者，名佛。所說三乘，即法。(《妙法蓮華經文句》) 〔註87〕

從智顗注疏《法華經》「諸法寂滅相，不可以言宣」〔註88〕此段語，可知：一、唯一通向涅槃彼岸的實相教理，乃不可言說、離因緣造作的無為法；為應契眾生之機，調熟機根之方便，而巧設含具生滅說的三乘方便教。二、佛性：有別前人以常德、或單言我或無我而所詮釋之佛性，智顗所定位的「佛性」，乃立基一乘實教，非常非無常、非生非滅、非有非無、即空即假即中，等同諸法本具的法性理體。該真如理體，亦意謂遠離一切、非言語可宣說之實相

〔註87〕〔隋〕釋智顗，釋灌頂記，《妙法蓮華經文句》卷5，《大正藏》冊34，頁62上。

〔註88〕〔後秦〕鳩摩羅什譯，《妙法蓮華經》卷1：「諸法寂滅相，不可以言宣，以方便力故，為五比丘說。是名轉法輪，便有涅槃音，及以阿羅漢，法僧差別名。」(《大正藏》冊9，頁10上)

無相，因此智顗以「中道無性佛種之理」異名，並無弔詭。而所謂的三乘法、四門，或「佛種從『緣起』」，即是從方便法而起，契於一切眾生之機，爾後究竟得入言語道斷、真性實相的一乘教。「方便權略」，「真實得顯」，〔註 89〕實有存在之價值。除了上文所言，智顗另有一段注釋《法華經》「是法住法位，世間相常住」之文：

> 約理者。「是法住法位，世間相常住」。是法不可示。「知法常無性，
> 佛種從緣起」。無性，即非三非一。從緣起，即是三緣顯一，令會非
> 三非一。(《妙法蓮華經玄義》)〔註90〕

諸法本具非有非無之實相理體。若能通達之，將能明瞭就理體言，諸法皆安住在真如平等之位。也因此，無須否定或消泯緣起法所生的世間相，即能安住於諸法實相。智顗以「非三非一」詮釋「無性」，凸顯非有非無、言語道斷的中道佛種之性，非僅止於三乘或一乘，而是即三即一。亦即，行者因佛種之故，能安住緣起而生的三乘方便法，而圓融開顯一乘實義。智顗並云：

> 若言無明三道即是三德，不須斷三德，更求三德。《中論》云：因緣
> 所生法，亦名中道義。《大品》說：十二因緣，是為坐道場。《涅槃》
> 云：無明與愛是二，中間即是中道。此經佛種從緣起，是故說一乘。
> 亦名最實事，豈非妙耶？前三是權，故為麁；後一是實，故為妙用。
> (《妙法蓮華經玄義》)〔註91〕

致眾生涉三世而輪迴六道的十二因緣，順世人思惟，應為行者所棄絕。智顗於著述，四度載「不思議不生不滅十二因緣」〔註92〕一詞，並多有相關演繹，顯見毋須斷「事」，便能即事顯理。引文中，智顗援引《中論》三是偈，〔註 93〕以及相關經典，闡明十二因緣所生之法雖是無明三道，亦當體即是三德，以及

〔註89〕〔隋〕釋智顗，釋灌頂記，《妙法蓮華經文句》卷 3：「方便者，門也。門，名能通。通於所通，方便權略，皆是唕引。為真實作門。真實得顯，功由方便。從能顯得名，故以門釋方便。」(《大正藏》冊 34，頁 36 中)

〔註90〕〔隋〕釋智顗說，釋灌頂記，《妙法蓮華經玄義》卷 9，《大正藏》冊 33，頁 798 上。

〔註91〕〔隋〕釋智顗說，釋灌頂記，《妙法蓮華經玄義》卷 2，《大正藏》冊 33，頁 700 中。

〔註92〕〔隋〕釋智顗說，釋灌頂記，《妙法蓮華經玄義》卷 2，《大正藏》冊 33，頁 698 下；700 上；卷 3，709 中。

〔註93〕龍樹菩薩，青目釋，〔姚秦〕鳩摩羅什譯，《中論》卷 4：「眾因緣生法，我說即是無。亦為是假名，亦是中道義。未曾有一法，不從因緣生。是故一切法，無不是空者。」(《大正藏》冊 30，頁 33 中)

絕待不二、平等眞如的中道；十二因緣即是學道的道場。是以「佛種從緣起」，即是理體與事相的結合；縱是因緣所生之法如何千差萬別，諸法理體皆是意謂一乘實理的中道無性佛種。智顗並區別三乘與一乘：一乘是「實」、是不可思議妙理實義；相對的，三乘是「權」、是「麁」，一乘巧設的方便道，具有「妙用」。又，智顗除了就宏觀角度，從理體與事相、一乘與三乘，非道與佛道，以及三因佛性詮說「佛種從緣起」；此外，智顗並以緣因佛性專詮之：

> 如來藏性淨，涅槃常清淨不變。……謂眾生界即涅槃界；不離眾生界即如來藏。又云：「我不敢輕於汝等，汝等皆當作佛」，即正因佛性。又云：「爲令眾生開佛知見」，即了因佛性。又云：「佛種從緣起」，即緣因佛性。《法華論》亦明三種佛性。《論》云：唯佛如來證大菩提，究竟滿足一切智慧，故名大。言我不敢輕於汝等，汝等皆當作佛者，示諸眾生皆有佛性也。(《妙法蓮華經玄義》)〔註94〕

佛性本離一切之妄染，具無繫縛染污之相，能通於因果而始終不改不變。而眾生本具清淨佛性，因此就理體言，眾生與佛、九界與佛界無二無別。智顗分別援引《妙法蓮華經》「我不敢輕於汝等，汝等皆當作佛」〔註95〕、「欲令眾生開佛知見」、「佛種從緣起」，來與正因、了因、緣因佛性相即。輔以上文智顗曾強調此三因佛性恰爲體、性、相的關係，可知：首句指，正因佛性內涵眾生即是佛的正理；次句指，了因佛性具有開啓眾生佛智的能力；末句指，緣因佛性將能引導眾生善順因緣法，開發善根，勸修功德，契入一乘實義，圓滿開顯佛性理體。可知，「佛性」普遍意指眾生之可能成佛的性質或性能。智顗並融合圓教思想，以眞如實相實理詮釋之。而爲了讓世人明瞭「佛性」體、性、相之別，明瞭修德能裨益開顯性德之理，智顗特將佛性三分。又，上文「佛種從緣起」隨語境文脈，或表一乘實說，或表三乘方便說，或表非三非一說，或表即三即一說，則與此處專指緣因佛性，是否有衝突？「佛種從緣起」乃指一切因緣和合之法皆本具非有非無、不改不變、即空即假即中的中道佛性，亦即，差別事相假法皆本具佛性之種，因此無論就三乘方便法或一乘實義切入皆可。而在三因佛性中，相較表理體的正因佛性，以及表智慧之性的了因佛性，緣因佛性更

〔註94〕 〔隋〕釋智顗說，釋灌頂記，《妙法蓮華經玄義》卷10，《大正藏》冊33，頁803上。

〔註95〕 〔後秦〕鳩摩羅什譯，《妙法蓮華經》卷6，《大正藏》冊9，頁50下：卷1，頁7上、9中。

是偏重就因緣和合之差別假相中，探究其眞實理體，因此以「佛種從緣起」詮釋緣因佛性，凸顯緣理順義之性，亦是合理。

六、智顗三因佛性本義及其所立之由

　　所謂「如來藏」或「佛性」，乃眾生之可能成佛的根本依據。智顗之前佛性論，無不取這二詞或其中一詞作爲主要論說軸心，那麼爲何智顗在闡論一佛性、中道佛性之外，另大費周章，特立三因佛性之說，且赴緣與諸異名同義詞相即、類通？是否意謂：一佛性說有囿限，不足說服眾生？亦或別具巧思，而在微觀一佛性後，加以分三面向言之？以下先小結上文所抉微的三因佛性本義，爾後再從彼此之關係，推敲智顗立了因、緣因、正因三種佛性之由：

　　了因佛性，乃眾生本具的智性，並且當體即是會致成煩惱道的貪欲、瞋癡、煩惱、無明等性；是眾生之可能成佛的性質、性能。眾生可藉受持、讀誦、解說、書寫、觀假名等修習智慧的管道，轉煩惱道爲實慧解脫，以啓發智性，而圓滿成就般若德。眾生且可基於本具的智性，自發或自覺地透過修習智慧的管道，開顯覺智。如此解說了因佛性特重道德義或實相義的認知啓發，恐仍落於模糊，因此此處取宋明儒者的「德性之知」、「聞見之知」〔註96〕與之相較，可更識一二：了因佛性應偏向「德性之知」，原因是宋明儒者定位此二知，含括能、所兩方。就「能知」而言，「德性之知」、「聞見之知」皆天生具備，不待修養便有。前者屬良心的良知；後者爲認知官能。就「所知」而言，良知乃天生；經驗知識則待學習。而智顗的了因佛性，乃指能觀照眞如道體的「般若種」、「智慧種」，非等同後天積累的知識，因此智顗「了因佛性」應類同「德性之知」。然而智顗「了因佛性」有別「德性之知」之處，在於：一、前者是佛教天台宗代表人物智顗三因佛性之一，後者是儒家成聖的道德本體。此外，雖然解脫成佛攸乖道德純良與否，但智顗既將佛性三分，

〔註96〕「德性之知」與「聞見之知」是宋明儒者關懷的重點之一。諸家之說雖有起承之異，卻不離根本之說。茲取二家之說簡示之：〔宋〕張載《正蒙·大心篇第七》：「見聞之知，乃物交而知，非德性所知。德性所知，不萌於見聞。」（錄於〔明〕黃宗羲，〔清〕全祖望補，〔清〕王梓材、馮雲、何紹基校：《宋元學案（上）》〈卷十七·橫渠學案上〉（臺北：世界書局）1991 年 9 月 5 版，頁404）；〔宋〕程頤：「聞見之知，非德性之知。物交物，則知之，非內也。今之所謂博物多能者是也。德性之知，不假見聞。」（同上，〈卷十五·伊川學案上·語錄〉，頁 349）

則與緣因佛性相較,偏於觀照理體的了因佛性,其智慧成分較重視開發功德善根的緣因佛性多。據此,可見了因佛性與德性之知之別。二、了因佛性除了以般若、智慧為種,並以「貪欲為種,瞋癡為種」。宋明儒者則不取貪欲、瞋癡來定位「德性之知」。類此:緣因佛性,乃指眾生本具的善性,並且當體即是會致成業道的惡性;是眾生之可能成佛的性質、性能。眾生可藉由捨一切塵勞、低頭合掌、彈指散華、發菩提心、慈悲、誓願、布施、持戒、忍辱、精進、禪定、觀心數等菩薩行,啟發善性,或將惡性支轉為善性,而圓滿成就解脫德。正因佛性,簡言之,乃指眾生本具的理性、實性、真性、自性清淨心,並且當體即是會致成苦道的識、名色等因緣性;是眾生之可能成佛的性質、性能。眾生可藉由功德圓滿的緣因佛性,來資發了因佛性,由此來開顯含具真如實理的正因佛性。亦即,透過圓觀三諦、知一切眾生正因不滅、修習正理妙義,照見法性實相,轉生死身為無苦無樂、不生不滅的佛身,圓滿成就法身德,由此開發正因佛性。

相較智顗闡明了因、緣因佛性要義,以及其明體、證體、顯體的初始狀態與過程,智顗著墨正因佛性的篇幅並不多,原因恐是:一、了因、緣因佛性所開發的明性、善性,與當體所欲「轉」的無明性、惡性,對世人而言,屬於具象、易懂;畢竟好心有好報等業報因果說於坊間普遍流傳,而「轉煩惱為菩提」、「小善成佛」、「非道為佛道」等說,對世人而言,多少具有吸引力。反倒是正因佛性,由於是不生不滅、不增不減、無善無惡、非因非果的清淨道體,屬形而上的一乘妙理,著實難以言詮,因此難被世人理解。是以,基於正因佛性言語道斷的特質,以及世人較易理解了因、緣因佛性所傳達的方便權法,智顗明顯增加闡述了因、緣因佛性的比例。二、眾生雖然本具正因佛性,但其主體性絲毫不能保障人肯入佛門、得證佛道。亦即,縱使眾生雖具正因佛性、有主體性,卻不一定肯自我開發、自證自了。而不肯之因在於,心具有脆弱與頑強的特質。吾人恐會疑問,佛性開發與否,與心有何關係?據智顗「心,即大乘心,即佛性」,以及行文中,反覆強調心與佛性當體即是,可知在真如理體本具正向、負向雙重結構之下,佛性本具無明性、惡性等負向質的,以及眾生心具有脆弱與頑強的特質,皆屬合理。而心有主體性,含道德資質,肯或不肯發動善、惡,皆在於心。是以,頑強於,心自身若不肯,他力永遠奈何它不得;脆弱於,善惡等意念常無法恆久保固,致使成魔、成佛乃剎那一念之隔。

　　至此可知，智顗除一佛性、中道佛性之外，另施設三因佛性的原因：心基於主體性，具有可惡可善、可迷可悟、可染可淨的能力。智顗應覺察與心同體的佛性，除了本具清淨之性，其實亦當體本具惡、無明等「非道」之性，恰與心性相互呼應。非道與佛道、非種與如來種、無明性與法性、惡性與善性等相對卻又同體的關係，若單以一佛性或中道佛性說言之，恐難於解釋其中奧妙，倒不如以三因佛性說分解得當，並方便解釋非道轉佛道的合理性。此外，吾人亦能了解，智顗會施設緣因、了因佛性，假方便修習，以圓顯正因佛性，原因是：一、鑑於緣因、了因佛性，分別與互相資導的「福」、「慧」有關，可強調修行的重要。二、鑑於心具有知、行兩種能力，可比照之而設了因、緣因佛性。然而無論如何區別或交互言說三因佛性，皆須立基於三種佛性本是同體之三面向，一起即一切起；即一即三，即三即一。若全面檢討智顗三因佛性，恐怕優點之外，亦有缺處：雖然智顗對心主體是自由、自命、自使，大段著不了力，有一定的洞察，但繞道外頭，多從緣因、了因佛性著墨，多少模糊正因佛性這關鍵點。但囿於心具有頑強與脆弱的特質，似乎也僅能加強推廣、勸籲緣因、了因佛性相關的修善、開智功夫，以求正因佛性有朝能自我開發，由迷轉覺。

小　結

　　智顗闡明三因佛性的相關著述，有各種因材施教、因地置宜的說法。為怕不知情者執文取義，因此本節擬對三因佛性的本義作一探源之考察：一、文義之源：智顗闡論三因佛性義，或行文簡鍊深微，或泛稱命題與特殊命題相「即」，或假人格化的行為動詞，或多以果境表述，恐令不知情者孳生誤解，因而有抉微根本義的必要；二、作者出發點：智顗倡圓教、一乘，何以於一佛性外，另立三因佛性說？竊以為智顗施設之由，可裨另類考察三因佛性深義。

　　佛性意謂眾生可能成佛的性質；眾生成佛的關鍵在於是否能夠將本具的佛性加以圓顯。基於智顗強調「佛性」的特質是，非常、非無常，通因果、歷三世而不改，因此若欲探源「三因佛性」義，其實亦可說無「源」可探；然而基於智顗的行文風格，撥開觀性、現相的重重枝葉，回歸考察根本義之「源」，又著實有其必要。考察中可得知，智顗將佛性依質類而三分，其根本義涉：（一）正因佛性：眾生本具的理性、實性、真性，含括屬苦道的識、名

色等因緣性。（二）了因佛性：眾生本具的智性，含括屬於煩惱道的貪欲、瞋癡、煩惱、無明性等。（三）緣因佛性：眾生本具的善性，含括屬於業道的惡性。此立基眾生成佛性質的三根本義，更勝於「實相」、「般若」、「功德」等詞僅就外環來解釋三因佛性，並更能合理解釋三因佛性與三德、三諦、三軌、一念三千等智顗他說之間微妙互應的關係。而關於三因佛性始末橫豎的樣態，簡言之，或可如此說：眾生未覺、未修習前，三因佛性乃冥然潛存；究竟證覺時，則非道轉為佛道，圓滿顯發。其中，正因佛性可謂佛體；緣因、了因佛性的方便修習，無非是互相資導，以開顯正因佛性；三者即一即三，一起一切起。因而當行者觀解透徹、修行圓滿，行者固然究竟無得，正因等三因佛性也不因此增損，不過還其本來面目。

要之，智顗佛性論著重關注於，眾生中的「人」如何成「佛」。由於與佛性異名同體的「心」，基於主體性，而具有可惡可善、可迷可悟、可染可淨的能力，並具有頑強與脆弱的特質，因此眾生雖有佛性，卻常因無明闇覆而不肯自我開發、自證自顯自了佛性。職是之故，智顗根據心與佛性的質性類別，施設三因佛性：以人格化之說，推闡了因佛性觀解，或緣因佛性行善，將顯發難以言詮的正因佛性。在寫作手法上，智顗取行為動詞、名詞，或動詞、名詞相合的詞組，與三因佛性同位相「即」之說，當涉及智顗個人的行文風格。然而雖是如此，吾人對智顗三因佛性與之相「即」之詞卻不得不加以考察，以確切得知三因佛性表相之外的根本義。初步結果為：若回歸所曾討論的「佛性」定義，可知千迴百轉，「佛性」主要指眾生之所以能成佛的性質。而智顗三因佛性之所以有多重型貌，不外是以多式角度切入，以愈顯輪廓、深化基型。但時而泛稱命題與特殊命題相「即」，恐見本質之同，不見實質之異。簡鍊深微之語，難免令人費解，而多以果境表述，亦易模糊三因佛性根本義。竊以為：智顗以名詞表之，多為標幟、凸顯該因佛性獨特的性質、意義；以動詞表之，多為發動修習的行為，以明體、顯體、證體，此當為擬人手法，以表行者開發該因佛性而所實踐的功夫法門，以及起用後的狀態、效用。

第七章　以《觀音玄義》爲例
探智顗「性惡」説

　　人的本質若依道德向度評量之，究竟屬善？屬惡？或非善非惡？宗教常諄諄教誨世人要秉持向善的發展願力，將證道解脫、成聖成佛作爲畢生想望的終極夢土。而這是否即意謂：但凡宗教，必主張人之性本善，以致有成就善心、善行、善德、正道的必然發展？在佛教中，尤其大乘，「成佛」是教義的究竟旨歸，是眾生離苦得樂，脫離生死輪迴的唯一途徑。爲對「眾生成佛」〔註1〕作出完善且符合邏輯推理的立論依據，「眾生皆有佛性」〔註2〕的「性善」説常順理成章的與「成佛」緊繫聯結。然而宏觀佛性發展脈絡史中，爲何卻有與「性善」相對的「性惡」説？而這是否昭示佛性論歧出或質變？

　　佛教主張性惡説者，可以天台宗集大成者智顗爲重要代表人物。其百萬字鉅著不乏闡述性惡。其中，《觀音玄義》〔註3〕堪爲學界公認的，最爲淋漓詳

〔註1〕　〔唐〕實叉難陀譯，《大方廣佛華嚴經》卷28：「願一切眾生成佛法王，摧滅一切煩惱怨賊」（《大正藏》冊10，頁152上）；〔後秦〕竺佛念譯，〈菩薩瓔珞經〉卷4：「欲使三趣眾生成佛道」。（《大正藏》冊16，頁12上）

〔註2〕　〔北涼〕曇無讖譯，《大般涅槃經》卷7：「一切眾生皆有佛性」（《大正藏》冊12，頁404下）；〔東晉〕釋法顯譯，《佛説大般泥洹經》卷4：「有比丘廣説《如來藏經》，言一切眾生皆有佛性」（《大正藏》冊12，頁881中）；〔北涼〕曇無讖譯，《大方等無想經》卷1：「一切眾生皆有佛性，其性無盡」。（《大正藏》冊12，頁1082上）

〔註3〕　〔隋〕釋智顗述，釋灌頂記，《觀音玄義》卷下，《大正藏》冊34，頁884下～892上。又，古今中外對於《觀音玄義》的作者尚有爭議，約可分爲三説：一、非智顗著，如日僧普寂《止觀復眞鈔》（參《大日本佛教全書》冊23（東京：佛書刊行會），1912年）等作中，堅決認爲《觀音玄義》是僞作。二、是

徹闡明性惡說之代表作，是以本章擬以該經作爲切入的文本，以鈎隱抉微智顗性惡說；此外，並對學界論點作一回應。研究進路，首先，考察智顗「性惡」說的定義與內涵；爾後，探討智顗一反常理成立「性惡」說之可能理由；末，並探討智顗性惡說是否將阻斷或降低世人成佛的可能性。若不會，則其性惡說乃以何種論說架構，令世人能不棄成佛的信願力……。要之，爲詳瞻闡明，並解決智顗性惡說可能孳生的疑議歧見，本章擬以《觀音玄義》爲例，探討智顗「性」惡、「性『具』惡」的意義；性惡是天台的圓教實義，或是對鈍根眾生所作的方便說；從實踐層面而言，性「惡」說是否會引起負面之影響。

第一節　論《觀音玄義》「性」惡

　　古今中外，不乏有支持、擁護「性惡」說者，如荀子認爲人是先天性惡，有待後天「化性起僞」，才適作仁人君子。令人心生疑竇的是，智顗「性惡」說中「性惡」的主體是否含括已成正覺的佛？若佛眞「性惡」，是否仍能名爲「佛」？或者，智顗對「性惡」有不同常人之解？若欲解此惑，則需對智顗「性惡」說的「性」字作實質考察，探討此「性」是指本體或屬性，或有他釋。關於此問題，有不少學者認爲應指本體，如安藤俊雄〔註4〕、釋慧嶽〔註5〕、

灌頂著，如佐藤哲英（參佐藤哲英，〈普寂の觀音玄義僞作說とその反論〉，收錄於《天台大師の研究》（東京：百華苑），1961 年，頁 475～496），並進一步提出含有性惡思想的《觀音玄義》、《觀音經疏》、《請觀音經疏》皆爲灌頂所著。三、是智顗著，如安藤俊雄並用文獻學證據，認爲《觀音玄義》等著是智顗作品（參安藤俊雄，蘇榮焜譯，《天台學——根本思想及其開展》（臺北：慧炬出版社），1989 年 10 月，頁 201～204）。若欲判一作品是眞或僞，不外從義理分析與文獻考證二面向切入。從前文可知，「心具」、「性具」善惡思想可作爲貫徹智顗學說的軸線之一，而智顗圓教思想，亦在作爲注疏《法華經・普門品》的《觀音玄義》、《觀音經疏》、《請觀音經疏》等三經中，演繹得淋漓盡致，可見就義理層面，這三經應屬智顗。此外，若考據此三經之語彙、語脈，可發現與智顗他經，如《摩訶止觀》、《法華玄義》、《法華文句》……等，有相互援引之迹，彼此思想並無矛盾，誠有異曲同工之妙，是以本文支持《觀音玄義》等三經屬智顗作品。

〔註4〕　安藤俊雄，蘇榮焜譯，《天台學——根本思想及其開展》：「身爲如來……唯其先天本具性惡故，乃其於拔度眾生時，方能以其神通力而任意運作，了無窒礙」（臺北：慧炬出版社，1989 年 10 月，頁 197）。此外，安藤俊雄，演培法師譯，《天台性具思想論》（臺北：天華出版公司，1989 年 9 月）亦有同樣觀點。可知，安藤氏認爲性惡乃先天本具。

〔註5〕　釋慧嶽，《天台教學史》：「由現象界的善惡觀念，求之本體界時，其本體即非

張瑞良〔註6〕、牟宗三〔註7〕、李四龍〔註8〕……等，亦有異軍認爲應指屬性，如陳英善。〔註9〕然而「性」若眞指本體，則佛豈能「性惡」？既具「性惡」，又豈能是佛？若指屬性，則智顗爲何要大費周章闡明「性惡」？若有他釋，又是如何開展「性惡」說？由前幾章已可得知：一、智顗「性惡」說全名爲「性（具善）惡」說。所謂「性」，乃指包含佛「性」的諸法之「性」，皆本具非常非無常、不改不變之極理，皆含「扶空」的不動性、「扶假」的種性、「扶中」的實性。而佛性之能具足善惡，乃因諸法之性皆本具善性與惡性、明性與無明性等正、負雙重結構。二、所謂「性『惡』」或「性『善』」，非止於道德義，而是以是否悖違實相爲裁量標準。「性（具善）惡」，眾生與佛宛然本具，差別在於，佛不被本性所具之「惡」所障礙，反能通達之；眾生則受性惡影響，以致染惡緣、造惡業。本節擬以《觀音玄義》爲例，證成「『性』惡」之「性」指本體，亦即眞如實相理體，而陳英善屬性之說有待商榷。

　　《觀音玄義》以「一、釋名；二、出體；三、明宗；四、辯用；五、教相」等五重玄義的架構，來詮釋《法華經・普門品》。〔註10〕在第一重「釋名」，

但具有性善，同時也含有性惡的存在。是以天台教學，最顯著而超越其它宗派特殊的思想，就是性惡説」（中華佛教文獻編纂社，1974 年，頁 184）。可知，釋慧嶽主張本體具性善、惡。

〔註6〕張瑞良，〈天台智者大師的如來性惡說之探究〉，《臺大哲學評論》第 9 期，1986 年 1 月。

〔註7〕牟宗三，《佛性與般若（下）》：「既是性具百界，則理應有性德惡」（臺北：台灣學生書局，1984 年 9 月修訂 4 版，頁870）。可知，牟氏認爲性具性德惡。

〔註8〕李四龍，《天台智者研究——兼論宗派佛教的興起》：「主體的佛性最終有沒有展現出來，並不僅僅取決於『正因佛性』，『了因佛性』與『緣因佛性』也非常關鍵，三因佛性的統一才是完整的佛性」；「在談論智顗的『性德善惡』時，我們必須局限在緣、了佛性的範圍內」（北京：北京大學出版社，2003 年 8 月 1 版，頁 156；182）。可知，李氏定位三因佛性爲主體。

〔註9〕陳英善，《天台緣起中道實相論》：「近代學者往往認爲『性惡説』爲天台思想之特色，持此見解者，在於並不了解《觀音玄義》所談之性德善惡乃是基於『緣了』上來説，縱使知道是就『緣了』上來説，卻往往將『緣了』因當成本體（或存有）來理解。甚且他們並沒有發現《觀音玄義》『料簡緣了』這段文字已不合乎天台義理思想，反認爲此中所提之性惡爲天台思想之極至。而爲何會如此呢？基本上在於他們是從本體（或存有）的觀點來理解天台思想，所以把《觀音玄義》『料簡緣了』這段文字視爲天台思想之極點，而不覺有任何不妥處，反而依此大大倡言天台思想是主張性惡説。」（臺北：法鼓文化事業有限公司，1997 年 5 月初版 3 刷，頁 399）由此段批駁近代學者之語，可見陳氏認爲性德善惡基於「緣了」言，而「緣了」非屬本體（或存有）。

〔註10〕〔後秦〕鳩摩羅什譯，〔隋〕闍那崛多譯重頌，〈觀世音菩薩普門品經〉，《妙

可二分為「通釋」與「別釋」。於「通釋」，主要闡明「一、人法；二、慈悲；三、福慧；四、真應；五、藥珠；六、冥顯；七、權實；八、本迹；九、緣了；十、智斷」等十義；此外，並配合「一、列名；二、次第；三、解釋；四、料簡」等四法，詳明「觀世音」「普門」。於「別釋」，主要是以「境智因緣」明「觀世音」；以「普途明門」、「歷十義解釋」明「普門」。《觀音玄義》第二卷，並有小篇幅，逐次闡釋「出體」、「明宗」、「辯用」、「教相」等餘四重。智顗將性惡說含融於詮釋〈普門品〉為宗之《觀音玄義》裡，並以玄妙深湛的行文方式開展之。其中於「通釋」「觀世音」與「普門」中，智顗對「性惡」說之「性」加以闡明之。下文將考察該經所界定的三因佛性，爾後進一步探討三因佛性與「性惡」的關係，以釐析「性」之義涵。

一、「三因佛性」義涵

智顗三因佛性論，前章已作闡釋。在此，舉《觀音玄義》言之，一者，考察與智顗他作是否相違，以資該經是否是偽作的線索；二者，更進一步探討三因佛性義。智顗於觀門，明「十義」中的第九義「緣、了」：

> 九、明了因、緣因者。上來行人，發心修行，從因剋果，化他利物，深淺不同。從人法至真應，是自行次第；藥珠至本迹，是化他次第。此乃順論，未是卻討根本。今原其性德種子。若觀智之人，悲心誓願，智慧莊嚴，顯出真身，皆是了因為種子；若是普門之法，慈心誓願，福德莊嚴，顯出應身者，皆是緣因為種子。故次第九也。（《觀音玄義》）〔註11〕

「十義」中的前八義，乃以「順論」方式，通釋行者發心修行，從因位至果位，將有淺深不同的菩薩萬行：一、「人法」、「慈悲」、「福慧」、「真應」等四義，屬自行次第；二、「藥珠」、「冥顯」、「權實」、「本迹」，屬化他次第。而第九義「緣了」，則以「卻討根本」的方式，探溯「性德種子」，並將其二分為：能「智慧莊嚴，顯出真身」的了因，以及能「福德莊嚴，顯出應身」的緣因。可知：一、智顗以「種子」名了因、緣因佛性，凸顯兩種佛性所本具之德，以及透過修行，將能顯發性德；二、智顗實將「十義」中的前四義分

法蓮華經》卷7，《大正藏》冊9，頁56上—62下。

〔註11〕〔隋〕釋智顗說，釋灌頂記，《觀音玄義》卷1，《大正藏》冊34，頁877下～878上。

解，以明了因、緣因佛性，彰顯種子生長的次第過程，以及兩種佛性密不可分。智顗並釋第十義：

> 十、明智、斷者。前明緣、了，是卻討因源；今明智、斷，是順論究竟。始則起自了因，終則菩提大智；始則起自緣因，終則涅槃斷德。若入涅槃，眾行休息，故居第十也。(《觀音玄義》)〔註12〕

「十義」中的末二義，分別論及始因、終果。第九「緣了」義，是「卻討因源」性德種子；第十「智斷」義，是「順論究竟」涅槃果德。若始自了因種子，其果則爲「菩提大智」；始自緣因種子，其果則爲「涅槃斷德」。由於「智斷」，闡明臻至佛果之萬行休息的智德、斷德，所以置於「十義」末。可知，末二義以相對之言，揭示「緣了」佛性與「智斷」二德互爲因果。智顗進而言及三因佛性：

> 若約《涅槃》，即有二種，所謂利、鈍。如身子之流，皆於《法華》悟入，八義具足，不待《涅槃》。若鈍根弟子，於《法華》未悟者，更爲此人，卻討源由，廣說緣、了，明三佛性。(《觀音玄義》)〔註13〕

> 若論性德了因種子，修德即成般若，究竟即成智德菩提。性德緣因種子，修德成解脫，斷德涅槃。若性德非緣非了，即是正因；若修德成就，則是不縱不橫三點法身。故知《涅槃》所明，卻說八法之始終成智、斷。(《觀音玄義》)〔註14〕

智顗立五時八教，判釋世尊一代說法之次第。其中，世尊所說的《法華》、《涅槃》二經雖屬第五時，且同爲醍醐味，但於「教門」，涅槃教除了同圓頓法華教接引利根弟子，並接引鈍根弟子，以致涅槃教較闡明八義的法華教，並增添「緣了」、「智斷」二義。從涅槃教「卻討源由」，爲鈍根者廣說性德「緣了」義，以及修德即成的「智斷」義可知，「性德」是種子義的「因」；「修德」是涅槃義的「果」。而統整言之，性德佛性，除了了因、緣因佛性，並含括正因佛性：一、性德了因種子，若加以修德，將照了一切事理，具般若智慧，圓滿得證智德菩提果；二、性德緣因種子，若加以修德，將斷盡一切妄惑，離縛而得自在解脫，圓滿得證斷德涅槃；三、性德正因種子，有別性德緣、了二因，修德究竟圓滿則爲不去不來、非縱非橫的法身。此外，第十義「智斷」中的「智」，乃指智德

〔註12〕〔隋〕釋智顗說，釋灌頂記，《觀音玄義》卷1，《大正藏》冊34，頁878上。
〔註13〕〔隋〕釋智顗說，釋灌頂記，《觀音玄義》卷1，《大正藏》冊34，頁878上。
〔註14〕〔隋〕釋智顗說，釋灌頂記，《觀音玄義》卷1，《大正藏》冊34，頁878中。

菩提，是了因種子的般若果；「斷」，乃指斷德涅槃，是緣因種子的解脫果。一疑：「緣了」、「智斷」二義，果真專爲鈍根弟子言？若是，是否可連帶說明，智顗立三因佛性論，專爲鈍根弟子所言？性德正因種子「非緣非了」，乃言語道斷之一乘實義。利根者可直契之，鈍根者則有賴修行，發顯緣因、了因佛性，得契正因佛性。是以，可就修行因位與果位言之的「緣、了」、「智、斷」二義，確爲教化鈍根弟子的方便權說。然而由於三因佛性本是即一即三的同體關係，因此直契一乘真如實義的利根者本來便能通達「緣、了」、「智、斷」二義，以致「八義具足」，毋須多言。是以可知，雖然智顗明文強調「卻討源由，廣說緣、了，明三佛性」，乃爲鈍根弟子說，但卻不表示利根者未深曉「緣了」、「智斷」二義。也因此，智顗所言的圓教實含融十義，只不過在教化方面，特別補充鈍根者可由「緣了」、「智斷」二義作爲契悟真如實相的入徑。又，三因佛性之義，亦可見於「通釋」中之「解釋」：

> 第三，解釋者。人，即假名所成之人也；法，即五陰能成之法。……
> 摩訶衍中，明人法者，亦不言人空、法不空，亦不言體有假用，但觀假名陰入等，性本自空。故《大品》云：色性如我性，我性如色性。始從初心，終于後心。常觀人法俱空，故《大論》云：菩薩常觀涅槃行道，以觀人空，即是了因種子者。論云：眾生無上者，佛是。佛者，即覺。覺是智慧。始覺人空，終覺法空。故知觀人空，是了因種也；觀法空，是緣因種者。（《觀音玄義》）〔註15〕

大乘解釋「人法」，有別小乘有門言「人空、法不空」，亦有別小乘空門言「體有假用」，原因在於：大乘觀假名施設之一切有爲法，皆因緣和合所生，究竟無絕對實體、實性，因此能恆常觀得「假名所成之『人』」與「五陰能成之『法』」「俱空」。也因此，「我性」與「色性」無別。於此，智顗以「人法」闡釋了因、緣因佛性：一、人空：了因種子具有能得觀眾生是五蘊和合、假名之身的性能；二、法空：緣因種子具有能得觀色心諸法爲因緣生、無實體的性能。可見「人法」與「緣了」緊繫：了因種能「觀人空」；緣因種能「觀法空」。其中，據「始覺人空，終覺法空」，吾人恐以爲有次第之別，甚至以爲眾生了因種子先顯發，緣因種繼之，然而智顗並非表示時間之先後，而是在凸顯三因佛性「一起一切起」〔註16〕之特質。智顗並云：

〔註15〕〔隋〕釋智顗說，釋灌頂記，《觀音玄義》卷1，《大正藏》冊34，頁878下。
〔註16〕〔隋〕釋智顗說，《妙法蓮華經文句》卷4，《大正藏》冊34，頁58上。

> 觀人法空，即識三種佛性。故《大經》云：衆生佛性，不即六法，
> 不離六法。不即者。此明正因佛性，非陰非我。非陰，故非法；非
> 我，故非人；非人，故非了；非陰，故非緣，故言不即六法也。不
> 離六法者。不離衆生空，而有了因；不離陰空，而有緣因，故言不
> 離六法也。佛從初發心，觀人法空，修三佛性，歷六即位，成六即
> 人法。（《觀音玄義》）〔註17〕

「觀人法空，即識三種佛性」之因在於，「觀人空，是了因種」；「觀法空，是
緣因種」；「觀人法俱空」，是正因種。智顗就此提及「六法」：一、陰：色聲
等有爲法；二、我：假和合的人身；三、法：「五陰能成之法」；四、人：「假
名所成之人」；五、緣：緣因佛性；六、了：了因佛性。可知，三因佛性除了
可以「人法」釋義，並可以「六法」演繹之：一、正因佛性乃與六法不即不
離。亦即，由於「非陰」、「非法」，因此「非緣」；由於「非我」、「非人」，因
此「非了」。二、了因佛性：能「觀人空」；亦即，「不離衆生空」。三、緣因
佛性：能「觀法空」；亦即，「不離陰空」。一疑：據「『歷』六即位，成六即
人法」，吾人恐以爲佛有歷位淺深、次第修證之別。但此處之「歷」，不乏爲
凸顯佛能「攝」六即位，因此亦可以法華一乘之教解之：佛從初發心，即能
圓觀人法俱空、圓修三因佛性。又，智顗於「通釋」，並「解釋」了因、緣因
佛性：

> 九、釋了因、緣因者。了是顯發，緣是資助。資助於了，顯發法身。
> 了者，即是般若觀智，亦名慧行正道，智慧莊嚴；緣者，即是解脫，
> 行行助道，福德莊嚴。《大論》云：一人能耘，一人能種。種喻於緣，
> 耘喻於了。通論教教皆具緣、了義。今正明圓教二種莊嚴之因；佛
> 具二種莊嚴之果。原此因果根本，即是性德緣、了也。此之性德，
> 本自有之，非適今也。（《觀音玄義》）〔註18〕

佛圓具智慧、福德二種莊嚴之果。探究其「因」，在於具有了因、緣因佛性：
一、了因佛性具有「顯發」法身、「般若觀智」、「慧行正道」、「智慧莊嚴」之
性德；二、緣因佛性能生「資助」了因之力，具有「解脫」、「行行助道」、「福
德莊嚴」之性德。亦即，了因、緣因佛性分別可喻爲「能耘」、「能種」正因
佛種。而據《妙法蓮華經玄義》同引《大智度論》該語後，而所言的「萬行

〔註17〕　〔隋〕釋智顗說，釋灌頂記，《觀音玄義》卷1，《大正藏》冊34，頁879上。
〔註18〕　〔隋〕釋智顗說，釋灌頂記，《觀音玄義》卷1，《大正藏》冊34，頁880中。

資成，如種；智慧破惑，如耘」，〔註19〕可互應智顗他經亦是認爲，了因佛性
具有破惑證眞的智慧；緣因佛性能使眾生行萬行，以資助觀照之智，而使開
發眞性理體。基此，智顗並表明，雖然非圓之教亦闡述了因、緣因佛性之義，
但唯有圓教肯定，性德爲修德之種子。亦即，就「因」而言，緣因、了因佛
性能引導眾生福、慧修行，以開顯正因佛性；就「果」而言，佛即意謂具足
福、慧莊嚴，圓滿顯發正因理體。那麼是否指緣因、了因佛性是因非果呢？
據「此之性德，本自有之」，以及佛「性」本是不改不變，可知含括修行實踐
義的緣因、了因佛性乃通於因果、非因非果。就「因」，言萬德圓滿、在聖不
增、在凡不減的「性德」；就「果」言始成、修成的「修德」，此爲相對權言。
也因此可說，智顗藉由第九義，凸顯緣因、了因佛性不僅具有性德，且具修
德。性、修二德本不二，非縱非橫，若眞欲言其別，則在於行者是否發顯之。
智顗以大樹喻言之：

> 《大經》云：一切諸法本性自空，亦用菩薩修習空，故見諸法空。即
> 了因種子本自有之。又云：一切眾生皆有初地味禪。《思益》云：一
> 切眾生，即滅盡定。此即緣因種子本自有之。以此二種方便，修習漸
> 漸增長。起於毫末，得成修得，合抱大樹。《摩訶般若》、《首楞嚴》
> 定此一科，不論六即，但就根本性德義爾。(《觀音玄義》) 〔註20〕

智顗分別援引《大般涅槃經》、《思益梵天所問經》，〔註21〕說明了因佛性本具
能觀「諸法本性自空」的性德；緣因佛性本具能證初地味禪、滅盡定的性德。
兩種性德，因行者修習之故，增長爲果德，而這過程猶如毫末之種得能成爲
合抱大樹。就此亦可應證，佛性之名佛種，在於以譬喻方式闡明佛性含具性
德與修德，是以就理體言，性、修二德本不二；就事相言，性德爲修德之種、
修德爲性德之果。又，智顗於「通釋」，「解釋」智、斷時，並提及三因佛性：

> 言無爲者：若小乘，但取煩惱，滅無爲斷；但離虛妄，名爲解脫，
> 其實未得一切解脫，此乃無體之斷德也。大乘是有體之斷，不取滅

〔註19〕〔隋〕釋智顗說，釋灌頂記，《妙法蓮華經玄義》卷 2，《大正藏》冊 33，頁
695 上。

〔註20〕〔隋〕釋智顗說，釋灌頂記，《觀音玄義》卷 1，《大正藏》冊 34，頁 880 中
〜下。

〔註21〕〔北涼〕曇無讖譯，《大般涅槃經》卷 26，《大正藏》冊 12，頁 520 下〜521
上、頁 516 下；〔宋〕釋慧嚴等依《泥洹經》加之，《大般涅槃經》卷 24，《大
正藏》冊 12，頁 765 上、頁 760 下；〔姚秦〕鳩摩羅什譯，《思益梵天所問經》
卷 2，《大正藏》冊 15，頁 43 上。

無為斷，但取隨所調伏眾生處，惡不能染，縱任自在，無有累縛，
名為斷德，指此名無為功德。故《淨名》云：不斷癡愛，起諸明脫。
又云：於諸見不動，而修三十七品。愛見為侍，亦名如來種。乃至
五無間，皆生解脫。無所染礙，名為一切解脫，即是斷德無為也。
寂而常照，即智德也。小乘灰身滅智，既其無身，將何入生死，而
論調伏無礙無染？滅智，何所照寂？如此智、斷圓極，故法身顯著，
即是三種佛性義圓也。(《觀音玄義》) 〔註22〕

三因佛性若欲圓滿發顯，顯發法身，有賴修德。修德依大、小乘而有別：小
乘燒身滅心，欲歸入空寂之涅槃界，乃身智俱亡的「無體之斷德」，而大乘不
取小乘「滅無為斷」之法，是「有體之斷」。從智顗斥責小乘既已「灰身」，
豈能「入生死，而論調伏無礙無染」；既已「滅智」，豈能「照寂」之語，反
應大乘「惡不能染，縱任自在」的「無為功德」，乃究竟圓滿。而從智顗所闡
述的「不斷癡愛，起諸明脫」、「於諸見不動，而修三十七品」、「愛見為侍，
亦名如來種」、「五無間，皆生解脫」等兩相對立，卻又相即的詞語，反應大
乘行法善於調伏，無所染礙，自在無縛，使即染即淨、即惡即善，是以毋須
像小乘「無體」，即能不斷而「斷」。也因此，智德、斷德圓滿至極，「卻討因
源」，亦映照性德緣因、了因本是圓滿。亦即，「智德菩提」是了因的圓滿果，
「斷德涅槃」是緣因的圓滿果。當「智、斷圓極」、「法身顯著」，即「三種佛
性義圓」。智顗云：

法身滿足，即是非因非果。正因滿，故云：隱，名如來藏；顯，名
法身。雖非是因，而名為正因；雖非是果，而名為法身。《大經》云：
非因非果，名佛性者。即是此正因佛性也。又云：是因非果，名為
佛性者。此據性德緣、了，皆名為因也。又云：是果非因，名佛性
者。此據修德緣、了皆滿。(《觀音玄義》) 〔註23〕

正因、緣因、了因此三種佛性，以及法身、如來藏，其實皆是「非因非果」，
始終圓滿。諸名之「體」皆同指含具真如實相義的「佛性」；只不過切入角度
不同，各有各的強調處，以致同義同體卻異名。為加以區別，智顗從形而上
的「非因非果」，以及相對言之的「因」與「果」，來闡述正因佛性；性德緣、
了；修德緣、了：正因佛性雖是非因非果，但為了凸顯是否為煩惱隱覆，而

〔註22〕〔隋〕釋智顗說，釋灌頂記，《觀音玄義》卷1，《大正藏》冊34，頁880下。
〔註23〕〔隋〕釋智顗說，釋灌頂記，《觀音玄義》卷1，《大正藏》冊34，頁880下。

「隱，名如來藏；顯，名法身」。亦即，智顗將正因佛性隱、顯的兩重狀態，分別名為「如來藏」與「法身」。並就此解釋正因佛性「非因非果」之由，在於：雖有「因」名，卻非等同能生義的「因」；雖正因佛性顯發，果滿成就，可名「法身」，但始終真實常存的「法身」卻非等同所生義的「果」。可知，智顗將正因佛性與法身齊從「非因非果」切入，並在相待之下，強調「如來藏」為佛性隱覆的狀態。又，意謂本來性具之德的「性德」，與修成之德的「修德」，可分指三因佛性顯發前與後的狀態。而此處，為強調持佛性者的福慧之「修」，而分別指涉緣因、了因佛性。且為凸顯「修」前的本具與「修」後的顯發，智顗並以相待的「因」、「果」表之。職是之故，以「是因非果」或「是果非因」言詮佛性，乃是方便權說。「智、斷圓極」、「法身顯著」，即意謂顯發佛性，是以「三種佛性義圓」。而智顗將佛性三分為三因佛性之由：一、立緣因、了因佛性，在於凸顯眾生縱使具有佛性，仍是有賴後天修行福德智慧，以顯發佛性真如理體；二、立正因佛性，一來可就煩惱隱覆與否，探究佛性理體隱、顯的狀態；二來可探討緣因、了因佛性為何與如何資發正因佛性。又，據上文，三因佛性「本自有之」，「教教皆具緣、了義」、「了是顯發，緣是資助」等，可得窺正因、了因、緣因佛性有體相用的關係；眾生皆平等本具，僅因修德功夫有別，以致所顯發之果德有等級之殊。若欲論究竟圓融圓滿之果，則唯有大乘圓教能及。智顗並云：

> 佛性通於因果，不縱不橫。性德時，三因不縱不橫；果滿時，名三德。故《普賢觀》云：大乘因者，諸法實相；大乘果者，亦諸法實相。智德既滿，湛然常照，隨機即應，一時解脫；斷德處處調伏，皆令得度。(《觀音玄義》)〔註24〕

就殊勝圓妙的圓教而言，佛性通達因果，自在無礙，在時空中非縱非橫。若不得不就相待的「因」與「果」切入：一、就「因」位言，性德正因、了因、緣因三種佛性，非次第之縱，非個別之橫。二、就「果」位言，當果滿成就時，即圓證法身、般若、解脫此三德涅槃。可知圓教無論從解門或行門切入，佛性恒是非因非果，非縱非橫，有異別教之縱橫差別。在此並可見，智顗以「實相」定位「佛性」。當智、斷具足，圓滿顯發佛性，即契會真如實相真義，應機解脫得度。此外，根據緣因、了因佛性重視福慧之「修」，是否可直接以

〔註24〕 〔隋〕釋智顗說，釋灌頂記，《觀音玄義》卷1，《大正藏》冊34，頁880下～881上。

正因佛性表「性德」，以緣因、了因佛性表「修德」，而將三因佛性作一二分？智顗若以性、修二德言三因佛性，有二種類型：一、就三因佛性之「因」位言「性德」，「果」位言「修德」。二、欲區分作爲眞如理體的正因佛性，以及相對權說的緣因、了因佛性，則視前者爲「性德」，後者爲「修德」。然而第二類型絕非爲割裂三因佛性彼此之關係，或爲隔歷性、修二德，而是爲強調修行的重要性。是以此方便權言，其究竟，仍是在闡述非縱非橫的性修不二。

所謂三因佛性，即指正因、了因、緣因佛性；三者彼此有著體、性、相的緊密關係。雖然可就本來性具之德的「性德」與修成之德的「修德」，或者從性、修相待而言的「因」位與「果」位，來論三因佛性，但由於修德乃是透過實際修行，顯發佛性，還其本來面目，因此三因佛性始終、或非始非終皆是「非因非果」。細言之：正因佛性與陰、我、法、人、緣、了等六法不即不離，修德究竟圓滿則爲超越時空、非縱非橫的法身；了因佛性，「觀人空」，是「顯發」、「般若觀智」、「慧行正道」、「智慧莊嚴」，修德成般若，究竟圓滿則爲智德菩提；緣因佛性，「觀法空」，是「資助」、「解脫」、「行行助道」、「福德莊嚴」，修德成解脫，究竟圓滿則爲斷德涅槃。三因佛性皆眾生平等等具。

二、由「緣、了」佛性論「性」惡

三因佛性與善惡有何關係？智顗云：

> 問：緣、了既有性德善，亦有性德惡否？答：具。（《觀音玄義》）
> 〔註25〕

「料簡緣、了」中，智顗展開一連串有關善惡的設問與答。如，簡捷有力的此段引文，表明性德緣因、了因佛性本是內具善惡。若說內具一切功德善根的緣因佛性，具有善、惡性能，尚符常理，那麼爲何智顗亦言了因佛性具有性德善、惡？此因：一、智顗學說中的「善」、「惡」，非止於道德義，而是以善順實相之理爲「善」，悖逆實相之理爲「惡」，因此亦可以「善」、「惡」，詮釋與般若智慧有關的了因佛性。一疑：若眾生與佛皆性具善惡，則樂欲生死、無惡不作的闡提，與善業圓滿的佛，有何差別？智顗云：

> 問：闡提與佛斷何等善惡？答：闡提斷修善盡，但性善在。佛斷修惡盡，但性惡在。（《觀音玄義》）〔註26〕

〔註25〕 〔隋〕釋智顗說，釋灌頂記，《觀音玄義》卷1，《大正藏》冊34，頁882下。
〔註26〕 〔隋〕釋智顗說，釋灌頂記，《觀音玄義》卷1，《大正藏》冊34，頁882下。

正因、了因、緣因佛性乃體、性、相的關係。由於正因佛性即形上之眞如理體，非相待之善惡、因果、生滅、增減所能詮言，因此上一段引文，智顗僅著重闡明「緣、了」具有性德善惡。然而雖是如此，卻亦不能否認正因佛性本具善惡雙重結構的事實。是以，在三因佛性本具善、惡之德，亦即性德善惡的條件下，將可推得：作爲修成之德的「修德」將「可能」具有善、惡。在此，以「可能」表之，在於眾生不因本具的善惡性德，而必然爲善或作惡，僅說明：在實地修行歷程，眾生「可能」自覺或不自覺地依個人心志、品性、性能，而修善或修惡。其中，闡提之爲闡提，在於斷盡修善之行，而純修惡行、純造惡業；佛之爲佛，在於斷盡修惡之行，而純修善行，純積累善業。然而追根究柢，闡提與佛皆自性本具善惡，彼此無異，是後天盡修惡德之故，才名符其實成爲黑暗化身的闡提；是後天盡修善德之故，而成就光明化身的佛。可知闡提與佛之別，不在於兩者皆本具善惡的「性德」，而在於「修德」上。也因此，智顗明白指出：縱使斷盡修善之行，闡提仍具性德善；斷盡修惡之行，佛仍具性德惡。亦即，在佛與闡提皆本具善惡的情況下，可一言蔽之爲，「闡提具性善；佛具性惡」，弔詭的打破常人慣性思維之見，並傳達闡提與佛一念之轉，亦有互換身分的可能。一疑：由於性德與修德含有因果關係的可能性發展，那麼如果可以「斷」修德善惡，是否性德善惡亦可「斷」？智顗云：

> 問：性德善惡，何不可斷？答：性之善惡，但是善惡之法門。性不可改，歷三世，無誰能毀，復不可斷壞。譬如魔雖燒經，何能令性善法門盡？縱令佛燒惡譜，亦不能令惡法門盡。如秦焚典坑儒，豈能令善惡斷盡耶？（《觀音玄義》）〔註27〕

智顗分別援引魔燒善經，與佛燒惡譜，以及秦始皇焚燒經書、坑殺儒士等三例，強調：自性本具的善惡之德，無誰能毀盡斷壞。亦即，具有善惡雙重結構的佛性恒不改不變、不增不減、不生不滅；縱是以破壞勝事爲最的「魔」、盡修善業的「佛」，以及世間總攬大權的赫赫帝王，亦不能絲毫毀壞。順此，吾人恐生疑，不斷盡善性的闡提是否能「令修善起」？不斷盡惡性的佛是否能「令修惡起」？智顗設答：

> 闡提既不達性善，以不達，故還爲善所染。修善得起，廣治諸惡。
> 佛雖不斷性惡，而能達於惡。以達惡，故於惡自在，故不爲惡所染。

〔註27〕 〔隋〕釋智顗說，釋灌頂記，《觀音玄義》卷1，《大正藏》冊34，頁882下。

修惡不得起，故佛永無復惡。以自在，故廣用諸惡法門，化度眾生。
終日用之，終日不染。不染，故不起。那得以闡提爲例耶？若闡提
能達此善惡，則不復名爲一闡提也。（《觀音玄義》）〔註28〕

闡提爲惡，不具善性；佛爲善，不具惡性，此乃俗知常見。智顗卻打破之，
申論闡提能「令修善起」，佛不能「令修惡起」。意謂闡提不能斷性德善，亦
因不通達性德善，反受影響，而能生起修德善以治惡；佛不能斷性德惡，卻
能通達性德惡，自在無礙，不被染著。修德惡無從生起，因此佛始終保有性
德善惡與修德善；修德善能生起，因此闡提不僅有性德善惡因，以及修德惡，
並具能治的修德善。此外，由於佛對性德惡通達而自在無礙，因此縱使鎮
日廣施方便，普用諸惡法門，以度化眾生，自身卻始終不被染著，不生修德
惡，而名符其實爲「佛」。又，闡提若能通達性德善惡，則不能名爲「一闡提」。
可見智顗：一、對充滿闇鈍無明、不達性善的闡提，給予修善便可能成佛的
保證；強調修德善的效用。二、雖言佛亦具性德惡，實地卻無擾無染清淨佛
身佛行，反更能善施以惡制惡、以欲止欲等方便法門，來普度眾生。三、明
白指出，闡提與佛之別，不在彼此本具的性德善惡，而在於是否能「達」：佛
能通達自性本具的善與惡，肯定所本具的一切，而不爲所羈，因此縱廣施惡
法門度眾，卻不被染著。闡提卻不能通達自性本具的善惡，以致反被善惡所
染；被惡所染時，盡修惡而名符其實爲「闡提」，而被善所染時，則有修善的
行爲，以致無「闡提」之名與實。本設問並加以答難的智顗，於此，並反問
自己所擬的設問者，有關佛具性惡的問題：

問：若佛地斷惡，盡作神通，以惡化物者，此作意方能起惡？如人
畫諸色像，非是任運；如明鏡不動，色像自形，可是不可思議理能
應惡。若作意者，與外道何異？（《觀音玄義》）〔註29〕

智顗援引「人畫諸色像」之例，提問佛於斷盡修德惡的佛境，神通廣開諸惡
法門，度化眾生，究竟屬於「作意」或「任運」。智顗認爲，佛因達惡而斷惡，
因此能以惡化物。亦即，佛由於不「作意」，以致能任運「應惡」，令「色像
自形」。智顗強調，但凡「作意」，則與外道無異。智顗並進一步申論之：

今明闡提不斷性德之善，遇緣善發。佛亦不斷性惡，機緣所激，慈

〔註28〕〔隋〕釋智顗說，釋灌頂記，《觀音玄義》卷1，《大正藏》冊34，頁882下。
〔註29〕〔隋〕釋智顗說，釋灌頂記，《觀音玄義》卷1，《大正藏》冊34，頁882下
～883上。

力所熏，入阿鼻，同一切惡，事化眾生。以有性惡，故名不斷；無
復修惡，名不常。若修性俱盡，則是斷。不得，爲不斷不常。闡提
亦爾，性善不斷，還生善根。如來性惡不斷，還能起惡。雖起於惡，
而是解心無染。通達惡際，即是實際。能以五逆相，而得解脫。亦
不縛不脫，行於非道，通達佛道。闡提染而不達，與此爲異也。（《觀
音玄義》）〔註30〕

智顗表示，闡提與佛雖具性德善惡，遇緣所發的修德果卻不同：闡提不能斷性
德善，以致逢遇善緣時，則發顯善性，修成善德；同理，闡提亦不能斷性德惡，
以致染著惡緣時，則發顯惡性，修成惡德，愈趨悖離佛道。因爲本具之故，佛
亦不能斷性德惡，然而卻不受其牽制染著；此外，在根機因緣所使、慈悲力量
所熏，佛並且能入阿鼻地獄，以惡法門度化眾生。易言之，縱使眾生有極逆理
的罪業，受佛度化之故，亦將得解脫；縱使佛施行極惡之極的法門，由於能通
達性惡，直契眞如法性之極，因此佛不僅不受煩惱纏縛，且無絲毫悖違佛法深
義。可知：一、就常理而言，邪行有違正道，然而由於佛能「通達」之故，因
此縱使佛極度施惡、行惡，亦不違佛道。二、眾生自性本具的善惡之德，眞實
恒常不改不變，彼此無別，然而所修成的善惡果德則隨眾生能否通達性善、性
惡而有別。智顗並指出，佛的特色是「不斷不常」、「不縛不脫」：「不斷」，因爲
性德惡乃是本具；「不常」，因爲能斷盡修德惡；「不縛」，因爲「能以五逆相，
而得解脫」；「不脫」，因爲「入阿鼻，同一切惡」。可知，佛並非純粹慈悲相；
在應機化度眾生時，亦有假施忿怒闡提的方便相。亦即，縱使佛有五逆相，實
際上，「惡際」並等同「實際」，「非道」並等同「佛道」，原因在於佛能「解心
無染」於性德惡。此外，就「不斷不常」、「不縛不脫」、「通達惡際，即是實際」、
「行於非道，通達佛道」等對立又可成立之語，可見佛具即染即淨、即善即惡
的妙思議能力；其樞紐關鍵，在於是否能「通達」。

若據智顗所闡述的佛：「有性德惡」、「不斷性惡」、「斷修惡盡，但性惡在」、
「縱令佛燒惡譜，亦不能令惡法門盡」，可知可以「性惡」二字簡賅定位佛之
性、成佛之性。亦即，佛本具「性惡」。此「性惡」說一反之前如來藏學一脈
傳下的：「如來藏縱是外覆無明煩惱，卻是始終清淨；煩惱乃外染，如來藏本
性清淨」，而明確揭示：佛本內具「惡」的性質、性能；佛性內具「惡」。無
論教內或教外、於當時或日後，智顗「性惡」說堪稱驚世駭俗，掀起不少人

〔註30〕　〔隋〕釋智顗說，釋灌頂記，《觀音玄義》卷1，《大正藏》冊34，頁883上。

重加省思佛性的成分與存在意義。考察之，可知智顗主要是從性德緣因、了因來論性惡。爲何智顗不從修德來切入？又，性德可三分爲正因、了因與緣因佛性之德，何以智顗特從性德緣因、了因來建構性惡說？綜結上文，加以回應之：

（一）性德與修德相對而言，可簡以「因」與「果」表之。性德了因，若圓滿成就，則爲智德菩提果；性德緣因，若圓滿成就，則爲斷德涅槃果。性德、修德雖皆有善惡之分，不可斷的性德善惡誠是眾生本具；縱是闡提亦具性德善、縱是佛亦具性德惡。闡提與佛會有地獄與天堂境界之別，乃是修德善、惡所造就。如此之說，是否意謂闡提恒是闡提，終世披著「極惡」的烙印？其實並非如此。闡提不通達性德善惡。若被惡緣所染，無復解脫時，確實當下名符其實是「闡提」，然而闡提若被善緣所染，亦能修善治惡。那麼，佛若行惡，是否意謂佛具修德惡？佛之爲佛，在於能通達一切。佛雖有性德惡，但能通達自在，因而能無修德惡，僅有修德善。若佛有「五逆相」，或施行惡法門，純粹是方便權法；佛始終是無染於惡。是以，修成之德雖有善惡之分，眾生基於是否通達佛性，而不一定必然有修德善或修德惡。眾生所修成的善、惡之德，主要攸關能否發顯佛性本來面目，並且修德善與惡並不像性德善與惡不增不減、不改不變、不生不滅，以致智顗從性德來論性惡，以本質論本質，有其原因。

（二）智顗將佛性三分爲正因、了因、緣因，恰恰呈顯佛性「體」、「相」、「用」三層面；三因佛性因是「體」、「相」、「用」關係，彼此不即不離，皆本具善惡之德。雖可就性德與修德來分述佛性的因、果面向，但「性惡」誠就佛性本體，亦即性德言之。而整體來說，性德三因佛性實皆非因非緣、非縱非橫、非因非果，然而爲顯發佛性的「相」、「用」，可說性德了因佛性內具「智慧莊嚴，顯出眞身」、「觀人空」之能；性德緣因佛性內具「福德莊嚴，顯出應身」、「觀法空」之能。世人難察眞如實相之「體」，卻能易察易解修福、修慧等功德之「相」，以及應於緣而活動之「用」。智顗應是有感於此，而爲了讓世人清楚明瞭性善、性惡顯發後的修德之異，特從佛性之「相」、「用」切入。在此並可回應學界對智顗所言的「性惡」說究竟屬本體或屬性的爭議：智顗「性惡」乃就「性德」而言，然而恐因爲較側重從「緣、了」談善惡，以致易引人生疑，以爲智顗所謂的「性惡」說是就佛性的屬性論之。智顗側重從性德了因、緣因佛性言之的原因之一，是爲了讓世人清楚明瞭性善、性

惡顯發後的修德之異，純是善巧方便之說。三因佛性恰是同「一」的「體」、「相」、「用」，因此作爲「相」、「用」的了因、緣因佛性非正因佛性的屬性；佛性所內具的「惡」，乃歸屬本體，無關屬性。若眞有學者以屬性視之，即是連帶以爲「體」之「相」、「用」屬於屬性，以致割裂緣因、了因佛性與正因佛性本是同體不二之關係。此說，有待商榷。

　　要之，從本節可知，智顗所言之「性」惡，乃就本體而言。由於性善、性惡，誠是非善非惡、意謂眞如實相的佛性的相對權說，因此智顗性惡說可定位爲圓教方便權言。然而又基於性德善惡本直指實相理體，因此亦不離圓教實法。智顗會特立性德具「惡」的用意，應是讓眾生與佛處於皆本具性德善惡的平等條件下，同處等一的起跑點，就此以強調修行的效用與重要性：只要願意修善，縱是極惡的闡提，亦能扭轉乾坤，步上成佛之道，而不復名「闡提」。

第二節　論《觀音玄義》性「具」惡

　　智顗性惡說之「性惡」，乃指性德惡，是本「性」所具。其說，於注疏《法華經・普門品》的《觀音玄義》中多處皆有論及：或假「通釋」「觀世音」與「普門」，明「性」惡義；或假「別釋」「觀世音」與「普門」，明性具性惡。前者，上文已述；後者，於此言之。

一、由別釋「觀世音」明性「具」惡

　　於《觀音玄義》，智顗「別釋」「觀世音」時，以三種世間、十法界、即心而具、一心三觀、法界互具、千種性相等見解，闡論「性具」與「性惡」。

（一）即心而具十法界

　　智顗以「境智因緣」，明「五章明義」中的「別釋」。其中，於「不思議境智」：

> 世者爲三：一、五陰世間；二、眾生世間；三、國土世間。既有實法，即有假人。假實正成，即有依報，故名三種世間也。世是隔別，即十法界之世。亦是十種五陰，十種假名，十種依報。隔別不同，故名爲世也。間是間差。三十種世間差別，不相謬亂，故名爲間。各各有因，各各有果，故名爲法。各各有界畔分齊，故名爲界。（《觀

音玄義》〔註31〕

此段引文，可簡單得知「三種世間」、「十法界」，以及兩者相乘的「三十種世間」等概念：一、三種世間：智顗將「世」分成三種：（一）五陰世間：五陰，意指色受想行識等五蘊；五陰世間，乃五蘊和合之世間。因爲是因緣和合，本性是「空」，可簡名爲究竟常住不變的「實法」。（二）眾生世間：眾生，乃假五蘊和合而成的「假人」；眾生世間，乃假名「假人」而成的假法世間。（三）國土世間：國土，乃五蘊和合之身所成就的所依之土；國土世界，結合五陰實法與假人假法而「假實正成」，是心身所依止的依報之土。二、十法界：引文雖未闡明何謂十法界，但從「各各有因，各各有果」、「各各有界畔分齊」所分釋的「法」與「界」，可知「法界」意謂諸法各有自體的因緣果，分界不同，且不相濫。三、三十種世界：據「世是隔別」、「間是間差」，再輔以每世間皆有各各差別的十法界，可知便有三十種不相謬亂的差別世間。智顗並釋「千法」：

> 今就一法界，復有十法。所謂如是相、性、究竟等。十界即有百法。
> 十界相互，則有千法。如是等法，皆是因緣生法。（《觀音玄義》）

〔註32〕

一法界中，並具如是相、性、體、力、作、因、緣、果、報、本末究竟等「十法」。如此，十法界即因十如是之故，而具「百法」。又因十界可互具，則共有「千法」。智顗強調如是千法皆因緣所生。那麼，因緣法究竟如何生起？智顗云：

> 六道是惑因緣法，四聖是解因緣法。《大經》云：無漏亦有因緣。因
> 滅無明，即是三菩提燈。是諸因緣法，即是三諦。因緣所生法，我
> 說即是空。亦名爲假名，亦名中道義。故明十種法界，三十種世間，
> 即是所觀之境也。此境復爲二：所謂自、他。他者，謂眾生、佛；
> 自者，即心而具，如《華嚴》云：心如工畫師，造種種五陰。一切
> 世間中，莫不由心造。（《觀音玄義》）〔註33〕

不僅十如是乃因緣生，體性空無的空諦、假相存在的假諦、空假二性不二一

〔註31〕 〔隋〕釋智顗說，釋灌頂記，《觀音玄義》卷1，《大正藏》冊34，頁884上。
〔註32〕 〔隋〕釋智顗說，釋灌頂記，《觀音玄義》卷1，《大正藏》冊34，頁884上。
〔註33〕 〔隋〕釋智顗說，釋灌頂記，《觀音玄義》卷1，《大正藏》冊34，頁884上
　　　　～中。

如的中諦、地獄界至天界的六道、聲聞界至佛界的四聖，以及十法界與三種世間相乘的三十種世間等，皆是因緣所生法。智顗溯源至能觀者的所觀之境，由「即心而具」、「心如工畫師，造種種五陰」，說明因緣所生的諸法皆由「心」造，就此奠下十法、百法、千法等因緣法中，「心」的無上地位：有漏法、無漏法；纏縛眾生不得解脫之法、解脫之法；假法、真法；惡法、善法等皆因緣生，皆「即心而具」。又，引文將「假實正成」的所觀之境二分為自、他，則屬於眾生、佛的他境是否與「即心而具」的自境相同，亦具十法界？智顗以問答方式解之：

> 問：自、他那得各具十法界？答：觀身實相，觀佛亦然。《華嚴》云：心然，佛亦然。心、佛及眾生，是三無差別。豈不各各具三諦境耶？
> （《觀音玄義》）〔註34〕

智顗以「心、佛及眾生，是三無差別」等語，說明自境即他境；佛心即眾生心；但凡眾生清楚明白觀照自心，即等同佛，即契入離妄顯真的實相。是以在「即心而具」之下，可言：每一境並具空、假、中三諦義；當能觀得，即冥契真如實相之理。是以，心、佛、眾生各各皆具空、假、中三諦境。由此可揭示，智顗傳達一觀念：無論是佛或眾生，皆具「惑因緣法」的六凡，以及「解因緣法」的四聖。亦即，此十法界，佛與眾生皆具，並為佛「心」或眾生「心」所造、所具之境。因此可推得：「心」造十法界、「心」具十法界。為何「心」有如此能力？由章二、章三可明確得知，智顗定位「心」即「佛性」。因為「心」、「佛性」具善惡之性，因此能造含括聖、凡；解、惑的十法界。就此，並可反向言之：由於十法界乃是持具善與惡之性者所依之境，因此溯源之，「心」、「佛性」乃具善惡之性，亦即呼應節名「性具性惡」。

（二）一心三智三觀三諦

智顗於「不思議境智」中明「觀」。其中，順「傍境明智」之途，智顗並以「三諦」，闡明所觀之境：

> 今約三諦明觀。若通論，十法界皆是因緣所生法，此因緣即空即假即中。即空，是真諦；即假，是俗諦；即中，是中道第一義諦。若別論，六道界是因緣生法；二乘界是空；菩薩界是假；佛界是中。（《觀音玄義》）〔註35〕

〔註34〕〔隋〕釋智顗說，釋灌頂記，《觀音玄義》卷1，《大正藏》冊34，頁884中。
〔註35〕〔隋〕釋智顗說，釋灌頂記，《觀音玄義》卷2，《大正藏》冊34，頁885上。

所謂三諦，即是：一、眞諦：觀諸法皆因緣和合所生，本無自性，空寂無相，而得諸法皆「空」之理；二、俗諦：觀諸法緣起性空，但以假名假法存在，而得諸法皆「假」之理；三、中道第一義諦：能兼觀諸法緣起性空及假名假法，亦即能觀即眞即俗、即空即假的中道之理。智顗表示，持三諦之理觀十法界，將可就兩面向言：一、通論：四聖六凡此十法界皆是因緣所生法，當下即空即假即中；二、別論：從地獄界至天界的六道法界是因緣所生之法；聲聞界、緣覺界是析色入「空」之法；菩薩界是因緣施設的「假」法；佛界是非「空」非「假」、圓融一切法的妙「中」。從這三諦理可知，智顗通別二說，乃依判教來闡明次第三觀與一心三觀。智顗於「對境明觀」亦表明：

> 次第者，如《瓔珞》云：從假入空，名二諦觀。從空入假，名平等觀。二觀爲方便，得入中道第一義諦觀。（《觀音玄義》）〔註36〕

次第三觀，即以次第方式，藉二諦觀或平等觀等方便法，而入實相殊勝妙義。所謂二諦觀，即是空諦；亦即，出虛假境界，而入眞諦空理，就此不但證得空諦，並同時能以俗諦歷然顯現。所謂平等觀，即是假諦；亦即，透過觀法，瞭然因緣所生的事物，縱然事相千萬差別，卻因皆是因緣和合之故，體性實空無，彼此無別，由此得觀三千諸法爲假。所謂中道第一義觀，即是中諦，能非空非假的契入實相眞義。從「諦觀」二字並可知，若欲得知眞實離妄之理，有賴「觀」法；亦即，透過空、假、中三觀，將能分別證得空、假、中三諦。而觀法是次第進行或當下即空即假即中觀，則有次第三觀與一心三觀之別。智顗並闡明三智：

> 此之三觀，即是《大品》所明三智：一、一切智。知一切內法、內名，一切能知能解；一切外法、外名，能知能解。但不能用以一切道，起一切種，故名一切智。二、道種智。能知一切道種差別，則分別假名無謬，故名道種智。三、一切種智。能於一種智，知一切道，知一切種。一相寂滅相，種種行類能知能解，名一切種智。通而爲論觀智，是其異名。別而往目，因時名觀，果時名智。（《觀音玄義》）〔註37〕

若欲進行空、假、中三種觀法，則首先須回歸至能觀的主體，探討是否持有一切智、道種智、一切種智，因而通論可異名爲「觀智」；別論則可依因、果

〔註36〕〔隋〕釋智顗說，釋灌頂記，《觀音玄義》卷2，《大正藏》冊34，頁885上。
〔註37〕〔隋〕釋智顗說，釋灌頂記，《觀音玄義》卷2，《大正藏》冊34，頁885上。

異時而名「觀」、「智」。為何「智」要分一切智、道種智、一切種智這三種？若依與空、假、中三觀對應的關係，可知三智依能知解真相的淺深比例而有別：一、一切智：能破見思惑，以空性知解教內、教外法，但尚不知一切道種差別，及諸法事理；二、道種智：能破塵沙惑，悉一切道種差別假名；三、一切種智：乃最究竟。能破無名惑，以佛智知一切法，舉凡一相、寂滅相，種種行類相貌，皆能知曉。由上可知，三觀、三智、三諦彼此恰是對應關係。

　　將三觀、三智與四教合論，亦即在以教觀闡論藏、通、別教的次第三觀後，智顗並闡論圓教的一心三觀：

> 圓教者，此正顯中道，遮於二邊。非空非假，非內非外。觀十法界眾生，如鏡中像，水中月。不在內，不在外，不可謂有，不可謂無，畢竟非實，而三諦之理宛然具足，無前無後，在一心中，即一而論三，即三而論一。觀智既爾，諦理亦然。一諦即三諦，三諦即一諦。
> （《觀音玄義》）〔註38〕

智顗假遮撥方式，說明作為彰顯究竟實相的圓教，不能僅取空、假、內、外一端來作為教義內涵。當透過觀法，可知十法界眾生，猶如水中倒映的明月、鏡裡幻現的景像，並無究竟實體，以致可用空、假、中三觀，契入非有非無、非內非外之理。其中，「三諦之理，宛然具足」，於此段宣說圓教教義與特質的引文中，頗有畫龍點睛之效。尤其「宛然具足」四字，清楚指出所有因緣和合之法無前無後，當下即蘊含空、假、中三諦。但凡透過能觀之智，即能當下證得：「在一心中，即一而論三，即三而論一」；「一諦即三諦，三諦即一諦」。智顗並援文表之：

> 《大品》云：有菩薩從初發心，即坐道場，轉法輪度眾生。即於初心，具觀三諦。一切佛法，無緣慈悲，於一心中，具修萬行諸波羅蜜。入十信鐵輪，已能長別苦輪海。四住惑盡，六根清淨名似解。進入十住銅輪，初心即破無明，開發實相，三智現前。得如來一身、無量身，湛然應一切。即是開佛知見，示悟入等。文云：正直捨方便，但說無上道。又云：今當為汝說最實事。即是圓教一實之諦，三觀在一心中也。（《觀音玄義》）〔註39〕

智顗援引《大品般若經》，申論圓教一心三智三觀三諦之理。智顗肯定，但凡

〔註38〕〔隋〕釋智顗說，釋灌頂記，《觀音玄義》卷2，《大正藏》冊34，頁886中。
〔註39〕〔隋〕釋智顗說，釋灌頂記，《觀音玄義》卷2，《大正藏》冊34，頁886中。

菩薩初發求菩提之心，即得道而入圓教究竟位，並能說法度眾。何以於初心即成究竟正覺？從引文「具觀」、「具修」、「應一切」，可窺：諸法皆當下內具三諦之理；諸有情眾生皆內具一心能三智三觀三諦的能力。而在藏、通、別、圓四教中，智顗指出，唯於圓教，只要菩薩行者有發心之意識與行爲，其心即當下啓開這種能力。亦即，發心的菩薩能懷無眾生緣的慈悲，以三智當下進行三觀，在一心中具修一切能至佛果的行法，而契入即空即假即中三諦。並於當下，證入十信位的鐵輪王，別離輪轉不止的生死苦果，斷盡四住惑，消除眼等六根無始以來的罪垢。並於當下，證入十住位的銅輪王，其初發心即能摧破無明昏闇，開顯諸法實相，一切智、道種智、一切種智皆具現前，由此證得如來一身、無量身，了知照見諸法實相的佛智慧。此段引文，看似同別教以次第方式言及，輾轉摧伏十信鐵輪、十住銅輪等關卡，其實乃是以善巧方式作分解敘述。實際上，圓教菩薩修證爲佛的過程，但凡初發心，即能當下以三智來三觀三諦。而三智、三觀、三諦雖以「三」言說，卻是方便法門。若欲言「實事」，即是：「圓教一實之諦，三觀在一心中」，顯見「心」的重要。是以，從三諦與一實之諦之別，可知智顗的「權」、「實」態度。智顗並設問與答：

> 問：若觀十法界非空非假者，即是破一切因果耶？答：若不明中道，則不識非權非實，亦無權無實，則無四番因果；若明中道，則權實雙照，得有三種權四諦苦集因果，三種道滅因果，乃至一實無作四諦世出世因果，宛然具足在一念心中。（《觀音玄義》）〔註40〕

若以權實定位三諦，則空、假二諦乃權法；中諦爲實法。若不明中道觀法，則不識非權非實、無權無實的十法界妙法，即無四番因果。反之，若明中道觀法，則能雙照空假二諦，以一念心總攝世出世因果。可知，智顗強調中道觀法通達權實二法，確立其價值地位與重要性。若無中觀，易滯於有無一端，不得觀中道之理，以致不能契入諸法究竟實相。若欲具觀十法界、出世因果法，關鍵於「一念心」。智顗進一步言及：

> 明觀心者。夫心源本淨，無爲無數，非一非二，無色無相，非偏非圓。雖復覺知，亦無覺知。若念未念，四運檢心，畢竟叵得，豈可次第、不次第；偏、圓觀耶？猶如虛空，等無有異，此之心性，畢竟無心。有因緣時，亦得明心。既有論心，即有方便。正觀之義，

〔註40〕〔隋〕釋智顗說，釋灌頂記，《觀音玄義》卷2，《大正藏》冊34，頁886下。

譬如虛空，亦有陰陽兩時。心亦如是，雖無偏圓，亦論漸頓。若作
次第觀心者，即是方便漸次意也。若觀心具有性德三諦、性德三觀，
及一切法，無前無後，無有次第，一念具足。十法界法，千種性相，
因緣生法，即空即假即中。千種三諦，無量無邊法，一心悉具足，
此即不次第觀也。(《觀音玄義》)〔註41〕

從上文可知，智顗闡論次第與不次第觀心，並由此與權法、實法相應。而此
段引文，則進一步以因緣法來言及，次第與不次第、權與實，乃「方便」言
之；若予以正觀，將究竟探得：佛與眾生之本「心」，其實是「無為無數，非
一非二，無色無相，非偏非圓」；未念、欲念、正念、念已等「四運檢心，畢
竟回得」。是以，「心源本淨」的「淨」字，除了指本是清淨無染，並指通達
實相無相的「虛空」。也因此，可言「心」是「覺知，亦無覺知」的「無心」；
亦即，「虛空」義的「心」。該「心」實際上非有非無、非無非有，並無偏圓、
漸頓之別，但因因緣法之故，方便示眾，以致「觀」法上有相待之別：一、「次
第」觀「心」：乃以方便法漸進，而契入至極的實相；二、「不次第」觀「心」：
當下一心具觀性德三諦、性德三觀、一切法，十法界法、千種性相、千種三
諦、無量無邊法。可知，眾生的心本是圓具無染。若正觀之，皆猶如虛空，
非有、無、偏、圓能述之。然而觀心者的觀法，或次第觀心、或不次第觀心，
將導致能否具觀即空即假即中的諸法實相。此外，智顗所言的「虛空」、「無
心」，頗有般若宗緣起性空之風，但其立創的「心具有性德三諦、性德三觀，
及一切法」、「因緣生法，即空即假即中」等說，清楚揭示與前人「性『淨』」
的佛性論不同。智顗並云：

《華嚴》云：一切世間中，無不從心造。心如工畫師，造種種五陰。
若觀心空，從心所造，一切皆空；若觀心有，從心所生，一切皆有。
心若定有，不可令空；心若定空，不可令有。以不定空，空則非空；
以不定有，有則非有。非空非有，雙遮二邊，名為中道。若觀心非
空非有，則一切從心生法，亦非空非有。如是等一切諸法，在一心
中。若能如是觀心，名上上觀，得諸佛菩提。(《觀音玄義》)〔註42〕

依智顗的思維脈絡，「『性』具」的「性」，乃結集性德正因、了因、緣因佛性，

〔註41〕〔隋〕釋智顗說，釋灌頂記，《觀音玄義》卷2，《大正藏》冊34，頁887上
～中。
〔註42〕〔隋〕釋智顗說，釋灌頂記，《觀音玄義》卷2，《大正藏》冊34，頁887中。

三者有體、性、相不即不離的關係。若論「心源本淨」，應指性德正因。「心如工畫師，造種種五陰」一句，「工畫師」應指性德緣、了二因，「五陰」應指性德緣、了二因攀緣外境後，所得的修德善惡之果。諸法皆由心造，由心變現，以致「心」主宰世界的美醜、優劣、得失、冷熱、亮闇、善惡、好壞，因而此「心」是否「存在」，將以認知方式決定世界是存在或不存在，以及所觀的外境諸法存在與否：心「實」存，則心所生的諸法將是實有。反之，心「實」無，則心何能生諸法，以致可說諸法將蕩然消泯。然而心實「非空」、「非有」，因而由心所生的諸法，亦實爲「非空」、「非有」。若能如是觀心，不僅是上上觀，亦是圓觀、正觀；所證得的，不僅是諸佛菩提，亦是圓滿法身、無上涅槃。智顗進一步闡明「觀心」：

> 《淨名》云：觀身實相，觀佛亦然。觀身相既等於佛，觀心相亦等於佛。《華嚴》云：心、佛，及眾生，是三無差別，當知觀此心源與如來等。若作餘觀，觀心皆是方便，名爲邪觀；若作如此圓觀，名爲眞實正觀，即開佛知見，坐如來座。如此慈悲，即是入如來室；安忍此法，即是著如來衣；修此觀慧，即是如來莊嚴。其人行住坐臥，皆應起塔，生如來想。如此觀心，名觀佛心也。（《觀音玄義》）〔註43〕

由智顗援引《維摩經》「觀身實相，觀佛亦然」〔註44〕、《華嚴經》「心、佛及眾生，是三無差別」，〔註45〕及所推論之語，再度揭示「觀心」的重要。心、成正覺的佛、有情眾生，就本質言，三者齊一無別。佛或眾生，其心本清淨無染。若能「圓觀」己心、眾生心，即等同「觀佛心」。此觀，可名「眞實正觀」，能啓開能照見諸法實相的佛慧，能如《法華經》所言，「入如來室，著如來衣，坐如來座」，〔註46〕能有慈悲、忍辱、福慧等美行，能如法於行住坐臥中生如來想。可見，觀心圓滿，則觀心的行法亦是圓滿。此外，若不能圓觀，觀心即未究竟，名爲邪觀。

心的眞貌究竟如何？若離妄契眞的觀之，將有何發現？又，心將會引領

〔註43〕　〔隋〕釋智顗說，釋灌頂記，《觀音玄義》卷2，《大正藏》冊34，頁887中。

〔註44〕　〔後秦〕鳩摩羅什譯，《維摩詰所說經》卷3，《大正藏》冊14，頁554下～555上。

〔註45〕　〔東晉〕佛馱跋陀羅譯，《大方廣佛華嚴經》卷10，《大正藏》冊9，頁465下。

〔註46〕　〔後秦〕鳩摩羅什譯，《妙法蓮華經》卷4，《大正藏》冊9，頁31下～32上。

吾人至何處？由「心具有性德三諦，性德三觀」，可知心具性德；性德具善惡；性德可就正因、緣因、了因佛性言之。心能具一切法，其因在於「心如工畫師，造種種五陰」；心能三觀三智三諦十法界千種性相，其因在於「一念具足」。心如祕密寶藏，能開顯善惡諸法，然而若不假圓教觀法，則恐止於偏教之說。

二、由別釋「普門」明性「具」惡

智顗「性惡」說，可謂「性（具善）惡」、「性（具性德善）惡」說之簡稱。性惡說，並非在揭示本具惡性的「佛」非名實相符，而是要強調：眾生平等，皆具性德善惡；若後天加以修善行，則人人皆有成佛可能。智顗於《觀音玄義》，以多重方式建構此說，諸如透過通釋「觀世音」「普門」明「性」（德）惡，以及別釋「觀世音」的境智討論，闡明心具性德、圓教的心能具觀一切善惡諸法。此外，別釋「普門」中更進一步說明十如是的由來、十法界何以互具等，更加讓心具性德、性德具善惡、心具千種性相善惡諸法等說的輪廓更加清楚。

（一）「普門」釋名

據「心通三諦，稱之為普也」，〔註47〕可知智顗以圓融三諦創造性詮釋「普」字，而「普門」之意藉此可推：

> 圓教四門，頓通常住。此則四四十六教門。又有十六觀門，合三十二門。能通之義，分別其相，在大本《玄》中。……圓教四門，名不異別。但一門即三門，三門即一門。不一不四，無歷別之殊。圓融不四之四，一一判不思議行位之相。由門通理，此義皆在大本。（《觀音玄義》）〔註48〕

智顗闡明藏、通、別、圓四教均具「能通」的有門、空門、亦空亦有門、非空非有門等四門，然而依四教之別，四門並名同實異。單據智顗以「心通三諦」釋義「普」字，可知「普門」是就圓教而言：圓教四門，圓通常住，依教、觀之別，而有十六教門與十六觀門，並可合為三十二門。然而雖分諸門，其實當下「一門即三門，三門即一門。不一不四，無歷別之殊」，以致四門可圓融為「不四之四」，使無別異，一一可判為不思議行位之相。可知，智顗指出圓教雖分四門，其實「由門通理」，彼此不異，皆可通至真如實相之道。又，智顗云：

〔註47〕 〔隋〕釋智顗說，釋灌頂記，《觀音玄義》卷2，《大正藏》冊34，頁888下。
〔註48〕 〔隋〕釋智顗說，釋灌頂記，《觀音玄義》卷2，《大正藏》冊34，頁887下。

　　明普不普者。……唯圓教教觀實相法門，能遍十法界、千性相。三
　　諦一時圓通。圓通中道，雙照二諦，獨稱爲普門也。(《觀音玄義》)
　　〔註49〕

智顗「明普不普」以釋「普門」。意謂圓教教相與觀心的實相法門，能遍及十
法界，一時圓通。由於圓通中道，雙照空假二諦，名爲「普門」，而別教四門
無此效用，不可以「普門」稱之。此外，智顗並強調，「普門」即「不二門」：

　　如《淨名》中說，入不二門者，生死、涅槃爲二。不依生死，不依
　　涅槃，名爲不二，亦復非一。何以故？既除於二，若復在一。一對
　　不一，還復成二，豈名不二耶？今不在二，故言不一不二，亦名不
　　有不無。不有，是破假；不無，是破空。不有，是破二；不無，是
　　破一。若爾者，應存中道；中道亦空。《大經》云：明與無明，其性
　　不二。不二之性，即是中道。中道既空於二邊，此空亦空，故名空
　　空。空名不可得空，是爲入不二法門，即是圓教就空門辯普門之意
　　也。三十一菩薩，各說不二門。文殊說無說，爲不二門。《淨名》杜
　　口，爲不二門。(《觀音玄義》)　〔註50〕

智顗假生死與涅槃、明與無明的關係，釋「普門」亦爲「不二門」。智顗援引
《維摩詰經》，以遮撥的兩難方式闡明：於「不二門」，生死與涅槃「不一不
二」、「不有不無」：「不一」在於「生死、涅槃爲二」；「不二」在於「一對不
一，還復成二」；「不有」是破因緣和合的假法，是「破二」；「不無」是破萬
法的空無，是「破一」。又，智顗並援引《大般涅槃經》「明與無明……，其
性無二」，〔註51〕說明「不二之性」即爲中道，而「空於二邊」的中道並因本
身亦空，而得名「空空」。就「中道亦空」、「中道既空於二邊，此空亦空，故
名空空。空名不可得空，是爲入不二法門」，可知所謂「不二門」，非止於與
「一」或「二」相待的「不二門」，而是可進一步指「不一不二」門。此「不
一不二」四字頗爲弔詭，令人費解是否指非「一」、非「二」的他物？其實不
然。「不一不二」即指超越文字載體、言語道斷、離妄顯眞的究竟絕待之實相，
因此該引文中的「空門」或「不二門」有二重解說：一、「空於二邊」，用文

〔註49〕　〔隋〕釋智顗說，釋灌頂記，《觀音玄義》卷2，《大正藏》冊34，頁888上。
〔註50〕　〔隋〕釋智顗說，釋灌頂記，《觀音玄義》卷2，《大正藏》冊34，頁888上。
〔註51〕　〔北涼〕曇無讖譯，《大般涅槃經》卷8，《大正藏》冊12，頁410下；見〔宋〕
　　　　釋慧嚴等，《大般涅槃經》卷8，《大正藏》冊12，頁651下。

字雙遮的中道之門;二、指「中道亦空」,超越空、假、中,非語言文字能表詮的實相境界。可知「就空門辯普門之意」中的「空門」,有別藏、通、別教四門中的「空門」。至此,有一疑:若圓教空門即指「無說」、「杜口」的「不二門」,那麼圓教另三門指什麼?據上文「圓教四門,名不異別。但一門即三門,三門即一門。不一不四,無歷別之殊」,即可得知,四門即是一門;雖論述的渠徑是分別從有、空、亦空亦有、非空非有等四門切入,但乃殊塗同歸,皆指大道實相。智顗並援文,闡釋圓教四門:

> 肇師注云:諸菩薩歷言法相,即有門。文殊言於無言,此即空門。《思益》云:一切法正,一切法邪,亦是普門意。遊心法界如虛空,是亦空亦有門。《淨名》默然,即非空非有門。《大品》四十二字門,先阿後茶中有四十字,皆具諸字功德。此亦是不二普門。(《觀音玄義》)〔註52〕

上段引文曾載,「文殊說無說,為不二門。《淨名》杜口,為不二門」,而此處卻載,「文殊言於無言,此即空門」、「《淨名》默然,即非空非有門」,則是否有矛盾處?其實並無,因為圓教所言四門,乃善巧權宜度眾,而分四面向指涉不二之理。此處引文,為分別與「無門」相待的「空門」、與超越一切相待的「非有非無門」,以致智顗援引《維摩經》中文殊菩薩以言語解說「無言」之例,定位「空門」;援引該經維摩詰居士未透過語言文字的「默然」之例,定位「非有非空門」,就此強化「空空」的難以言喻。亦即,分說之:一、有門:該門就三諦相即之「假」而言,可就假觀觀得法界存有差別事相的假法,是以「菩薩歷言法相」。二、空門:該門就三諦相即之「空」而言,可就空觀觀得諸法緣起性空之理。三、亦空亦有門:該門就三諦相即之「中」而言,是以能含融相待的正法、邪法;能以「法界」對應「有」,以「虛空」對應「無」,因此「遊心法界如虛空」,兼具相待的「有門」與「空門」。四、非空非有門:指超越言語的實相之門。而智顗雖言四門,其實乃同體言說。此外,智顗並援舉《大品般若經》「四十二字門」,來比配圓教四十二位。然因智顗定位圓教有初心即證究竟位之說,使可作為一切字義根本的四十二字門中的每一門,當下即是「有」、「空」、「非有非空」、「亦有亦空」四門,亦即具有諸字功德的「普門」。此外,《思益經》「一切法正,一切法邪」,〔註53〕點出「普

〔註52〕 〔隋〕釋智顗說,釋灌頂記,《觀音玄義》卷2,《大正藏》冊34,頁888上。
〔註53〕 〔後秦〕鳩摩羅什譯,《思益梵天所問經》,《大正藏》冊15,頁36中。

門」含攝正法、邪法，可與「性具性惡」思想作一聯結。又因一門即普門，因此於實相之前，相待義的善、惡、有、無，其實皆含攝於一切法內。

由上可知，智顗以即空即假即中之圓融三諦，來詮釋「普門」。因圓融通理，非一非二、非有非無，因此亦名「不二門」。就此並可徵實智顗之性「具」，與「普門」相互呼應。

（二）以「慈悲普」爲例

據《觀音玄義》「五章明義」之「普門」釋名及相關義涵，可知普門雖立十門，卻是以圓融中道之妙觀，通往一實平等之圓教不二門。在此，並舉「普門」「十義」中的「慈悲普」爲例，以三種慈悲，闡明一念心具十法界、千種性相之說中，內蘊性具性惡思想：

1. 眾生慈普

智顗云：

> 今觀十法界眾生假名，一一界各有十種性、相，本、末、究竟等。十法界交互即有百法界、千種性相，冥伏在心。雖不現前，宛然具足。譬如人面，備休否相。庸人不知相師善識。今眾生性相，一心具足，亦復如是。凡人多顛倒，少不顛倒，理具情迷。聖人知覺即識，如彼相師。知此千種性相，皆是因緣生法。若是惡因緣生法，即有苦性相，乃至苦本末。既未解脫，觀此苦而起大悲。若觀善因緣生法，即有樂性相，乃至樂本末。觀此而起大慈，具解如《大本》。
> （《觀音玄義》）〔註54〕

智顗學說中，「心」與「佛性」相即。於此，智顗以「心」詮之：佛與眾生之心本具善惡性相。縱使處於「不現前」的「冥伏」狀態，心始終宛然本具十如是、百法界、千種性相。之本具千種性相，在於四聖六凡等十法界，界界各具十種相、性、體、力、作、因、緣、果、報、本末究竟等如是，再加十法界互具爲百法界，則有諸種性相。眾生雖然本具，卻往往因無明顛倒妄想之故，依緣起造，而無能真識美醜優劣善惡等事相背後所涵蘊之實理，是爲「理具情迷」。反之，聖人猶如相師，能善識千種性相皆因緣所生法，即空即假即中。若以苦樂言之，可說：惡、善因緣生法，即意謂有苦、樂的十如是，以致有解脫與否之別。若能圓觀苦十如，則生大悲；圓觀樂十如，則生大慈。

〔註54〕〔隋〕釋智顗說，釋灌頂記，《觀音玄義》卷2，《大正藏》冊34，頁888下。

可知惡與苦，善與樂有著緊密的關係。又，眾生皆具「千種性相」，聖者「知覺即識」，凡者「理具情迷」而不識，揭示：眾生皆有性德善惡，一心本具三智三觀三諦，但卻有正、邪觀之別。智顗並釋名十如是：

> 地獄界如是性者。性，名不改。如竹中有火性。……心有地獄界性，亦復如是。地獄相者，攬而可別，名之爲相。善觀心者，即識地獄之相。……體者，以心爲體。心覺苦樂，故以當體。……乃至運御，名力。……作者爲動，曰作。……因者，業是因也。緣者，假藉爲緣也。……果者，習果也。……報者，報果也。……本者，性德法也。末者，修得法也。究竟等者，攬修得即等有性德；攬性德即具有修得。初後相在，故言等也。地獄界，十相性既如此，餘九亦然。
>
> （《觀音玄義》）〔註55〕

智顗雖以地獄界爲例，闡明十如是，但其實亦揭示餘九界亦如是：一、如是「性」：諸法之性，含括眾生本具之佛性，恒不生不滅，不變不易。二、如是「相」：外顯之相，發攬而可別。三、如是「體」：以能覺知苦樂的心爲本體。四、如是「力」：運用所立之功能。五、如是「作」：身口意三業之所爲，亦即指作者所作之善惡。六、如是「因」：指習善或習惡而所造之業，爲果之種。七、如是「緣」：指助因。八、如是「果」：指習因之果。九、如是「報」：指應報。如法依於過去善惡之業因，而得今生苦樂之報。或，依於今生善惡之業因，而得來生苦樂之報。十、如是「本末究竟等」：「本」指性德；「末」，指修德；「究竟等」，指性德即修德，攬後者即等有前者，攬前者即具有後者，究竟平等一如。從中可知：每一法界皆具十如是。行者若能善觀己心法爾本具的千種性相，即意謂能得觀十如是。順理可推，能得觀十如是之理，即意謂深契眞如實相之理，想當然，能善識千種性相。雖然眾生本具性德善惡，但處於地獄界之眾生，想當然，乃顯「惡」之十如是。亦即，眾生之處於地獄界，在於本具性德善惡，卻無施修德善以治惡，則：於外，有地獄相；於內，有覺苦的心體、惡力、作惡者、惡因、惡緣、惡習果、惡報果、惡本末究竟等。進而可知，除佛界圓顯至善之十如是；餘九界眾生隨善惡程度等級而有別，所顯或冥之「善」或「惡」之性亦有不同。然而不管性德「善」或「惡」是冥或顯，十法界宛然本具十如是。智顗並云：

問：當界有十性相可然，云何交互相，有餘界？交互已難可信，云
何地獄有佛性相本末耶？答：《大經》云：夫有心者，皆當得三菩
提。……雖在地獄，佛性之理究竟不失，故知地獄界即有佛性。佛
相者，即是性德之相也。……體者，即是地獄界心，實相理也。力
者，法性十力，變通大用也。作者，從無住本立一切法……。因者，
正因也；緣者，性德緣、了也。果，即般若，菩提大果也。報即大
涅槃果，果也。本即性德，末即修得。等者，在性德中。性德中，
亦具修得相貌，故言究竟等也。

智顗不僅闡明，一法界本具十如是，並以答難方式，解釋為何十法界「交互
相」而有百法界，以及為何一法界並具餘法界之十如是。首先，智顗強調，
無論眾生處於何種境界，但凡有心，即可證得三菩提，即不失佛性之理，是
以可說：地獄界眾生，除了具該界之十如是，並具佛界之十如是，原因是，
基於眾生本具佛性，因此地獄界眾生如是具有：佛「性」；性德之「相」；與
「心」相即的實相理「體」；變通大用的法性十「力」；無住本之自在運「作」；
作為習「因」的正因佛性；作為「緣」助之因的緣、了因佛性；作為習「果」
的菩提佛果；作為應報的大涅槃「果」；性德的「本」、修德的「末」，以及性
德與修德究竟平「等」一如。以地獄界眾生同具佛界之十如是之例可知，該
界眾生除了具有該界之十如是，並具餘九界之十如是。同理，佛界之佛除了
具該界之十如是，並具餘九界之十如是。此即呼應智顗所強調：眾生與佛本
具性德善惡。佛除具佛性，並具地獄性、餓鬼性……等餘九界之性；地獄界
眾生除具地獄性，並具佛性、菩薩性、餓鬼性……等餘九界之性；餘界皆可
依此類推。由此可證得，何以「十法界交互即有百法界、千種性相」。又，上
文曾言，正因與緣因、了因佛性，恰為體、性、相的關係。既是如此，何以
此處並言及，「因者，正因也；緣者，性德緣、了也」？智顗性、修二德，有
兩種切入角度：一、正因、了因、緣因佛性為眾生本具之性德，法身、般若、
解脫三德為修成之德。二、正因佛性為性德，緣因、了因佛性為修德。第二
說，凸顯緣因佛性能積累功德萬行，資助了因佛性啟觀照之智，觀達真性，
顯發正因佛性，恰好呼應智顗以「因」、「緣」，來分別闡述正因佛性，以及緣
因、了因佛性。如此，是否意謂三因佛性有隔歷之別，並內含割裂之關係？
據智顗釋名「如是本末究竟等」：「本即性德，末即修得。等者，在性德中。
性德中，亦具修得相貌」，可知無論是以「因」、「緣」，或以性、修二德言詮

三因佛性，皆是相待之方便權說，三因佛性本是同一，而直契眞如實相理體。又，據引文「有『心』者，皆當得三菩提」、「體者，即是地獄界『心』」，恐令人生疑：作爲證成十法界、十如是、百法界、千種性相之主體，是否僅指具有意識「心」、感知「心」的眾生，而無含括無情識的木石？智顗中道佛性論與三因佛性論最大之別，在於：一、前者立基「法性」即「佛性」、即三因佛性中的「正因佛性」、即「眞如實相」理體，闡述無論有情或無情，皆具佛性。二、後者則強調，成佛的條件，不僅具有佛性，更是要付諸修行實踐。而要能修行，最基本條件是，必須具有「心」。因此唯有眾生才能修德成佛，理事圓融。是以智顗會強調「心即佛性」，以「心」言如是「體」、「實相理」，主要是就十界眾生而言，不含括無「心」之草木瓦礫。歸總上文，並可說：眾生若顯發本具之性德惡，則淪於地獄等非佛之界，而具有地獄等非佛之界之十如是；若圓滿顯發性德善，則可能臻於佛界，而具有佛界十如是。智顗並加以申論，地獄界眾生具有佛界或他界之十如是：

> 《大經》云：雪山之中，有妙藥王，亦有毒草。地獄一界尚具佛果性相十法，何況餘界耶？地獄互有九界，餘界互有，亦如是。菩薩深觀十法界眾生。千種性相，具在一心。遠討根源，照其性德之惡、性德之善，尚自冷然，何況不照修得善惡耶？如見雪山，藥王、毒草。以觀性德惡毒，惻愴憐愍。起大悲心，欲拔其苦；以觀性德善樂，愛念歡喜。起大慈心，欲與其樂。此十法界收一切眾生，罄無不盡。緣此眾生，假名修慈，豈非眾生慈普耶？（《觀音玄義》）〔註56〕

法界有十，界界性相亦有十，令人大開眼界。而智顗進而所闡述的，十法界可「交互相有」，且「地獄有佛性相本末」，恐令慣於相待思考的常人疑惑不解，因此智顗隨順常人思維設問，並加以釋之：三菩提、三念、「雪山之中，有妙藥王，亦有毒草」、「十法界眾生，千種性相，具在一心」，皆表明無論喜、憂、不喜不憂；或善、惡、不善不惡；毒藥、解藥等，皆同爲一體。「地獄界即有佛性」、「一切眾生，即菩提相」，一切相對悖反之事是可相即連結。而能等同連結之因，若溯本探源，則可歸至眾生宛然本具的「性德之惡、性德之善」、一心具「千種性相」。性德惡可導致修德惡果，卻非必然之影響，原因在於：眾生雖然本具性德惡，但是若能觀達惡毒，生憐愍悲心，誓拔苦惡，

〔註56〕〔隋〕釋智顗說，釋灌頂記，《觀音玄義》卷2，《大正藏》冊34，頁889上～中。

將不致有修德惡果,反有豐碩修德善果。

智顗藉由闡釋「眾生普」,將眾生本具性德善惡,一心能具觀十法界、千種性相、一切法,以及三因佛性等,作一詳贍的說明。眾生平等,本具三因佛性,因而「雖在地獄,佛性之理究竟不失,故知地獄界即有佛性」。因爲本具性德善,是以「佛相者,即是性德之相」、「一切眾生,即菩提相」,然而眾生亦因本具性德惡,導致地獄等非佛界者之相亦可能爲修德之相。若以十如是言之,則性德三因佛性中,性德正因佛性指如是因;性德緣因、了因佛性指如是緣。「本」指性德,「末」指修德,如是本末究竟等,將性德、修德作一合理相即的連結。又,智顗並假未解法界「交互相有」者的思維設問,後答難:

> 問:地獄界重苦未拔,云何言與樂耶?答:眾生入地獄時,多起三念。菩薩承機,即與樂因,故言與樂也。又菩薩能大悲代受苦,令其休息。餘界苦輕,與樂義可解。(《觀音玄義》)〔註57〕

智顗表明,眾生入地獄,仍同他界眾生,具喜、憂、不喜不憂三念。令人弔詭的是,眾生既入地獄界,理應日復一日受盡沈重苦難的折磨,與「樂」絕緣,何來歡喜慈樂?原因在於:眾生會入地獄界,乃因修惡之故,但基於十界眾生本同具性德善惡,是以地獄界眾生仍有感佛之機,致使菩薩能承機順緣,生大慈悲心,拔苦濟難,也因此地獄界眾生仍有得喜樂的可能。順理,非佛之九界,亦如是。可知眾生同具性德善惡,而會有十界差別,關鍵於修德善惡。

要之,十法界眾生皆本具性德善惡。其中,顛倒妄想者「理具」,卻「情迷」,不識諸法皆因緣生;不識性德惡是毒藥,亦是妙藥;不識「地獄界即有佛性」;不識「千種性相,具在一心」;不識「一切眾生,即菩提相」,以致受盡苦果。眾生若能「觀性德惡毒,惻愴憐愍」,起慈悲心,則能拔苦得樂,是爲「眾生緣慈普」。文中,提及十如是、法界互具、性德善惡、一心具千種性相等,皆可呼應智顗性「具」惡說。

2. 法緣慈普

智顗云:

> 法緣慈者。觀十法界性相,一切善惡,悉皆虛空。十法界假名,假名皆空。十法界,色受想行識,行識皆空。十法界處所,處所皆空。無

〔註57〕 〔隋〕釋智顗說,釋灌頂記,《觀音玄義》卷2,《大正藏》冊34,頁889中。

我、無我所,皆不可得。如幻如化,無有眞實。常寂滅相,終歸於空。
眾生云何彊計爲實?良以眾生不覺不知,爲苦爲惱,不得無爲寂滅之
樂。拔其此苦,而起大悲;欲與其此樂,故起大慈。《淨名》云:能
爲眾生,說如此法,即眞實慈也。若緣一法界,法起慈者,可不名普。
今緣十法界法,豈非普耶?是名法緣慈普也。(《觀音玄義》)〔註58〕

「法緣慈普」,乃爲引度「彊計爲實」、身心爲苦惱所縛的眾生,深達諸法皆
因緣和合而生、本性爲「空」之理,以拔苦與樂。由此,行者將能得觀法空,
知曉十法界千種性相一切善惡、五蘊、主體、客體皆「如幻如化,無有眞實。
常寂滅相,終歸於『空』」。而此「空」,絕非實無,而是立基緣起法之非有非
無。可知,智顗雖言「性惡」,但誠如「十法界性相,一切善惡,悉皆虛空」,
惡性無礙眾生成佛之可能性。

3. 無緣慈普

智顗云:

無緣慈者。若緣十法界性相等差別假名,此假則非假。十法界如幻
如化,空則非空。非假,故不緣十法界性相;非空,故不緣十法界
之眞。既遮此二邊,無住無著,名爲中道。亦無中可緣,畢竟清淨。
如是觀時,雖不緣於空假,任運雙照二邊。起無緣慈悲,拔二死之
苦,與中道之樂。如磁石吸鐵,無有教者,自然相應。無緣慈悲,
吸三諦機,更無差忒,不須作念,故言無緣慈悲也。行者始於凡地,
修此慈悲,即得入於五品弟子。觀行無緣慈悲,進入十信位相,似
無緣慈悲,入於十住。方是分證,無緣慈悲。乃至等覺隣極,慈悲
熏眾生,不動如明鏡。無念如磁石,任運吸鐵,故名無緣慈悲。三
諦具足,名之爲普;通至中道,故稱爲門也。(《觀音玄義》)〔註59〕

「慈悲普」中所明的眾生、法緣、無緣等三種慈悲,分別可與假、空、中等
三諦連結。第三「無緣慈普」,指行者無緣十法界性相等差別假名,亦無緣十
法界之眞。雙遮假空,雙照有無,任運無滯,可謂緣緣非空非假的中道。然
而,亦無絕對實有的中道可緣,是以行者畢竟清淨,能生無緣慈悲,拔眾生
惑業所招之苦,並與中道之樂。可見,「無緣慈普」之名「無緣」,一因無緣
假、空、中,二因如磁石吸鐵,自然與眾生相應,而能無念無作,任運吸三

〔註58〕 〔隋〕釋智顗說,釋灌頂記,《觀音玄義》卷2,《大正藏》冊34,頁889中。
〔註59〕 〔隋〕釋智顗說,釋灌頂記,《觀音玄義》卷2,《大正藏》冊34,頁889中。

諦機。可知，依三種慈悲所言的「慈悲普」，唯「無緣慈」最爲殊勝，原因是：唯成正等正覺的佛得能以「無緣慈」感薰眾生。又，於此，智顗假「無緣慈普」，點出「三諦具足」名「普」；「通至中道」名「門」，揭示智顗性惡說直契即空即假即中之中道實相之理。

要之，「普門」雖立十門，但其實任一門皆可融攝一切法；圓教行者可以透過圓融中道的妙觀，通達常住的眞如實相理體。此處所言的，「慈悲普」即是一例。從中可知，一念心「具」十法界千種性相，而諸種性相皆含蘊即空即假即中之理。智顗「性惡」說，亦直契圓融三諦理。

（三）以「弘誓普」為例

《觀音玄義》「普門」中，除了在「慈悲普」談及心「具」十法界千種性相，反映「性惡」亦可以三諦觀之；此外，智顗於十普門之二的「弘誓普」中，亦提及：

> 若圓教菩薩，於一心中，照一切苦集滅道，遍知凡夫見愛即有作之集。二乘著空，即無作之集。故《淨名》云：法名無染。若染於法，是名染法，非求法也。（《觀音玄義》）〔註60〕

圓教一念心，除了能具觀十法界、千種性相，並能鑑照四諦，是以可說，圓教與他教之別，在於無作或有作。亦即，圓教能周遍知曉因緣所生法，有別凡夫尙滯見思惑，亦有別聲聞、緣覺等二乘滯著實空。智顗援引《維摩經》「法名無染。若染於法乃至涅槃，是則染著，非求法也」，〔註61〕闡明：「無染」、「法」同名。法性之法名「無染」。若法被煩惱所染污，則成爲與無明相應之法。可見，若以「染」法定位十界，則佛界無染，餘九界皆有染。同理，若以善惡論十界，則佛界之佛斷盡修德惡，餘九界眾生則具不同程度之修德惡。智顗並云：

> 圓教中道，即是實相。《普賢觀》云：大乘因者，諸法實相。修如此道，名爲圓因，稱爲普道。故所得涅槃，即是究竟常住。一切煩惱，永無遺餘，譬如劫火，無復遺燼，故名普滅。所觀四諦既周，緣諦起誓，何得不遍，故稱弘誓普也。私用觀十法界性德、修得善惡，而起弘誓，論普不普，自是一節大義。與四諦語異，故迨用之，亦

〔註60〕 〔隋〕釋智顗說，釋灌頂記，《觀音玄義》卷2，《大正藏》冊34，頁889下。
〔註61〕 〔後秦〕鳩摩羅什譯，《維摩詰所說經》卷2，《大正藏》冊14，頁16上。

應善也。(《觀音玄義》)〔註62〕

智顗分別釋名「中道」、「圓因」、「普道」、「普滅」、「弘誓普」：一、圓教中道即爲眞如不二之實相。二、援引《普賢觀經》，闡明求正覺的菩提心，即諸法實相。若能修正道，即是「圓因」，亦爲「普道」。三、所證得的涅槃果德無生滅變遷，一切三毒煩惱將如歷經壞劫火災，連灰燼亦無殘存，名爲「普滅」。四、雖有種種不同之十門，但每一門皆融攝一切法，是以名爲「十『普』門」。而圓教行者通一門，即達一切法，是以能透過圓融中道的妙觀，通達常住的實際理地。其中的「弘誓普」，乃指圓教行者緣於苦、集、滅、道等四諦之境，起誓，令未安者安、未得涅槃者得涅槃。智顗強調，若能圓觀十法界性德、修得善惡，而起弘誓，則能與佛善應，「普滅」煩惱，得證眞如實相。

《觀音玄義》假別釋「觀世音」的「境智因緣」，以及假別釋「普門」的「慈悲普」、「弘誓普」，闡明一念心具三諦、三智、十法界、千種善惡性相。從中可知，心「具」性德善惡；心能具觀一切法；「心」即「佛性」，是以「心具」善惡即「性具」善惡。性具善惡，就眞如實相而言，是非假非空；究竟，並超越相待，僅能「杜口」、「無言」。眾生平等，本具性德善惡，雖處一法界，卻因善惡心念而互有九法界，乃至十法界可互具。又因界界皆有十如是，加上三種世間，以致可以「三千」諸法表之。一念三千之理，皆皆圓教一念心可觀之。一疑：佛與眾生皆具性德善惡，何以二者有解脫與否之別？原因在於，佛雖有性德惡，卻能無染惡，亦因具性德惡，而能以惡法門方便度化眾生；眾生雖具性德善，卻受惡緣影響而染惡。又，智顗不僅假「料簡緣、了」闡明性德善惡，並於別釋部分，以法界千種性相具有善惡，一心可具觀之，溯源十法界存在與諸界互具之因，皆是性德具善惡之故。可見，智顗諸說，皆爲周圓論證性惡說：由性德善惡推至有十法界千種性相、由十法界千種性相溯至性德善惡。此外，智顗並以圓教「一心」來統攝諸法，具觀一切，讓重重法界網絡皆在「一心」的具觀時，普現於前。是以，「普」之爲「普」，在於圓融、圓滿、圓具，恰可與「性具」之「具」呼應。

第三節 從「權實」論《觀音玄義》性惡說

所謂「權」，指方便善巧、應機施化，適於一時機宜之法；所謂「實」，

〔註62〕〔隋〕釋智顗說，釋灌頂記，《觀音玄義》卷2，《大正藏》冊34，頁890上。

指以究竟一實諦理闡明中道實相。那麼，智顗性惡說，究竟屬權說或實說？
又，依智顗教化內容而分的藏、通、別、圓等化法四教，智顗性惡說究竟屬
何教？以《觀音玄義》爲例，加以考察，可知智顗性惡說屬圓教開權顯實之
說。以下釋之：

一、智顗性惡說屬圓教之因

《觀音玄義》「約諸教明次第」，以「十義」論及五時教之別，從中可檢
視智顗如何定位性惡說：

> 華嚴頓教，教名大方廣佛華嚴。依題初明人法。此人秉法，必具慈
> 悲。菩薩修因，居然福慧。既入地位，必證眞應。既能利物，則辯
> 藥珠。物得其益，有冥有顯，而未得別論。權實、本迹、緣了、智
> 斷者，通義則有，別意則無。何故爾？佛一期化物，明於頓漸。頓
> 教雖說，漸教未彰，故不明四意也。所以不明者？彼經明小隔於大，
> 如聾如瘂，覆於此權，未顯其實，故云：久默斯要，不務速說，故
> 言無權實也。言無本迹者。彼經，未發王宮，生身之迹；寂滅道場，
> 法身之迹。未彈指謦欬，發久遠所得生、法二身之本，故言無本迹。
> 言無緣了、智斷者，不明小乘根性及有心之者，本自有常住之因。
> 當剋智斷菩提本果，故言無也。(《觀音玄義》) 〔註63〕

佛於第一華嚴時，僅說頓教，未彰顯漸教，僅含「十義」中的前六義「人法、
慈悲、福慧、眞應、藥珠、冥顯」，卻未含末四義「權實、本迹、緣了、智斷」。
智顗分別以「久默斯要，不務速說」、「未彈指謦欬，發久遠所得生、法二身
之本」、「不明小乘根性及有心之者，本自有常住之因」，帶有駁正意味的闡釋，
華嚴頓教爲何無權實、本迹、緣了、智斷等四義。從中可知：大乘華嚴圓頓
之教麤妙相隔，以致聲聞、緣覺二乘不得聞、不得解。智顗並就三藏教論之：

> 約三藏教。但明人法、慈悲，福慧三義，無眞應等七種。何故爾？
> 二乘教中，但明灰身滅智，那得從眞起應。既無眞應，將何益物。
> 私難：通論備十，別語但三。此三若約眞諦，則隨通義，乃具十意。
> 何止但三？若言是別，別應約中道。既得有中道，人法三種。何意
> 無七？私答：通論十意，此約三乘。別語三科的據菩薩。三藏菩薩

〔註63〕　〔隋〕釋智顗說，釋灌頂記，《觀音玄義》卷1，《大正藏》冊34，頁878上。

得有慈悲、福慧，伏惑之義。既伏而不斷，故無眞應七法。師云：
齊教止三。(《觀音玄義》)〔註64〕

三藏教僅闡明「人法、慈悲、福慧」三義，未言「眞應」等後七義，原因在
於：該教主張「灰身滅智」，以致無法從眞身中起應化身。如此，何能利益眾
生？此外，該教僅能調伏惡法障礙，卻不能斷之，是以僅具前三義。智顗並
就方等、般若二教論之：

若約方等教，對小明大，得有中道大乘人法，至冥顯兩益等六意。
然猶帶方便調熟眾生，故不得說權實等四意。若明般若教，雖未會
小乘之人，已會小法皆是摩訶衍。但明人法等六意，亦帶方便，未
明權實等也。(《觀音玄義》)〔註65〕

方等教「對小明大」，「猶帶方便調熟眾生」，般若教雖未會通小乘之人，卻已
明小乘之法即同大乘之法，然而「亦帶方便」，未能究明權實，因此方等、般
若二教皆未具十義中的「權實、本迹、緣了、智斷」。智顗並就法華教論之：

若約法華教，則會小乘之人。汝實我子，我實汝父。汝等所行，是
菩薩道。開權顯實，發本顯迹。了義決定，不相疑難。故知法華，
得明中道人法至本迹八意。前諸教所，不明《法華》方說，故云未
曾向人說如此事。今所說者，即是今當爲汝說最實事也。三世諸佛，
調熟眾生，大事因緣，究竟圓滿，備在《法華》。故二萬燈明，但說
《法華》息化入滅。迦葉如來，亦復如是。(《觀音玄義》)〔註66〕

法華教與三藏、方等教之別，在於多了「權實、本迹」二義。誠如《法華經》
「此實我子，我實其父」、「汝等所行，是菩薩道」〔註67〕等，法華教重在「開
權顯實，發本顯迹」，欲將小乘法一一圓滿開顯爲自利利他的一佛乘，了了分
明說示究竟之實義。智顗闡明，此教能開三乘之權法，顯一乘之實法，能令
昔、今、未等三世諸佛菩薩調伏眾生之惡，成熟眾生之善，令轉迷開悟的因
緣究竟圓滿，爾後息化歸眞，入於涅槃。這一切，皆備於《法華經》。又，智
顗並強調，若欲完整具足「十義」，則有待涅槃教：

若約涅槃，即有二種。所謂利鈍。如身子之流，皆於《法華》悟入，

〔註64〕〔隋〕釋智顗說，釋灌頂記，《觀音玄義》卷1，《大正藏》冊34，頁878上。
〔註65〕〔隋〕釋智顗說，釋灌頂記，《觀音玄義》卷1，《大正藏》冊34，頁878中。
〔註66〕〔隋〕釋智顗說，釋灌頂記，《觀音玄義》卷1，《大正藏》冊34，頁878中。
〔註67〕〔後秦〕鳩摩羅什譯，《妙法蓮華經》卷3，《大正藏》冊9，頁17中；頁20
中。

八義具足，不待涅槃。若鈍根弟子，於《法華》未悟者，更爲此人，
卻討源由，廣說緣、了，明三佛性。若論性德了因種子，修德即成
般若。究竟即成，智德菩提。性德緣因種子，修德成解脫，斷德涅
槃。若性德非緣非了，即是正因。若修德成就，則是不縱不橫三點
法身。故知涅槃所明，卻說八法之始終成智、斷。十義具足。此歷
五味，論十法次第。約四教則可解。故知十法收束觀教，結攝始終，
商略大意。何觀而不攝？何教而不收？意氣宏遠，義味深邃。前後
有次第，麁細不相違，以釋生起意也。(《觀音玄義》) 〔註78〕

眾生依根性可分利鈍。利根者於法華教即可悟入實相之理，鈍根者於法華教
未悟，則有待涅槃教。涅槃教較法華教，多了爲鈍根者「卻討源由」而言的
「緣了」，以及「修德即成」的「智斷」二義，是以二義可說廣攝因果始終：
一、所謂「緣了」，即指緣因、了因佛性。在繼《涅槃經》簡單的「生因」、「了
因」；「正因」、「緣因」二因說，〔註69〕智顗「緣了」，加直契眞如理體的正因
佛性，完整揭示三因佛性論。爲與作爲修德的「智斷」一義作對應，此處「緣
了」一義可置於性德言：(一) 性德了因種子，若加以修德，將照了一切事理，
具般若智慧，圓滿得證智德菩提果；(二) 性德緣因種子，若加以修德，將斷
盡一切妄惑，離縛而得自在解脫，圓滿得證斷德涅槃。由性德「緣了」，並進
而可闡明：性德正因種子，「非緣非了」，當修德究竟圓滿，則爲不去不來、
非縱非橫的法身。二、所謂「智斷」，乃就修德而言：(一)「智」，指智德菩
提，是了因種子的般若果；(二)「斷」，指斷德涅槃，是緣因種子的解脫果。
是以可說，第九義「緣了」，旨就性德，談種子義的「因」；第十義「智斷」，
旨就修德，談涅槃義的「果」。也因此，可歸結：涅槃教「十義具足。此歷五
味」、「十法收束觀教，結攝始終」、「麁細不相違」。

　　一問題討論：由於十義中，智顗於「緣了」、「智斷」二義，闡述「性惡」
思想，並表明是爲「鈍根弟子」「卻討因源」與「順論究竟」，則是否可說：
智顗性惡說、連帶三因佛性論，乃專對鈍根弟子而言，且僅屬涅槃教？此外，
是否可進一步判定智顗性惡說，非屬圓教？據引文可知，涅槃教確實爲「鈍

〔註78〕　〔隋〕釋智顗說，釋灌頂記，《觀音玄義》卷1，《大正藏》冊34，頁878上
　　　　　～中。
〔註69〕　〔宋〕釋慧嚴等依《泥洹經》加之的《大般涅槃經》卷26，《大正藏》冊12，
　　　　　頁774下；卷28，頁530上；卷26，頁775中；卷28，頁530中～下。

根弟子」,「廣說緣、了,明三佛性」。然而,卻不可依此,判定涅槃教,以及智顗性惡說、三因佛性論為非圓之教。原因是:所謂圓教,乃「明不思議因緣二諦中道事理,不偏不別」之教,能融攝一切法,具有教、理、智、斷、行、位、因、果之八種圓融。但若據「化最上利根之人」,〔註70〕在一法圓實、圓融、圓滿一切法之底蘊下,吾人恐以為鈍根者與作為大乘實教的圓教絕緣。然而基於圓教本具「一音殊唱,萬聽咸悅」,〔註71〕可知圓教除了宣說常住不變之一乘實理,亦應機施設方便權法,顯見圓教包含權實二法:始終以實法,教化利根弟子,而在面對鈍根弟子,則以立基實法的方便權法為教化過程與方式,並以真如實法為究竟旨歸。又,別、圓二教之異,在於別教縱橫差別;圓教非縱非橫。「緣了」、「智斷」二義由於涉及性德與修德、因與果,確實易令人錯解智顗性惡說、三因佛性論屬於別教,但由於智顗闡述過程中,極強調性修不二、非因非果、不縱不橫、即一即一切、十界互具、三諦圓融、不可思議,因此應歸屬圓妙之圓教。亦即,圓教確實闡明究竟真如實理,但該教與藏、通、別三教同,皆具有門、空門、亦有亦空門、非有非空門。從四門各立,可見圓教並非單以非有非無、甚至言語道斷之一乘實理教化眾生;其中,並具有立基一乘實理的方便權法。此外,性德正因種子「非緣非了」,乃言語道斷之一乘實義。利根者可直契之,鈍根者則有賴修行,發顯緣因、了因佛性,得契正因佛性。是以,可就修行因位與果位言之的「緣、了」、「智、斷」二義,確為教化鈍根弟子的方便權說。然而由於三因佛性本是即一即三的同體關係,因此直契一乘真如實義的利根者本來便能通達「緣、了」、「智、斷」二義,以致「八義具足」,毋須多言。可知,雖然智顗明文強調「卻討源由,廣說緣、了,明三佛性」,乃為鈍根弟子說,但卻不表示利根者未深曉「緣了」、「智斷」二義。也因此,智顗所言的圓教實含融十義,只不過在教化方面,特別補充鈍根者可由「緣了」、「智斷」二義作為契悟真如實相的入徑。以上之探討,可作一結:智顗性惡說與三因佛性論,確屬圓教,非屬隔歷分別的別教。又,三因佛性之義,亦可見於「通釋」中之「解釋」:

> 問:法華前教,同有六意,云何為異?答:華嚴六意,於利人成醍醐,於鈍人成乳。三藏中三意,於利人密去,於鈍人成酪。方等六意,於利人成醍醐,於鈍人成生酥。般若六意,約利人成醍醐,於鈍人成熟

〔註70〕 〔隋〕釋智顗,《四教義》卷1,《大正藏》冊46,頁722中。
〔註71〕 〔隋〕釋智顗說,釋灌頂記,《摩訶止觀》卷7,《大正藏》冊46,頁96上。

酥。若《法華》八意，於鈍人成醍醐。(《觀音玄義》)〔註72〕

華嚴、方等、般若、法華等教，皆具「十義」中的前六義，其別若以乳、酪、生酥、熟酥、醍醐等五味喻之，則華嚴教對利根者有醍醐的效益，對鈍根者則成醍醐。方等、般若教亦不宜鈍根者。唯有法華教，能令「鈍人成醍醐」，可推知「十義具足，此歷五味」，「十法收束觀教，結撮始終」的涅槃教，對鈍根者而言，更是「醍醐」二字可喻之。可知智顗於《觀音玄義》所言的性惡說，乃屬法華涅槃等圓教為鈍根者所說之法。

二、智顗性惡說屬圓教權說之因

其實由上文「若鈍根弟子，於《法華》未悟者，更為此人，卻討源由，廣說緣、了，明三佛性」，即可得知智顗《觀音玄義》所言的性惡說屬圓教權說。但筆者認為權實定義可再釐清。以下，先從智顗「五章明義」中的「別釋」「普門」，亦即「論諸門權實」論起：

> 論諸門權實。三藏、通教教觀，十六門能通、所通皆是權。別教教
> 觀能通是權，所通是實。圓教教觀八門，能通，所通皆是實。具論
> 在彼玄義。(《觀音玄義》)〔註73〕

若以權實來界定四教之門，則藏、通教屬權門；別教「能通」屬權，「所通」屬實；圓教教、觀等十六門屬實門。如此是否意謂涅槃圓教為鈍根者說的「緣、了」、「智、斷」屬實說，還是另有他意？智顗於文首，曾闡釋「普門」：

> 普門者，普是遍義門，曰能通。用一實相，開十普門。無所障閡，
> 故稱普門。(《觀音玄義》)〔註74〕

圓教用一實相，可開無所障閡的十普門。十普門為權，一實相為實，是為「開權顯實」。由上二引文，可知權實常相對相依，因而圓教面對別教，自身即為實法；圓教自身又可二分為實法與可開顯的權法。又，智顗云：

> 今就通釋為四：一、列名；二、次第；三、解釋；四、料簡。一、
> 列名者，十義以為通釋。所以者何？至理清淨，無名無相，非法非
> 人。過諸數量非一二三，但妙理虛通，無名相中，假名相說，故立

〔註72〕〔隋〕釋智顗說，釋灌頂記，《觀音玄義》卷1，《大正藏》冊34，頁878中～下。

〔註73〕〔隋〕釋智顗說，釋灌頂記，《觀音玄義》卷2，《大正藏》冊34，頁887下。

〔註74〕〔隋〕釋智顗說，釋灌頂記，《觀音玄義》卷1，《大正藏》冊34，頁877上。

> 無名之名，假稱人法。雖非數量，亦論數量。故《大論》云：般若
> 是一法，佛說種種名。隨諸眾生類，爲之立異字。今處中説，略用
> 十義，以釋通意也。十義者：一、人法；二、慈悲；三、福慧；四、
> 眞應；五、藥珠；六、冥顯；七、權實；八、本迹；九、緣了；十、
> 智斷。（《觀音玄義》）〔註75〕

通釋可四分爲「列名」、「次第」、「解釋」、「料簡」。於「列名」中，圓教以「十
義」通釋「觀世音」「普門」。其中智顗援引《大智度論》「般若是一法，佛說
種種名。隨諸眾生力，爲之立異字」，〔註76〕明般若實相僅有一法，而「佛說
種種名」之因，在於爲因應調伏各式眾生。因而圓教清淨虛通的「至理」、「妙
理」，有著「無名無相，非法非人」、「無名相中」的特質，此可謂實法；「非
數量，亦論數量」、「立無名之名，假稱人法」、隨眾生類而言種種名，可謂權
法。此段可再證圓教自身有權實之分。智顗通釋「眞應」：

> 眞應者。若智慧轉明，則契於法性。法性，即實相名，爲法身。法
> 身既顯，能從眞起應。眞顯應起，只由福慧開發，故次第四也。又，
> 若就方便化物，先用應，後用眞。今從前義，爲次第也。（《觀音玄
> 義》）〔註77〕

「法性」、「實相」、「法身」三者同，當眾生轉無明爲智慧時，即可證得。如
何對利、鈍根器的芸芸眾生說法，以引導他們通徹妙悟？由「福慧開發」的
「眞顯應起」，以及「方便化物」的先「應」後「眞」可知，圓教確有權實二
說。智顗通釋「藥珠」：

> 明藥珠二身者。先明眞應，直語證得，未涉利人。今明兩身，俱能
> 益物。眞身破取，相諭如藥；應身對萬，機類於珠。就兩字明次第
> 者，與慈悲相似也。（《觀音玄義》）〔註78〕

「藥珠」二身皆能利益眾生。眞身如藥，能破取，是實說；應身如珠，能對
萬應機，是權說。智顗通釋「權實」：

> 七、釋權實者。權，是暫用；實，非暫用。略言權實，則有三種。
> 一、自行論權實，自觀中道爲實，二觀爲權。二、就化他論權實，

〔註75〕 〔隋〕釋智顗說，釋灌頂記，《觀音玄義》卷1，《大正藏》冊34，頁877上
　　　　～中。
〔註76〕 龍樹，〔後秦〕鳩摩羅什譯，《大智度論》卷18，《大正藏》冊25，頁190下。
〔註77〕 〔隋〕釋智顗說，釋灌頂記，《觀音玄義》卷1，《大正藏》冊34，頁877下。
〔註78〕 〔隋〕釋智顗說，釋灌頂記，《觀音玄義》卷1，《大正藏》冊34，頁877下。

他根性不同。或說權爲實，說實爲權，不可定判，但約他意以明權
實也。三、自行化他，合明權實者。若自觀三諦，有權有實，皆名
爲實。化他隨緣，亦有權有實，皆名爲權。用此三義歷四教，復就
自行權實，明六即判位。尋此品意，是明自行化他，論權實前。問
答從自行化他之實智益物後。問答從自行化他之權以益物，故知權
實因緣，故名觀世音普門也。(《觀音玄義》) 〔註79〕

由「權，是暫用；實，非暫用」等言，可輔證上文。權實相對相生，隨主、
客而有別，因而「自行」中，中觀爲「實」，空、假觀爲「權」；「化他」中，
「約他意以明權實」。「自行化他」中，所「自行」的空、假、中三諦皆爲「實」；
所「化他」的權實皆爲「實」。可知，圓教確有權實二說。有權之因在於究竟
實相「至理清淨，無名無相，非法非人」，因而需有「假名相說」的權法。又
如十普門中的「方便普」：

七、方便普者。進行方便，是道前方便；起用方便，是道後方便。今
正明道後方便也。若二乘及小菩薩，所行方便，入一法門。若欲化他，
齊其所得，起用化物。道前道後，俱非是普。圓教菩薩，二諦爲方便，
收得一切方便。入中道已，雙照二諦。二諦神變，遍十法界，而於法
身無所損減。道前道後，皆名爲普。(《觀音玄義》) 〔註80〕

圓教與二乘、小菩薩皆有方便法，二者之別在於，後者所行的方便，舉凡「進
行方便」、「起用方便」皆不能普及一切；前者以眞、假二諦作爲應機適化的
方便權法，能妙用無方，令空、假二諦神通變異，遍滿十法界，卻能無絲毫
損減法身。又如十普門中的「說法普」：

八、說法普者。二乘、小菩薩說法，不能一時遍答眾聲。又殊方異
俗，不能令其俱解。《大經》云：拘絺羅於聲聞中，四無礙辯，爲最
第一，非謂菩薩也。今圓教人一音演法，隨類得解。以一妙音，遍
滿十方界。如修羅琴，隨人意出聲，故名說法。說法妙中廣說。(《觀
音玄義》) 〔註81〕

圓教菩薩與二乘、初心菩薩之別，在於是否能「一音演法，隨類得解」。意謂
二乘、初心菩薩能力有限，不僅說法不能遍答眾聲，而且不能遍解眾生苦惑

〔註79〕 〔隋〕釋智顗說，釋灌頂記，《觀音玄義》卷1，《大正藏》冊34，頁880上。
〔註80〕 〔隋〕釋智顗說，釋灌頂記，《觀音玄義》卷2，《大正藏》冊34，頁890中。
〔註81〕 〔隋〕釋智顗說，釋灌頂記，《觀音玄義》卷2，《大正藏》冊34，頁890中。

纏縛。反倒是大乘圓教聖者能以一圓音解說眾生法，遍滿十法界，隨眾生類而現形垂教，令眾生具得脫度。

由上可知，適於一時機宜的方便法，名爲權；究竟不變之法，名爲實。在《觀音玄義》中，或爲區別華嚴、鹿苑、方苑、般若、法華涅槃等五時，或爲區別藏、通、別、圓四教，常有圓教爲實，別教爲權之說。然而圓教自身爲接引利鈍眾生而有權實之分。又，眾生本具性德善惡，縛惑妄執者卻未能識得。圓教用一實相，可開無所障閡的十普門。行者之心通由十普門，可觀得性具性惡、十法界千種善惡性相。若以權實區別之，可知一實相屬圓教實說，所開的十普門是圓教權說。若以三因佛性論之，天台圓教實說指非善非惡、非有非無、言語道斷的正因佛性，而性德與修德之善惡，應屬緣因、了因的範疇，乃對鈍根眾生所作的權說。

三、智顗性惡說屬圓教開權顯實之因

智顗性惡說是圓教特爲「逗鈍根人」，而所施設的權說，然而圓教乃一乘實法，因此是否有矛盾處？智顗云：

> 釋名爲二：一、通釋；二、別釋。通者，人法合明；別者，人法各辯。何故爾？緣有利鈍，說有廣略。（《觀音玄義》）〔註82〕

智顗爲〈觀世音普門品〉注疏的《觀音玄義》，乃分通釋與別釋，而「釋名」會二分之因，在於「緣有利鈍，說有廣略」。教法隨利、鈍根眾生而有廣略、權實之別。若適一時機宜之法，名爲權；究竟不變之法，名爲實。若有權法，必有與之對立的實法。智顗並云：

> 問：若圓修實相，一法三諦，一心三觀，具足諸法。亦應一教四，詮稱於圓教即足。何用四教，如前分耶？答：上開章云：次第三觀、一心三觀，明教亦二。若一教圓詮，一切諸法者，赴利根人。若四教差別，逗鈍根人。若不假漸次，分別圓頓，何由可解？用別顯圓，故先明四教也。雖說種種道，其實爲一乘。又於如來餘深法中，示教利喜。餘法即三方便，引導弄引，開空法道。若入佛慧，方便無用，故云唯此一事實，餘二則非眞。故知但一圓頓之教，一切種智，中道正觀，唯此爲實觀世音，餘皆方便說也。復次。若有所說，若權若實，悉是

〔註82〕 〔隋〕釋智顗說，釋灌頂記，《觀音玄義》卷1，《大正藏》冊34，頁877上。

方便。非權非實，言語道斷，心行處滅，不可説示。不生不生，妙悟
契理，方名爲眞，此亦無實可實。(《觀音玄義》)〔註83〕

吾人常視權説爲方便法，然而《觀音玄義》不僅視藏通別三教是權説，且視
圓教權説，甚至是圓教實説皆屬方便法，原因是方便法可就兩層次言：一、
就圓教與藏、通、別等三教而言。四教之別，在於圓修萬行的圓教，一法即
具空、假、中三諦，一心能具空、假、中三觀，具足一切法。此爲最殊勝微
妙，然而由於眾生有利鈍之別，不能一法普施，眾皆得潤，爲了「逗鈍根人」，
導引鈍根人入於佛道空理，使得一切教要「假漸次，分別圓頓」，使得「三觀」
二分爲次第、不次第，使得有藏通別圓四教之別，使得有所謂的別教權説，
以及「一切種智，中道正觀」的圓教實説。因此，藏、通、別三教，諸如次
第觀、種種道等，皆是身口意方便説。二、前層次，是基於利鈍之別，而區
分別教方便説與圓教實説。然而此外，另有一層次，基於可説與否而分權實。
意謂凡「有所説，若權若實，悉是方便」，若「非權非實，言語道斷，心行處
滅」等，則爲「無實可實」的「眞」。可見，智顗認爲凡一切可言詮之法，含
括圓教實説實理，皆是方便法；反之，若圓教無言之言，則爲「眞」法。是
以若據「若權若實，悉是方便」，可界定智顗性惡説屬圓教權説方便法。然而，
智顗「性惡」説，即意謂佛性具有正、負雙重結構，而惡性乃爲佛性本具。
又，智顗三因佛性本是就一體之三面向而言，因此雖然正因佛性因言語道斷
緣故，未言及「性惡」，卻不表示不含此理。也因此，究竟言，性惡説非僅止
於對鈍根眾生所作的權説，背後仍是導歸於實説。是以可説：性惡説乃圓教
開權顯實之方，以普應一切眾生。

第四節　就實踐層面論《觀音玄義》性惡説的正面影響

若欲評量一部著作或學説的優劣，可深入該作的內部基層，考察思想義
涵是否穩當、邏輯是否合理。此外，亦可就實踐層面，考察是否會帶來正面
或負面的影響，以作爲是否如法如理的另類檢視。

智顗性惡説，全名可謂爲性具性德善惡説，是立基在「性具」上所展開的
學説。以「性惡」説爲名，而不名爲「性善惡」、「性具性德善惡」之因，一者

〔註83〕　〔隋〕釋智顗説，釋灌頂記，《觀音玄義》卷2，《大正藏》冊34，頁887上。

爲凸顯眾生本具性惡；二者爲傳統如來藏學「眾生悉有佛性」〔註84〕說日漸深植人心時，獨樹一幟的提醒眾生悉有地獄性。令眾生明瞭離苦得樂的幸福關鍵在於，是否有一念善心修六度行。筆者認爲就實踐層面而言，智顗《觀音玄義》性惡說，僅會帶來正面的影響。若會帶來負面的影響，或引發時人貶斥，絕非是智顗此說有任何弊病所致，而是部分時人曲解的緣故。原因在於，若時人不解深義，誤以爲人既生來性「惡」、皆難成佛，精進修行有何用，由此而自暴自棄，無絲毫向善的動力。這類想法，乃時人誤執所導致的不幸人生，與智顗本義無任何連帶關係。以下試以幾面向闡論智顗性惡說正面影響的理由：

一、重修行

在傳統封建體制下，達官貴人與平民百姓的「貴」、「賤」命運常累世而不得更變。佛教以「眾生悉可成佛」〔註85〕的主張，吸引不少世人願意修行，以離苦得樂，證得涅槃。在修行路上，不受血統、階級、貧富的制約，人人平等。這種大家均站在同線起跑點的思想，尤反映在智顗性惡說中：眾生本具性德善惡，但凡修善斷惡的功夫下得愈加深厚，則將更趨近涅槃，愈能兌現成佛保單。《觀音玄義》多處強調修行的重要，如：

> 人，即假名所成之人也；法，即五陰能成之法。此之人法，通於凡聖。若色受想行識，是凡鄙法。攬此法，能成生死之人。戒、定、慧、解脫、解脫知見，是出世法，攬此成出世聖人。故《大論》云：「眾生無上者，佛是；法無上者，涅槃是。」雖通凡聖，不無差別。上中下惡，即成三途之人法；上中下善，即成三善道之人法。故有六趣階差。若更細論，百千萬品。聖人人法，亦復不同。(《觀音玄義》)〔註86〕

《觀音玄義》以「人法」通釋「觀世音」「普門」。其中提及：人，由假名所

〔註84〕〔北涼〕曇無讖譯，《大方等無想經》卷4：「一切眾生悉有佛性，得菩提心。」(《大正藏》冊12，頁1099上)

〔註85〕〔北涼〕曇無讖譯，《大般涅槃經》卷10：「一切菩薩聲聞緣覺，未來之世皆當歸於大般涅槃。譬如眾流，歸於大海」(《大正藏》冊12，頁423上)；〔北涼〕曇無讖譯，《大方等無想經》卷4：「一切眾生悉有佛性，得菩提心」(《大正藏》冊12，頁1099上)；〔唐〕佛陀多羅譯，《大方廣圓覺修多羅了義經》卷1：「有性無性，齊成佛道。」(《大正藏》冊17，頁917中)

〔註86〕〔隋〕釋智顗說，釋灌頂記，《觀音玄義》卷1，《大正藏》冊34，頁878下。

成；法，由五蘊所成。若攬色受想行識等凡鄙法，將爲輪迴生死之人；若攬戒、定、慧、解脫、解脫知見等出世法，將爲出世聖人。上中下惡，成三途之人法；上中下善，成三善道之人法。從中可知，眾生因善惡心行而有高下之別。若作惡將墮入地獄、餓鬼、畜生等三途；修善將升至人、天、阿修羅等三善道。此說，扣緊智顗性惡說所言的，後天的修善或爲惡，將決定未來的何去何從。智顗並云：

> 三、福慧者。初，則人法相成，此據其信。次，則慈悲與拔者，此明其願。欲滿此願，必須修行。修行不出福慧。慧即般若，福即五度。互相資導，以行順願，事理圓足。若智慧增明，則大悲誓滿，拔苦義成；若福德深厚，則大慈誓滿，與樂義成，故福慧居三也。復次言說爲便，先福後慧。若化他本意，先欲實慧利益。如其不堪，方示福德。又資故先福，導故先慧。(《觀音玄義》)〔註87〕

十義中的「人法」、「慈悲」、「福慧」，分別可與「信」、「願」、「行」作連結：「人法相成」須據信；「慈悲與拔」須明願；「欲滿此願」須修行。若欲修行，則不離福慧。福慧即六度波羅密：一、福，即布施、持戒、忍辱、精進、禪定等福行五波羅蜜；二、慧，即能知俗諦的「智」，與能照眞諦的「慧」。福與慧相互資助引導，令事理圓足。智慧與大悲成正比，福德與大慈亦如是。由「欲滿此願，必須修行」的福慧義可知，智顗認爲若欲拔苦與樂，除信與願，仍須有修行的實踐行爲。眾生皆具性惡，不表示皆會成爲無惡不作的準闡提；但凡福慧雙修，終將拔苦與樂，去惡向善。那麼，人若有「願」無「行」，將如何？

> 明修行者。若但發願，於他未益。如無財物、勢力、權謀，不能拔難，菩薩亦爾。須福德財、神通力、智慧謀，乃可化道。《大經》云：先以定動，後以慧拔。修行塡願，意在此也。(《觀音玄義》)〔註88〕

智顗明「普門」時，曾提及「修行」。修行，等同福德財、神通力、智慧謀，是教化眾生時不可欠缺的資糧。若僅空發願，而無實際修行，則無財、力、謀，將不能究竟拔除眾生的苦難。藉由修行來圓滿信願，才不致徒勞。

可知，智顗的學說，以及涵蘊在其中的性惡說，皆強調修行的重要。

〔註87〕 〔隋〕釋智顗說，釋灌頂記，《觀音玄義》卷1，《大正藏》冊34，頁877中～下。

〔註88〕 〔隋〕釋智顗說，釋灌頂記，《觀音玄義》卷2，《大正藏》冊34，頁888中。

二、重觀心

「圓智正觀之心，名爲覺。覺即是佛義」。圓教一心能具觀十法界千種性相三千法。若加以分析，可知一心能具觀善惡、空假中三諦、三觀、十法界、法界互具、十如是、三千法、一切法；亦即，一切世界乃由「心」所造，皆與性惡說緊繫。智顗性惡說，可讓吾人明瞭自己的動心起念將決定處於佛界，或地獄界，或他界。一念無明法性心，迷、悟實一線之隔。一心具觀，無前無後，無有次第。一疑：是否睜大雙眼，努力收攬眼見的一切，才能汲足智慧，觀得實相？智顗提供，眾生若能回歸內在，觀照己心，那麼透過「觀心」的行爲，將能具觀三諦、三智、十法界、一切法；心是圓觀、上上觀、佛觀。圓教所強調的「一心」，猶能彰顯性惡思想。

三、重慈悲

智顗明十義中的「慈悲」：

> 良由觀音之人，觀於實相普門之法，達於非人、非法、實相之理，
> 一切眾生亦復如是。故《華嚴》云：心、佛及眾生，是三無差別。
> 此理圓足，無有缺減。云何眾生理具情迷，顛倒苦惱？既觀是己，
> 即起慈悲，誓拔苦與樂，是故明慈悲也。（《觀音玄義》）〔註89〕

誠如《華嚴經》「心、佛及眾生，是三無差別」〔註90〕所指，觀世人稱彼菩薩名之音而垂救的「觀音之人」，與眾生同，皆能通觀究竟實相、一門中即攝圓融法界之法，而證得人非眞人、法非眞法等圓融中道實相之理。然而經驗界眾生爲何與佛相差懸殊？原因在於，眾生「理具情迷，顛倒苦惱」所致。智顗由此強調慈悲有拔苦與樂的效用。

四、重感應

智顗云：

> 聖人以平等無住，法不住感。以四悉檀，隨機應爾。（《觀音玄義》）
> 〔註91〕

〔註89〕 〔隋〕釋智顗說，釋灌頂記，《觀音玄義》卷1，《大正藏》冊34，頁877中。

〔註90〕 〔東晉〕佛馱跋陀羅譯，《大方廣佛華嚴經》卷10，《大正藏》冊9，頁465下。

〔註91〕 〔隋〕釋智顗說，釋灌頂記，《觀音玄義》卷2，《大正藏》冊34，頁891中。

「心具性德，性德具善惡」，具善惡的性德皆具於一心。當有善根感動的機緣，佛應之而來，即是感應。感，屬眾生；應，屬佛。佛無眾生緣，能「平等無住」，又因法無自性，無所住著，隨緣而起，因而不住眾生之感。眾生能拔苦與樂，在於能與佛無住著的相感應。佛以世界、各各爲人、對治、第一義等悉壇法，成就眾生入佛道，純粹「隨機應爾」。此中說明眾生性具善惡，若欲修德善，則必通行與佛相善感應的橋樑。智顗並云：

> 問：凡名凡僻。善則招樂，惡則感苦。聖名爲正，正則非善非惡非
> 苦非樂。善惡之僻，何能感非善非惡之正耶？答：正聖慈悲，拔其
> 善惡之僻。令入非善非惡之正，故有感應。(《觀音玄義》) 〔註92〕

眾生之爲眾生，在於具有邪僻不中於理的惡見、惡性。佛之爲佛，在於能正等正覺，正覺則「非善非惡非苦非樂」。若言同質相應，則凡僻與佛理何能相感應？理由在於佛的大慈大悲力，能拔除眾生負面的苦惡，引入非善非惡的正途，而有感應。可見佛能與眾生相感應，在於先拔眾生的修德惡，令性德善與善緣相感。

五、性惡無妨成佛

　　智顗性惡說，是否會減阻眾生成佛的可能性？或有損佛之爲佛的內涵與地位？《觀音玄義》明「料簡緣、了者」中提及：

> 若依他人明闡提斷善盡，爲阿梨耶識所熏，更能起善。梨耶即是無
> 記無明，善惡依持爲一切種子。闡提不斷無明無記，故還生善；佛
> 斷無記無明盡，無所可熏，故惡不復還生。若欲以惡化物，但作神
> 通變現，度眾生爾。(《觀音玄義》) 〔註93〕

智顗援引法相宗的轉識成智說來闡明性惡。第八識阿賴耶識含藏一切善惡種子，若有染淨二緣熏習，則有修善爲佛，或作惡成闡提的可能。如闡提雖斷修善盡，但其阿賴耶識若有善緣熏習，則更能治惡萌善。佛之爲佛，在於無惡緣所熏，斷盡無記無明，因此永不生惡。若見佛有忿怒惡相，則是佛神通變現，爲度眾生而展示的方便惡法門。從中可知，性惡不會令成佛遙遙無期；修善，是搭上成佛列車的唯一票根。《觀音玄義》並闡明佛無礙性德惡：

> 今圓教聖人慈慧饒潤，冥顯兩益，而無限量……。自既無縛，能解

〔註92〕〔隋〕釋智顗說，釋灌頂記，《觀音玄義》卷2，《大正藏》冊34，頁891中。
〔註93〕〔隋〕釋智顗說，釋灌頂記，《觀音玄義》卷1，《大正藏》冊34，頁882下。

他縛；自既無毒，令他離毒。一時稱名，皆得解脫。(《觀音玄義》)
〔註94〕

「毒」、「惡」、「苦」三字，皆與煩惱纏縛有關。圓教斷惑證理的行者具有無上慈悲與智慧，能起施饒潤，以幽冥或顯現方式裨益一切眾生，無所限量。無縛、無毒之因，並非本性不具性惡，而是面對性德惡能自在無礙，能斷修得惡，不受煩惱纏縛。如是，得道的行者不僅眾「毒」不侵，且能解離眾生的煩惱繫縛。若眾生能稱名念佛，則能得解脫。佛自身「無縛」、「無毒」，實因能無礙性德惡之故。

佛與眾生皆具性德善惡。佛無礙性德惡，能斷盡修德惡；當示現惡相、惡法時，純粹是為度惡的方便法門。眾生對性德惡尚不能無礙，若染惡緣，將造作更多惡事，淪於惡途；但若受善緣所薰，亦將有修善之果，因此眾生所處的法界隨修行高低而有別。智顗性惡說的終極關懷，在於承認闡提亦有佛性，有成佛的可能，只要能將性德善加以發展，則能成就修德善，如此將不名為闡提。涅槃彼岸將因修善治惡而愈近。智顗性惡說，表示人、眾生、佛皆有性德惡。「人、眾生、佛」三無差別，非斥喝佛具有性德惡而有損「佛」的內涵。佛因有性德惡，能感悉眾生處於九界中所造的惡業，因而更能以惡法門度化眾生。然而不管佛如何示現善惡法門，佛始終皆是無染。以惡制惡，如同以欲制欲，皆是常人的道德倫理觀所不容的，然而卻能恰到好處的對症下藥。

六、圓教圓人圓法圓觀

智顗云：

問：文云：方便之力，種種不同。說亦應異，何得是圓教相？答：就能說之人為圓，弘圓教遍逗法界之機。機雖不同，不可令能秉法，人隨機而遍。例如佛於一乘，分別說三，豈可令佛，便是聲聞、緣覺耶？又付囑云：若人深信解者，為說此經。若不信者，於餘深法中，示教利喜。既奉佛旨，圓逗萬機。種種不同，只是流通圓教。(《觀音玄義》) 〔註95〕

〔註94〕 〔隋〕釋智顗說，釋灌頂記，《觀音玄義》卷2，《大正藏》冊34，頁890中～下。

〔註95〕 〔隋〕釋智顗說，釋灌頂記，《觀音玄義》卷2，《大正藏》冊34，頁891下

佛一音演說三乘法，卻不可如此即認為佛等同聲聞、緣覺二乘。佛是圓人，說法令利鈍眾生得解，有賴多元圓教方便之法門，投合法界眾生之機。眾生隨自身根機，遍得解脫。圓逗萬機的方便說，皆屬流通圓教，就此可定位智顗性惡說是流通圓教之一。智顗並云：

> 問：能說人圓，於教亦圓。行人機異，此人稟何教耶？若稟偏教，與鹿苑人同。若稟圓教，機亦應。一答：昔鹿苑，佛未發本顯迹，不會三歸一。人法未圓，所稟方便，不得稱圓。今經已開顯權實，雖是種種身，本迹不思議一。雖說種種法，為開圓道，於義無咎。（《觀音玄義》）〔註96〕

眾生根機不同，不可受偏於一方之教而得解脫。其因在於，圓教與眾生根機相應，人法皆圓，開顯權實等方便法亦圓，致使雖有種種身、種種法，卻能開顯圓道，而這是不能會三歸一的偏教所能及。又：

> 此品是《法華》流通分。既通於開權顯實之教，令冥顯兩益，被於將來。以十法界身，圓應一切，使得解脫。圓人秉於圓法，流通此圓教故，即是流通圓教相也。五味為論，即是流通醍醐味也。（《觀音玄義》）〔註97〕

〈觀世音普門品〉乃屬《法華經》流通分。由開權顯實、圓人、圓法、圓教、流通圓教相、流通醍醐味等詞，皆可見智顗對〈普門品〉的定位。由此可推論，智顗於釋〈普門品〉的《觀音玄義》中所大倡的性惡說，想必亦能以「十法界身，圓應一切，使得解脫」。

性惡說、性善說，皆是勸人為善。若能理解之，則二說將能產生正面的意義，更能圓滿說明「放下屠刀，立地成佛」。性惡說，令人重視後天的修行努力：不分貴賤美醜，只要修善治惡，即能成佛。

本節認為智顗性惡說如理如法，因此若就實踐層面而言，僅會帶來正面的影響。理由在於，此說重修行、重觀心、重慈悲、重感應、重契實相真義、重發顯福慧功德之思想，含完整以不斷斷方式圓融無礙修行之工夫論。然而若欲應證此說，則須對智顗性惡說加以透徹理解，努力圓滿實踐修德善，證得實相真如，才能體達無礙生命內在的性德惡。

〜892上。
〔註96〕〔隋〕釋智顗說，釋灌頂記，《觀音玄義》卷2，《大正藏》冊34，頁892上。
〔註97〕〔隋〕釋智顗說，釋灌頂記，《觀音玄義》卷2，《大正藏》冊34，頁891下。

小 結

智顗《觀音玄義》所闡明的性惡說，主要涉及二面向：一是單純溯討源流，闡明心性、佛性本具善、惡。此部分智顗主要置於「料簡緣、了」中言；二是以宏觀視野，將性具性惡置於「一心」觀所得的重重法界性相中言。從中可知，智顗性惡說即「性（具善）惡」的簡稱；不僅直指「性惡」的主體含括已成正覺的佛，並說明佛與眾生之別，關鍵不在性德，而在有無修德。性德本具善惡之因，在於心性、佛性，以及諸法之性皆本具善惡雙重結構。而智顗所言之善惡，非止於道德義，而是以合乎或悖違實相裁定之。佛性雖可就體、性、相三分為正因、了因、緣因佛性，但無論從何一佛性切入，皆具性德善惡。所謂「正因佛性」，指佛性具有非有非無、不染不淨之實相理體；所謂「了因佛性」，指佛性具有能觀照般若、顯發實相之智慧；所謂「緣因佛性」，指佛性具有積發功德、惠施善行之性能，以資助覺智、開顯正性。由於正因佛性即是絕待不二之實相理體，因此非善惡、染淨、有無等對比字語所能描述，而作為權說以表理體之「性」與「相」的了因、緣因佛性，則可就染淨、善惡等相對之詞言之。由於佛性本具性德善惡，因此在以「料簡緣、了」闡述之後，智顗並就「境智」切入，展開性具性德與心、法界、十如是、千種性相等種種討論。從中可知，心具善惡性相，而所謂十如是、十法界、法界互具、三千大千世界，皆與「性」具善惡有關。也因此，「性具」三諦、十法界、千種性相等一切法，是可合理成立。

《觀音玄義》是智顗創造性詮釋《法華經・普門品》之作，從中可見智顗如何聯結性惡說與「觀世音」「普門」的關係。總結上文可知：一、智顗性惡說，不僅是圓教用來接引鈍根眾生的善巧法門，且因「性惡」所內蘊的實相真義直契圓教實法，因此亦屬利根眾生能通達無礙之理。也因此，智顗性惡說是圓教即權即實之說。吾人不可單因智顗言「若鈍根弟子，於《法華》未悟者，更為此人，卻討源由，廣說緣、了，明三佛性」，而判定性惡說非實教。二、眾生縱是本具性惡，仍有成佛可能。性德與修德可就因、果區分之。眾生與佛皆本具性德善惡，卻非皆具修德善惡，原因在於，佛雖本具性德惡，卻不被所染、所礙，以致能斷盡修德惡。佛並因本具性德惡，所以能適機變現「惡」法門，以惡制惡的度化需以「惡」法門度化的眾生。反之，未成佛之眾生易被惡緣所染而修惡，然而亦有可能受善緣所薰而生善治惡，這凸顯眾生但凡願意走向修德善之路，即有成佛可能。三、佛縱具「性惡」，未予顯

發之,則依然是「佛」,而學界對於「性惡」之「性」屬於本體或屬性之討論,就本文可知,「性惡」之「性」指本體,亦即眞如實相理體,原因在於:「善」、「惡」與「性」併言,乃是以相對權言方式解說「性」之雙重結構。此外,智顗雖就「緣了」言善惡,但基於三因佛性本是同體之三面向,是以智顗非從屬性言「善」、「惡」。四、智顗性惡說如理如法。縱使主張眾生與佛本具性德惡,卻無礙眾生有成佛的可能,亦無礙佛因此受染,因此該說並無違背佛教有關眾生可成佛的宣教本懷。假若會招致負面的影響,絕非智顗此說所引起,而是曲解者望文生義,誤執性「惡」之本義,或以爲成佛是永不可實現的想望,因而自暴自棄,妄作非爲。若能深契智顗性惡說深義,則可知人人無成佛的特權,皆因本具性德善惡,而立於同一起跑點。唯有精進修行修善,才會拉近與涅槃彼岸的距離。是故,從《觀音玄義》一文可知,智顗性惡說並不會在落實生活上時,帶來負面的影響,反能引導行者更堅定地修護自己之善念,持之以恆的走在修行之路。

結　論

　　智顗，在中國佛教史暨思想史上，有著劃時代的特殊意義與顯著地位。不僅是天台宗核心靈魂人物，其饒富圓教思想的著作，並多有承先啓後、繼往開來的重要意義與特色。本文擬以回歸原典的方式，對智顗佛性論加以研究。然而，身爲智顗佛性論研究者，若欲客觀如實還原其思想，則將面對兩個艱巨的課題：其一，智顗作品博大精深、文約義豐、文華理詣，其內容不僅涉及義理思想的認知層面，並涵攝言語道斷、僅可會意的形上境界與究竟眞理。此外，還含有一套智顗以一念三千、三諦圓融體系所建構的、用來證悟境界或眞理的工夫論。因此在鉤隱抉微智顗相關佛性作品，以還原其佛性論的同時，即表示除了理解智顗作品的文義，還必須力求實修體證，止觀並重，徹底作參悟之工夫，以相應智顗非透過文字表面闡述的深層義涵。這是很大的挑戰。其二，中外學界對智顗佛性論研究已蔚爲可觀。如何承繼學人研究成就，平議相關歧見，再予以創新，則又是很大的挑戰。以下，簡賅就三方面，綜結本文之研究：

一、智顗佛性論三軸線

　　智顗學說與前人最大之別，在於前人闡論事理，多持相待立場言之。智顗則不偏一端，即空即假即中圓觀諸法，了然理與事本是同體無礙。亦即，智顗不僅肯定諸法緣起性「空」、諸法皆爲因緣和合之「假」相，且能通達諸法中皆有平等一味一實之眞如理體，皆有一中道佛性，由此避免偏執空、有一端，而能眞正的「圓」。

　　智顗圓教含具教、理、智、斷、行、位、因、果等八圓，合理證成「一念無明法性心」、「佛不斷性惡」、「一切種即如來種」、「三道即三德」、「非道

即是佛道」等弔詭論點。而宏觀智顗學說，將發現主以佛性、中道佛性、三因佛性此三條軸線，來建構其佛性論。所謂「佛性」，乃眾生之可能成佛的根本依據。智顗之佛性論，非止於道德義，而是立基於圓教即空即假即中、非常非無常之真如實相義：

（一）佛性：智顗將「佛性」與「心」相即。一念心本具無明與法性等雙重結構，是以能建構三千大千世界，而本具諸法實相，以及即空即假即中之一切法。而與「心」相即的「佛性」，就權法而言，亦本具善性與惡性、明性與無明性等雙重結構。其性具實相、性具善惡之說，皆可由此證得。此外，就實法而言，「佛性」即為言語道斷、實相無相之一乘實理，是以當眾生得見佛性，即意謂證得實相，圓滿成佛。

（二）中道佛性：「中道佛性」之「中道」，乃指圓教三諦中之中諦，即空即假即中，能雙遮、雙照空、假二諦，而為一實諦理。由於特表諸法中之真如實相理體，因此「中道」亦可名為「中道佛性」。是以，此佛性之內蘊，可由智顗圓教之旨「因緣中道實相」一詞推得；當能善順緣理，即能安住於「中道佛性」。既有與「心」相即的「佛性」說，為何智顗要另立「中道佛性」一詞？這即可呼應智顗「一色一香無非中道」之說。亦即，智顗藉由該佛性說，肯定一切因緣和合之法皆含具殊妙佛理深義。

（三）三因佛性：智顗三因佛性論與「赴緣名異，得意義同」的諸詞相類通。若不解其根本義，吾人恐困惑多重行為動詞與名詞交織的詮釋面貌。探源其本，可說智顗主就體、性、相，將佛性分為三種。正因佛性，表諸法所含具的中道實相理體，亦表佛與眾生本具的自性清淨心。了因佛性，即覺智之性。緣因佛性，即一切功德善根之性。其中，並可探討智顗立三因佛性之由：無論有情或無情眾生，皆本具法性、佛性、中道佛性。那麼放眼天下，為何無情草木成佛比例少於有情眾生？而有情眾生中，唯有人類成佛比例最高？智顗應已深察，諸法雖本具佛性理體，但不一定有發動修行的意願與能力，因此將佛性三分。其特立緣因、了因佛性，應有強調唯有透過福慧修行，才得能圓滿開顯佛性理體。這即凸顯，智顗佛性論彌足珍貴處，在於不像前人僅言佛性具善。由於佛性當體同具善性與惡性、明性與無明性，愈顯眾生超脫惡性、無礙無明性的本能羈縛，得證佛道的不易。亦即，智顗藉由緣因、了因佛性，凸顯修行的重要；藉由正因佛性，表一切法皆具中道理體。

二、問題要點回應

（一）智顗「『性』惡」中的「性」義，指真如實相理體：智顗「『性』惡」中的「性」字，乃屬本體，並非屬性。然而此本體並非絕對實有，而是非有非無之真如實相理體。理由如下：一、智顗「性惡」說全名爲「性（具善）惡」說。所謂「性」，乃指包含佛「性」的諸法之「性」，皆本具非常非無常、不改不變之極理，皆含「扶空」的不動性、「扶假」的種性、「扶中」的實性。而佛性之能具足善惡，乃因諸法之性皆本具善性與惡性、明性與無明性等正、負雙重結構。二、所謂「性『惡』」或「性『善』」，非止於道德義，而是以是否悖違實相爲裁量標準。「性（具善）惡」，眾生與佛宛然本具，差別在於，佛不被本性所具之「惡」所障礙，反能通達之；眾生則受性惡影響，以致染惡緣、造惡業。三、智顗「性惡」乃就「性德」而言，然而恐因爲較側重從「緣、了」談善惡，以致易引人生疑，以爲智顗所謂的「性惡」說是就佛性的屬性論之。智顗側重從性德了因、緣因佛性言之的原因之一，是爲了讓世人清楚明瞭性善、性惡顯發後的修德之異，純是善巧方便之說。三因佛性恰是同「一」的「體」、「相」、「用」，因此作爲「相」、「用」的了因、緣因佛性非正因佛性的屬性；佛性所內具的「惡」，乃歸屬本體，無關屬性。若真有學者以屬性視之，即是連帶以爲「體」之「相」、「用」屬於屬性，以致割裂緣因、了因佛性與正因佛性本是同體不二之關係。此說，有待商榷。四、佛縱具「性惡」，未予顯發，則依然是「佛」，而學界對於「性惡」之「性」屬於本體或屬性之討論，就本文可知，「性惡」之「性」指本體，亦即真如實相理體，原因在於：「善」、「惡」與「性」併言，乃是以相對權言方式解說「性」之雙重結構。此外，智顗雖就「緣了」言善惡，但基於三因佛性本是同體之三面向，是以智顗非從屬性言「善」、「惡」。

（二）智顗並非僅在《觀音玄義》主張「性惡」：智顗著作博大精深，是否像部分學人所言，僅在《觀音玄義》闡明性惡思想？知禮《觀音玄義記》云：

> 只一具字，彌顯今宗。以性具善，諸師亦知；具惡緣、了，他皆莫測。
> 故《摩訶止觀》明性三千，《妙玄》、《文句》皆示千法，徹乎修、性。
> 其文既廣，且義難彰。是故此中，略談善惡。明性本具，不可改易。
> 名言既略，學者易尋。若知善惡皆是性具，性無不融，則十界、百界、

一千、三千。故得意者，以此所談。(《觀音玄義記》)〔註98〕

此段引文，可得悉：一、知禮「只一具字，彌顯今宗」八字，對智顗性具說作了精闢的註腳，奠下圓教「具」字在天台宗的地位與重要性。二、前人未曾以性具惡，建構佛性論。三、《摩訶止觀》旨言性具三千，《法華玄義》、《法華文句》皆示百法界、千如是。四、智顗他著既言及十界互具、百界、千如，其實便已深解性德、修德同具善、惡之理，以及性具一切、無所不融、始終不改之理。由知禮之說，可知智顗並非僅在《觀音玄義》言及性具惡說。在繼知禮解釋智顗於《觀音玄義》「略談善惡」，他經則是「得意」，未直言之，筆者欲補充的是：雖然無法掌握知禮所指的「得意」程度，但確實可知，除了《觀音玄義》，智顗於他經其實多少已言及「性惡」，諸如：《法華玄義》：「惡性相即善性相」；〔註99〕《金光明經文句》：「心有善惡性異」。〔註100〕此外，由於智顗：肯定諸法之性，含括心性、佛性，皆具「順理」之「善」與「乖理」之「惡」此雙重結構。若從「心即佛性」切入，則可從智顗對「心」的論述推得。諸如：「一念無明法性心」〔註101〕、「一心中具十法界，如一微塵有大千經卷」〔註102〕、「心具一切相」〔註103〕、「心具一切作」〔註104〕、「一心具足一切諸行」〔註105〕、「一念具一切念及一切法」，〔註106〕即可見心、心性具正、負雙重結構。若從「性具」觀之，則諸如：「種性具足恒沙佛法」〔註107〕、「貪恚癡性具一切法」〔註108〕、「一切法真實之性具足慧身」，〔註 109〕

〔註98〕 〔宋〕釋知禮述，《觀音玄義記》卷 2，《大正藏》冊 34，頁 905 上～中。

〔註99〕 〔隋〕釋智顗說，《妙法蓮華經玄義》卷 5，《大正藏》冊 33，頁 743 下。

〔註100〕 〔隋〕釋智顗說，釋灌頂錄，《金光明經文句》卷 4，《大正藏》冊 39，頁 68 下。

〔註101〕 〔隋〕釋智顗說，釋灌頂記，《四念處》卷 4，《大正藏》冊 46，頁 578 下。

〔註102〕 〔隋〕釋智顗說，《妙法蓮華經玄義》卷 5，《大正藏》冊 33，頁 733 上。

〔註103〕 〔隋〕釋智顗，釋灌頂記，《摩訶止觀》卷 5，《大正藏》冊 46，頁 53 上。

〔註104〕 〔隋〕釋智顗，釋灌頂記，《摩訶止觀》卷 5，《大正藏》冊 46，頁 53 中。

〔註105〕 〔隋〕釋智顗，《四教義》卷 12，《大正藏》冊 46，頁 768 上。

〔註106〕 〔隋〕釋智顗說，釋灌頂記，《四念處》卷 4，《大正藏》冊 46，頁 577 下。

〔註107〕 〔隋〕釋智顗說，〔唐〕釋湛然略，《維摩經略疏》卷 1，《大正藏》冊 38，頁 574 中。另，智顗於《維摩經文疏》卷 3 亦云：「種性具足恒沙佛法之理」。(《卍續藏》冊 18，頁 481 上)

〔註108〕 〔隋〕釋智顗說，〔唐〕釋湛然略，《維摩經略疏》卷 4，《大正藏》冊 38，頁 612 中。另，智顗於《維摩經文疏》卷 11 亦云：「貪恚癡法性具一切佛法者，即煩惱不可斷也」。(《卍續藏》冊 18，頁 545 中)

〔註109〕 〔隋〕釋智顗，釋灌頂記，《摩訶止觀》卷 7，《大正藏》冊 46，頁 96 中；卷

可證實「性具」同「心具」，能芥子納須彌，本具一切性、一切法。其中，吾人須注意的是，「性」之雙重結構，亦即「性」之所以具有善惡，乃因因緣和合之假法而相對存在。但凡落於當體全是之真如理體，「性」所具之「善」、「惡」雙重結構即泯然成一。或究竟可說：言語道斷、實相無相。可知智顗並非僅在《觀音玄義》言及「性惡」說，其他著作亦內蘊「性惡」之微言。

（三）智顗「性惡」說確實是天台宗之特色：智顗與前人佛性論最大之別，在於前人認為佛性本體僅具善；〔註110〕智顗則提出性具善惡的主張，明確闡釋佛性本體具有雙重結構，並由此直契真如實相一乘實理。由於智顗性惡說一以貫之圓教思想，因此並無悖違「天台教理——緣起中道實相論」，亦未「與天台教理相背離」，因此並不會致成「天台實相論之困阨」。〔註111〕而「性惡」之立說，不僅易讓常人顛覆對佛性的舊有認知，且因如理如法，因此確可定為天台宗特色之一；不僅有別前人、教內、教外，且大放異彩。

（四）佛性乃「本有」，非「始有」：當代對智顗佛性論，尚存不少歧異之見，筆者主以隨文方式加以回應之。此外，古今對佛性論之相關議題，若以智顗思想學說切入，亦能得相關平議，諸如：佛性究竟是「本有」，或「始有」？亦即，眾生佛性乃與生本具，或因後天薰習、觀行實踐而存有？筆者於此，以補充方式，加以回應：據《妙法蓮華經玄義》「佛因、佛果，皆悉具足」、「佛性通於因果。別，則因名佛性；果名涅槃」，〔註112〕可知佛性本自具足，萬德圓滿，無始無終，不增不減，非因非果，而為了區別行者因位與果位之別，因此以方便權說方式定位「佛性」是因；「涅槃」為果。針對佛性「通於因果」此點，可知佛性非指透過後天薰習、觀行實踐而存有的「始有」，而是指本來固有之性德的「本有」，是以意謂佛性具有可變性、無定性的「始有」命題並不成立。如此，是否便意謂佛性絕不受行者後天薰習、觀行實踐之影響？其實佛性是否「始有」論題，易誤導世人以為佛性並非不改不變，因此若欲討論佛性與修行的關係，可從性、修二德著手。智顗云：

9，頁 129 中。

〔註110〕雖然如來藏學發展至後來，與唯識合流，而有「阿摩羅識是自性清淨心」的真心說，或「如來藏」與「阿賴耶識」結合的「識藏」之說，但其立說前提，仍是不離性淨、性善之說。

〔註111〕陳英善，《天台緣起中道實相論》（臺北：法鼓文化事業有限公司），1997 年 5 月初版 3 刷，頁 366。

〔註112〕〔隋〕釋智顗說，《妙法蓮華經玄義》卷 3，《大正藏》冊 33，頁 711 中；714 中。

本有四德，隱名如來藏；修成四德，顯名爲法身。性德、修德常樂
我淨，一而無二。(《妙法蓮華經玄義》) 〔註113〕

可知：佛性乃眾生本有。無論眾生是否進行修行實踐的功夫，佛性本自圓具
一切。修行前與後，佛性始終不變，但卻有冥、顯之別。是以就文意而言，「如
來藏」三字較「佛性」二字更是凸顯眾生本具之清淨性乃屬隱藏之狀態。就
此並可探討，爲何智顗著述中使用「佛性」一詞比例多過「如來藏」？除了
因應中土人性、心性、才性命題，而有進一步性善、性惡之討論，恐因「如
來藏」之字解，偏重表述眾生清淨性冥覆的狀態，而「佛性」則更爲全面性
的強調：一、通於因果、不改不變之「性」；二、因緣和合之諸法本具眞如實
相理體；三、佛性之內涵本具善惡迷悟等雙重結構之性；四、更能融合智顗
圓教思想，以表性具即空即假即中之性。關於第三點，以該引文言之，即是：
性、修二德雖皆具常樂我淨四德，但佛性所悉具之一切，並非止於正向美善
之德性。既是具足一切，則亦包括負向之質性，諸如無明性、惡性。亦因佛
性與心相即，佛與眾生同具雙重結構，更顯藉由修德以顯發本爲無明冥覆的
眾生佛性之重要。要之，佛性乃眾生宛然「本有」。若欲探討修行是否對佛性
有影響，則可從性、修二德言之。

三、本文研究特色

　　本論文原預計：以「微觀」與「宏觀」的方式開展研究。亦即，透過「微
觀」，回歸原典，對智顗的著作作詳實的考察，以鉤隱抉微佛性論深義；透過
「宏觀」，將智顗佛性論置於整個中國思想史，以及中、印佛教思想史的脈絡
裡觀視；亦即將梁、陳、隋三代的時代思潮、議題作爲智顗的橫向學術脈絡，
並將智顗佛性論淵源的探溯，以及古今有關智顗佛性論詮釋的演變發展，作
爲綜向的學術脈絡。如此，以時間爲經、空間爲緯，有「微觀」的深察與「宏
觀」的開拓，希冀能客觀解決智顗佛性論所引發的、尚遺而未決的議題，並
如實還原智顗佛性論原貌。此外，並對古今相關研究成果作精確的檢視、回
應。然而囿於時間、心力，本文恐存有不少疏漏，便盼日後再更進一步補強。
若欲論及本文有何特色或價值，則應有兩點可取：
　　（一）較完整、全面的呈顯智顗佛性論：古今中外智顗佛性論研究，不

〔註113〕〔隋〕釋智顗說，《妙法蓮華經玄義》卷7，《大正藏》冊33，頁774上。

外偏重探討智顗「性惡」說；或「性具」說；或「性具善惡」說；或中道佛性論；或三因佛性論；或綜論或兼述智顗佛性思想；或比較智顗與他者對「性惡」的看法；或追溯智顗「性惡」思想的淵源；或從版本學，考據智顗著作的眞僞；或回應當代相關議題。〔註 114〕罕有像本文，先考察智顗「佛性」基本概念；爾後，以「佛性」、「中道佛性」、「三因佛性」三軸線，來呈顯智顗佛性論的全貌。雖然學人單一面向的深入，亦可能觸及智顗立基「實相」義的「佛性」論，但再深層，諸如三軸線的環環相扣、彼此呼應，以及智顗的立論巧思與微言，便可能忽略或未得以感知。筆者自知學術研究能力並不強，因此本文大多以回歸原典方式，採用鈎隱抉微智顗有關佛性的作品，來掌握其用字遣詞的文脈、語境，呈顯其佛性論的完整面貌。就本文研究，可知智顗佛性論，尤其性惡說，並不存有實相之困阨。學界不少歧異論點，從本文可尋得一答難途徑，適度還原智顗佛性論原貌。綜結之，可說，智顗佛性論饒富圓教圓融圓具圓足思想，如理如法。而以「眾生」爲本位的立說觀點，相信能激勵眾生：因皆本具佛性，而立於一共同起跑點。唯有圓滿修德善，通達性德惡，才得能成就佛道。亦即，智顗佛性論濃厚勸籲修行的重要。

（二）凸顯智顗佛性論所傳達的正向生命態度：以此爲題，並非否定智顗之外的任何佛學經典非傳達正向生命態度。原因是，佛法妙不思議；每一部佛教經典皆蘊涵正知、正見，引領吾人走向康莊大道。然而筆者以此爲題，特別是爲凸顯智顗佛性具「惡」說如理如法，並非因「惡」而引人垢病。細言之：智顗佛性論中，無論是「佛性」，或與「佛性」相即的「心」、「法性」，皆本具正、負雙重結構，因此無論「性具」的內容是指「善惡」或「實相」或「一切法」，其「性」不僅指「佛性」，更同指「心性」、「法性」。此外，「性具善惡」一詞，並非止於道德義，更是直指順理、逆理的實相義，而「性具一切法」，更是凸顯「性」之所以能「具一切法」，在於該「性」自身本具雙重結構，以致所具之法能含括一切。「性」，尤其作爲成佛的「佛性」，不僅含具智顗前人佛性單面向的善性、明性，在智顗學說中，其「佛性」並含括惡性、無明性等負向之性。這意謂佛性論發展至智顗，其「性」之內涵大有改變，並且意謂佛性縱使具有負向之性，亦無礙眾生成佛的可能。這即傳達：智顗所定位之「佛性」，或代言「圓滿」二字的「佛」，即以通達方式悅納一

〔註 114〕如：佐藤哲英，〈性惡思想の創唱者は智顗か灌頂か安藤俊雄教授の反論に對する疑問〉，《印度學佛教學研究》第 28 期，1966 年 3 月，頁 47～52。

切不圓滿。此外，並傳達，本是負向的不圓滿之性，當下即是圓滿。這誠如智顗所言：

> 菩提相即煩惱相。明暗不相除，顯出佛菩提。（《妙法蓮華經文句》）
> 〔註115〕

智顗佛性論有別前人之一，在於其佛「性」具有雙重結構。又因當體全是之故，以致明性即暗性、菩提相即煩惱相。按常理，舉凡惡性或無明性等負向之性，本會引發人生走向不圓滿、輪轉生死的缺憾，但智顗以不敵對的不斷斷態度，通達負向之性，直契真如實相一乘義，傳達不圓滿即是圓滿。此一觀點，裨益筆者良多，原因是：在成長之路上，有好長的歲月，筆者頗厭棄潛藏在內心的負向雜質，甚至因無法包容內心不時竄動、異變的雜質，而討厭自己，連帶自卑、自棄、自我沈淪。而智顗悅納不圓滿即為圓滿之說，啟發筆者嘗試以正向態度去看待生命的雜質與純粹。亦即，引導筆者以即空即假即中之圓觀，通達「非道即佛道」、「三道即三德」、「非種即如來種」之理，由此學著悅納、肯定心性中的負向質的。是以，能以通達無礙的方式，悅納、肯定、包容一切，乃智顗佛性論所傳達的正向生命態度。此特點，相信能裨益生命困頓者以不斷斷的圓融方式，擁抱人生。

要之，本文首先從思想史脈絡下之回顧，凸顯佛性論之重要性與價值意義。爾後，鉤隱抉微智顗作品深義，以「佛性」、「中道佛性」、「三因佛性」為三軸線，還原智顗佛性論全貌：一、由「心」與「佛性」之相即，揭示「佛性」當體具有雙重結構，由此證成「性具」實相、善惡與一切法。二、由「中道佛性」，強調智顗肯定一切因緣和合之有為法皆本具中道實相佛性理體；縱是無情瓦礫，亦本具佛性。三、如果諸法皆本具佛性、真如法性，那麼為何唯獨人類最有成佛可能？智顗特立三因佛性，以表示諸法雖本具正因佛性理體，但如果不身體力行，以開發智慧、累積功德，則不能開顯作為如是「性」、「相」的了因與緣因佛性。如此，即未能圓滿彰顯作為如是「體」的正因佛性。是以，智顗特立三因佛性，以強調修行的重要，否則僅本具佛性，亦是枉然。要之，本文希冀能客觀如實還原智顗佛性論，並平議相關詮釋議題，但限於時間與心力，恐多有不足，尚祈方家教之。

〔註115〕〔隋〕釋智顗說，釋灌頂記，《妙法蓮華經文句》卷9，《大正藏》冊34，頁133下。

參考書目

(依時代先後排列)〔註1〕

甲、書籍類

(一) 古　籍

1. 龍樹菩薩造,梵志青目釋,〔姚秦〕鳩摩羅什譯,《中論》,《大正藏》冊30,頁1上～39下。

2. 〔姚秦〕鳩摩羅什譯,〔隋〕闍那崛多譯重頌,《妙法蓮華經》,《大正藏》冊9,頁1上～62下。

3. 〔後魏〕勒那摩提譯,《究竟一乘寶性論》,《大正藏》冊31,頁813上～848上。

4. 〔東晉〕佛馱跋陀羅譯,《大方廣佛華嚴經》,《大正藏》冊9,頁395上～788中。

5. 〔宋〕釋慧嚴等依《泥洹經》加之《大般涅槃經》,《大正藏》冊12,頁605上～852中。

6. 馬鳴菩薩造,〔梁〕釋真諦譯,《大乘起信論》,《大正藏》冊32,頁575上～591下。

7. 〔梁〕釋慧皎,《高僧傳》,《大正藏》冊50,頁322下～423上。

8. 〔梁〕釋僧佑,《出三藏記集》,《大正藏》冊55,頁1上～114上。

9. 天親菩薩造,〔陳〕釋真諦譯,《佛性論》,《大正藏》冊31,頁787上～813上。

〔註1〕 參考文獻,但凡(一)、(二)……底下之書目或期刊論文,主要依時間先後加以排序。未用作者筆劃排列之因,在於考量依時間先後,較能凸顯一思想的發展脈絡。

10. 〔陳〕釋慧思,《大乘止觀法門》,《大正藏》冊 46,頁 659 上～664 上。

11. 〔隋〕釋智顗述,釋灌頂記,《觀音玄義》,《大正藏》冊 34,頁 877 上～892 上。

12. 〔隋〕釋智顗述,釋灌頂記,《觀音義疏》,《大正藏》冊 34,頁 921 上～936 上。

13. 〔隋〕釋智顗述,釋灌頂記,《請觀音經疏》,《大正藏》冊 39,頁 968 上～977 上。

14. 〔隋〕釋智顗述、釋灌頂記,《金剛般若經疏》,《大正藏》冊 33,頁 75 上～84 上。

15. 〔隋〕釋智顗述、釋灌頂記,《妙法蓮華經玄義》,《大正藏》冊 33,頁 681 上～814 上。

16. 〔隋〕智顗述、釋灌頂記,《妙法蓮華經文句》,《大正藏》冊 34,頁 1 中～149 上。

17. 〔隋〕釋智顗述、釋灌頂記,《仁王護國般若經疏》,《大正藏》冊 33,頁 253 上～286 上。

18. 〔隋〕釋智顗述、釋灌頂記,《觀音義疏》,《大正藏》冊 34,頁 929 上～936 上。

19. 〔隋〕釋智顗,《觀無量壽佛經疏》,《大正藏》冊 37,頁 186 中～194 下。

20. 〔隋〕釋智顗,《阿彌陀經義記》,《大正藏》冊 37,頁 306 上～307 中。

21. 〔隋〕釋智顗,《維摩經玄疏》,《大正藏》冊 38,頁 519 上～562 中。

22. 〔隋〕釋智顗述、釋灌頂記,《請觀音經疏》,《大正藏》冊 39,頁 968 上～977 上。

23. 〔隋〕釋智顗述、釋灌頂記,《金光明經玄義》,《大正藏》冊 39,頁 1 上～12 上。

24. 〔隋〕釋智顗述、釋灌頂記,《金光明經文句》,《大正藏》冊 39,頁 46 中～83 中。

25. 〔隋〕釋智顗,《菩薩戒義疏》,《大正藏》冊 40,頁 563 上～580 中。

26. 〔隋〕釋智顗述、釋灌頂記,《摩訶止觀》,《大正藏》冊 46,頁 1 上～140 下。

27. 〔隋〕釋灌頂,《隋天台智者大師別傳》,《大正藏》冊 50,頁 191 上～197 下。

28. 〔唐〕釋湛然,《法華文句記》卷 1,《大正藏》冊 34,頁 337 中～360 上。

29. 〔唐〕釋道宣,《續高僧傳》卷 17,〈釋智顗傳〉,《大正藏》冊 50,頁 564 上—568 上。

30. 〔宋〕釋知禮《觀音玄義記》,《大正藏》冊 34,頁 892 上〜921 上。

31. 〔宋〕釋知禮《觀音義疏記》,《大正藏》冊 37,頁 936 上〜960 中。

32. 〔明〕瞿汝稷集,〈智顗傳〉,《指月錄》卷 2,《卍續藏》冊 83,頁 419 下〜421 中。

33. 〔明〕釋傳燈,《天台傳佛心印記註》,《卍續藏》冊 57,頁 351 中〜373 中。

34. 〔明〕釋傳燈,《性善惡論》,《卍續藏》冊 101,頁 839 下〜950 上。

(二) 近人中文專書

1. 釋慧嶽,《天台教學史》(臺北:中華佛教文獻編纂社),1974 年。

2. 勞思光,《中國哲學史》(一)(臺北:三民出版社),1975 年。

3. 張曼濤,《現代佛教學術叢刊(55):天台學概論》(臺北:大乘文化出版社),1976 年。

4. 張曼濤編,《現代佛教學術叢刊(56):天台宗之判教與發展》(臺北:大乘文化出版社),1976 年。

5. 張曼濤編,《現代佛教學術叢刊(57):天台典籍論籍》(臺北:大乘文化出版社),1976 年。

6. 張曼濤編,《現代佛教學術叢刊(58):天台典籍研究》(臺北:大乘文化出版社),1976 年。

7. 田養民,楊白衣譯,《大乘起信論如來藏緣起之研究》(臺北:地平線出版社),1978 年。

8. 張曼濤編,《天台思想論集》(臺北:大乘文化出版社),1979 年 5 月初版。

9. 印順,《如來藏之研究》(臺北:正聞出版社),1981 年 12 月。

10. 呂澂,《中國佛學思想概論》,(臺北:天華出版社),1982 年。

11. 牟宗三,《佛性與般若(下)》(臺北:學生書局),1984 年 9 月。

12. 釋印順,《初期大乘佛教之起源與開展》(臺北:正聞出版社),1986 年。

13. 平川彰、尾山雄一、高崎直道編輯,林久稚譯:《法華思想》(臺北:文殊出版社),1987 年 11 月。

14. 釋智諭,《性緣問題之申論》(臺北:西蓮淨苑),1988 年 2 月。

15. 楊惠南,《吉藏》(臺北:東大圖書出版社),1989 年。

16. 安藤俊雄,演培法師譯,《天台性具思想論》(臺北:天華出版公司),1989 年 9 月。

17. 河村孝照,《法華經概說》(臺北:新文豐出版公司),1989 年 2 月。

18. 賴永海,《中國佛性論》(高雄:佛光出版社),1990 年 12 月。

19. 水谷幸正，《如來藏思想》（臺北：中華佛研所），1991 年。

20. 釋聖嚴，《大乘止觀法門之研究》（臺北：東初出版社），1991 年 1 月。

21. 呂澂，《中國佛學源流略講》，《呂澂佛學論著選集》第 5 卷（濟南：齊魯書社），1991 年。

22. 藍吉富，《隋代佛教史述論》（臺北：臺灣商務印書館），1993 年。

23. 尤惠貞，《天台宗性具圓教之研究》（臺北：文津出版社），1993 年 5 月。

24. 李志夫，《印度思想文化史：從傳統到現代》（臺北：東大出版社），1995 年。

25. 潘桂明，《智顗評傳》（南京：南京大學出版社），1996 年 2 月。

26. 平川彰等著、林保堯譯，《法華思想》（高雄：佛光出版社），1999 年 6 月。

27. 李志夫，《印度哲學及其基本精神》（臺北：洪葉文化出版社），1999 年。

28. 釋恆清，《佛性思想》（臺北：東大圖書公司），1997 年 2 月。

29. 陳英善，《天台性具思想》（臺北：東大出版社），1997 年。

30. 藍吉富，《佛教史料學》（臺北：東大圖書公司），1997 年 7 月。

31. 湯用彤，《漢魏兩晉南北朝佛教史》（臺北：臺灣商務印書館），1998 年。

32. 龔雋釋譯，《佛性論》（臺北：佛光出版社），1998 年。

33. 吳汝鈞，《天台智顗的心靈哲學》（臺北：台灣商務印書公司），1999 年 4 月初版。

34. 傅偉勳，《從創造的詮釋學到大乘佛學——「哲學與宗教」四集》（臺北：三民出版社），1999 年 5 月再版。

35. 彭自強，《佛教與儒道的衝突與融合，以漢魏兩晉時期為中心》（成都：巴蜀書社），2000 年。

36. 湯用彤，《隋唐佛教史稿》，《湯用彤全集》第 2 卷（石家莊：河北人民出版社），2000 年。

37. 湯用彤，《漢魏兩晉南北朝佛教史》，《湯用彤全集》第 1 卷（石家莊：河北人民出版社），2000 年。

38. 陳堅，《煩惱即菩提：天台宗「性惡」思想研究》（高雄：佛光山出版社），2001 年。

39. 李四龍，《智顗三諦思想研究》（高雄：佛光出版社），2001 年。

40. 俞學明，《智顗觀心論思想述評》（高雄：佛光出版社），2001 年。

41. 李志夫，《摩訶止觀之研究（上、下）》（臺北：法鼓文化出版社），2001 年。

42. 平川彰，莊崑木譯，《印度佛教史》（臺北：商周出版社），2002 年。

43. 李四龍，《天台智者研究——兼論宗派佛教的興起》（北京：北京大學出版社），2003 年 8 月。

44. 佐藤哲英，釋依觀譯，《天台大師之研究：特以著作的考證研究爲中心》（臺北：中華佛教文獻編撰社），2005 年 4 月。

45. 松本史郎，肖平、楊金萍譯，《緣起與空——如來藏思想批判》（大陸：中國人民出版社），2006 年。

46. 任博克，吳忠偉譯，《善與惡——天台佛教思想中的遍中整體論、交互主體性與價值吊詭》（上海：上海古籍出版社），2007 年。

47. 吳汝鈞，陳森田譯，《中道佛性詮釋學：天台與中觀》（臺北：學生書局），2010 年 10 月。

48. 韋漢傑，《天台智顗的佛學思想——法界圓融》（臺北：文津出版社），2010 年 9 月。

（三）近人外文專書

1. 佐藤哲英，《天台大師の研究：智顗の著作に關する基礎的研究》（京都：百華苑），1961 年。

2. 佐藤哲英，《續・天台大師の研究：天台智顗をめぐる諸問題》（京都：百華苑），1961 年。

3. 常盤大定著，《佛性の研究》（東京：國書刊行會），1973 年。

4. 武邑尚邦，《佛性論研究》（京都：百華苑），1977 年。

5. 小川一乘，《佛性思想》（京都：文榮堂），1982。

乙、期刊論文類

（一）近人中文期刊

1. 孫正心，〈天台思想的淵源與其特質〉，收錄於張曼濤主編，《現代佛教學術叢刊（55）》（臺北：大乘文化出版社），1980 年 10 月，頁 291～352。

2. 張孟劬，〈與人論天台宗性具善惡書〉，收錄於張曼濤主編，《現代佛教學術叢刊（57）》（臺北：大乘文化出版社），1980 年 10 月，頁 369～370。

3. 演培，〈天台的實相論〉，收錄於張曼濤主編，《現代佛教學術叢刊（57）》（臺北：大乘文化出版社），1980 年 10 月，頁 109～142

4. 慧嶽，〈天台大師之性惡思想觀〉，收錄於張曼濤主編，《現代佛教學術叢刊（57）》（臺北：大乘文化出版社），1980 年 10 月，頁 353～362。

5. 悅西，〈諸佛眞不斷性惡嗎？〉，收錄於張曼濤主編，《現代佛教學術叢刊（57）（臺北，大乘文化出版社），1980 年 10 月，頁 363～368。

6. 張孟劬，〈再論天台宗性具善惡書答余居士〉，收錄於張曼濤主編，《現代

佛教學術叢刊（57）》（臺北：大乘文化出版社），1980 年 10 月，頁 371
～374。

7. 歐陽漸，〈覆張孟劬先生論學書〉，收錄於張曼濤主編，《現代佛教學術叢
刊（57）（臺北，大乘文化出版社），1980 年 10 月，頁 375～378

8. 瞻風子，〈性具善惡之辨正〉，收錄於張曼濤主編，《現代佛教學術叢刊（57）
（臺北，大乘文化出版社），1980 年 10 月，頁 379～384。

9. 李志夫，〈天台宗之理事觀〉，《華岡佛學學報》第 6 期，1983 年 7 月，
頁 157～201。

10. 釋道融，〈從天台性具性惡論談人性的光輝〉，《菩提樹》第 32 卷第 6 期，
1984 年 5 月，頁 43～44。

11. 張瑞良，〈天台智者大師的如來性惡說之探究〉，《臺大哲學評論》第 9 期，
1986 年 1 月，頁 65～107。

12. 賴永海，〈性具與性起——天台，華嚴二宗佛性思想比較研究〉，《世界宗
教研究》，1987 年 2 月。

13. 張瑞良，〈天台智者的「一念三千」之研究〉，《臺大哲學論評》第 11 期，
1988 年 11 月，頁 179～203。

14. 釋恒清，〈大乘起信論的心性論〉，《國立臺灣大學哲學論評》12 期，1989
年 1 月，頁 233～255。

15. 楊曾文，〈天台宗「性具善惡」的心性論〉，《世界宗教研究》，1990 年 2
月。

16. 釋恒清，〈智顗的性惡說〉，《臺大哲學論評》第 13 期，1990 年 1 月，頁
153～169。

17. 張瑞良，〈智者之哲學方法〉，《臺大哲學評論》第 14 期，1991 年 1 月。

18. 李志夫，〈如來藏之初期及其思想之研究〉，收錄於釋聖嚴等編著，《佛教
的思想與文化：印順導師八秩晉六壽慶論文集》（臺北：法光佛學院），
1991 年，頁 35～52。

19. 陳英善，〈《觀音玄義》性惡問題之探討〉，《中華佛學學報》第 5 期，1992
年 7 月，頁 173～191。

20. 辛旗，〈簡論智顗的天台思想〉，《中國文化月刊》第 157 期，1992 年 11
月。

21. 陳英善，〈論發心——以天台智者大師之論述爲主〉，《獅子吼》32 卷第 6
期，1993 年 2 月。

22. 陳英善，〈湛然理具思想之探討〉，《中華佛學學報》第 6 期，1993 年 7
月，頁 279～299。

23. 陳英善，〈論述天台智者大師的次第戒聖行〉，《圓光佛學學報》創刊號，
1993 年 12 月。

24. 釋聖嚴，〈中國佛教以《法華經》爲基礎的修行方法〉，《中華佛學學報》第 7 卷，1994 年 7 月，頁 1～16。

25. 廖明活，〈華嚴宗性起思想的形成 〉，《中國文哲研究集刊》第 6 期，1995 年 3 月，頁 31～56。

26. 陳英善，〈天台智者大師思想形成之時代背景——南北朝佛學思想對智者之激發〉，《諦觀》81 期，1995 年 4 月。

27. 林崇安，〈漢藏的佛性論〉，收錄於釋恆清編，《佛教思想的傳承與發展——印順導師九秩華誕祝壽文集》（臺北：東大出版社），1995 年 4 月，頁 231～290。

28. 楊祖漢，〈天台宗性惡說的意義〉，《鵝湖學誌》第 14 期，1995 年 6 月，頁 141～153。

29. 潘桂明，〈佛教研究「性具實相」述評〉，《世界宗教研究》，1996 年 1 月，頁 40～48。

30. 李光泰，〈圓教中「即」之思想探究〉，《東南學報》第 19 期，1996 年 12 月。

31. 楊惠南，〈從「法性無明」到「性惡」〉，《佛學研究中心學報》第 1 期，1996 年 7 月，頁 111～145。

32. 釋恆清，〈「大般涅槃經」的佛性論〉，《佛學研究中心學報》第 1 期，1996 年，頁 31～88

33. 朱文光，〈考證、典範與解釋的正當性：以《大乘止觀法門》的作者問題爲線索〉，《中華佛學研究》第 1 期，1997 年 3 月，頁 195～228。

34. 吳汝鈞，〈天台三大部所反映智者大師的心靈哲學〉，《中華佛學學報》第 10 期，1997 年 7 月，頁 311～340。

35. 釋道昱，〈觀世音經考〉，《圓光佛學學報》第 2 期，1997 年 10 月，頁 19～27。

36. 金希庭，〈關於天台「性具善惡論」之形成與闡發之考察——以「性惡」說爲中心〉，《華岡研究學報》第 2 期，1997 年 3 月，頁 1～24。

37. 張風雷，〈智顗的「性具善惡」學說及其理論價值〉，《宗教哲學》第 10 期，1997 年 4 月，頁 151～161。

38. 陳英善，〈評〈從「法性即無明」到「性惡」〉〉，《佛學究中心學報》第 2 期，1997 年 7 月，頁 73～127。

39. 楊惠南，〈智顗對秦譯《法華經》的判釋〉，《佛學研究中心學報》第 2 期，1997 年 7 月，頁 1～24。

40. 潘桂明，《天台智顗"一念三千"述評》，《古籍研究》第 4 期，1997 年。

41. 尤惠貞，〈由「一心開二門」之思想架構看天台宗「一念無明法性心」之特殊涵義〉，《中華佛學學報》第 10 期，1997 年 7 月。

42. 任博克,〈由「相互主體性」的立場論天台宗幾個基本概念以及山家與山
外之爭〉,《中華佛學學報》第 10 期,1997 年 7 月,頁 363～382。

43. 杜正民,〈如來藏學研究小史——如來藏學書目簡介與導讀(上)〉《佛教
圖書館訊》第 10～11 期,1997 年 9 月,頁 32～52。

44. 杜正民,〈如來藏學研究小史——如來藏學書目簡介與導讀(下)〉,《佛
教圖書館訊 12 期,1997 年 12 月,頁 37～63。

45. 釋覺泰,〈天台思想中「性惡」的釐清與辨正〉,收錄於《第一屆宗教與
佛學論文研討會論文集》(嘉義:南華管理學院宗教文化研究中心),1997
年。

46. 黃夏年,〈傳燈大師對儒法兩家性善惡思想的批判〉,《東南文化》,1998
年 1 月。

47. 王玉玫,〈天台「性惡說」初探〉,收錄於《第七屆佛學論文聯合發表會
彙編》(高雄,元亨寺妙林出版社),1998 年 2 月,頁 277～286。

48. 王仲堯,〈天台宗智顗的佛性論思想〉,《武漢大學學報(人文社會科學
版)》,1998 年第 3 期,1998 年 3 月,頁 60。

49. 魏德東,〈論智顗的「一念」思想〉,《宗教哲學》4 卷 2 期,1998 年 4 月,
頁 101～105。

50. 潘桂明,〈論唐代宗派佛教的有情無情之爭〉,《世界宗教研究》,1998 年
4 期,1998 年。

51. 陳英善,〈慧思與智者心意識說之探討〉,《中華佛學學報》第 11 期,1998
年 7 月,頁 155～180。

52. 鄧克銘,〈智者天台教觀中之心的涵義〉,《佛學研究中心學報》第 3 期,
1998 年 7 月,頁 187～215。

53. 黃夏年:〈傳燈大師對智者大師的繼承——有門性學思想框架的討論〉,
《中國佛學》第 1 卷第 1 期,1998 年 10 月。

54. 陳世賢,〈吉藏對三論學之轉化——以吉藏之佛性思想為中心〉,《正觀》
第 5 期,1998 年 6 月,頁 59～84。

55. 鄧克銘,〈智者天台教觀中之心的涵義〉,《佛學研究中心學報》第 3 期,
1998 年 7 月,頁 187～215。

56. 杜正民,〈當代如來藏學的開展與問題〉,《佛學研究中心學報》第 3 期,
1998 年 7 月,頁 243～280。

57. 古正美,〈定義大乘及研究佛性論上的一些反思〉,《佛學研究中心學報》
第 3 期,1998 年 7 月,頁 21～76。

58. 王志楣,〈試論智顗「佛不斷性惡」說之思惟方式〉,《中華學苑》第 52
期,1999 年 2 月,頁 23～35。

59. 王月清,〈論中國佛教的人性善惡觀——以天台宗為重點〉,《南京大學學

報（哲學‧人文‧社會科學）》，1999 年 02 期，1999 年 2 月，頁 79～86。

60. 李志夫，〈智者之圓教義及其形成之探討〉，《中華佛學學報》第 12 期，1999 年 7 月，頁 353～363。

61. 黃素娟，〈天台「一念無明法性心」之探究〉，收錄於《第十屆佛學論文聯合發表會論文集》（桃園：圓光佛學院），1999 年 8 月。

62. 潘桂明，〈天台止觀及其實踐意義〉，《慈光禪學學報》第 1 期，1999 年 10 月，頁 237+239～252。

63. 楊維中，〈真如遍在與生佛互具──天台宗心性本體論的邏輯推展〉，《正觀》第 10 期，1999 年 9 月，頁 45～66。

64. 楊維中，〈論天台宗的染淨善惡觀〉，《中國佛學》第 3 卷第 1 期，2000 年 4 月，頁 183～202。

65. 楊維中，〈論華嚴宗的染淨善惡觀與妄盡還源的修行路徑〉，《妙林》第 12 卷第 4 期，2000 年 4 月，頁 51～62。

66. 釋恆清，「批判佛教」駁議，《臺大哲學論評》第 24 期，2001 年 1 月，頁 1～46。

67. 尚九玉，〈簡析宗教的人性論〉，《宗教學研究》第 50 期，2001 年 1 月。

68. 林志欽，〈天台智顗教觀思想體系〉，《中華佛學研究》第 5 期，2001 年 3 月，頁 205～232。

69. 何保中，〈荀子「性惡」說的重新詮釋〉，《先秦儒家思想學術研討會論文集》（臺北：臺灣大學哲學系），2001 年，頁 6-1～6-22。

70. 學斌，〈試論智者大師的 "性具" 思想〉，《閩南佛學院學報》第 25 期，2001 年 6 月，頁 188～198。

71. 廖明活，〈吉藏與大乘「涅槃經」〉，《佛學研究中心學報》第 6 期，2001 年 7 月，頁 111+113～137。

72. 楊惠南，〈智顗的「三諦」思想及其所依經論〉，《台大佛學研究中心學報》第 6 期，2001 年 7 月，頁 67～109。

73. 林志欽，〈天台智顗一心具足說之理論意涵〉，《世界中國哲學學報》第 6 期，2002 年 1 月，頁 3～41。

74. 尤惠貞，〈從天台智者大師的圓頓止觀看病裡乾坤〉，《普門學報》第 8 期，2002 年 3 月，頁 141～177。

75. 釋大常，〈智者大師立「三藏教」依據之探討〉，《中華佛學研究》第 6 期，2002 年 3 月，頁 205～233。

76. 郭朝順，〈試論智顗「觀心釋」的詮釋學意涵〉，收錄於《佛教研究的傳承與創新研討會論文集》，2002 年 3 月。

77. 賴賢宗，〈從如來藏三義到天台佛性論〉，《華梵大學第六次儒佛會通學術

研討會論文集（上）》，（臺北：華梵大學哲學系），2002 年 7 月，頁 311
～326。

78. 程恭讓，〈略析「佛性與般若」在牟宗三哲學思想進展中的位置〉，《普門
　　學報》第 13 期，2003 年 1 月，頁 135～152。

79. 龔杰，〈慧思、智顗與佛教的中國化〉，《海潮音》第 84 卷第 1 期，2003
　　年 1 月，頁 9～11；第 2 期，2003 年 2 月，頁 10～14；第 3 期，2003 年
　　3 月，頁 12～16。

80. 郭朝順，〈論天台智顗的「文本」概念〉，《哲學與文化》第 346 期，2003
　　年 3 月，頁 61～76。

81. 尤惠貞，〈天台哲學底「形上學」詮釋與省思——以智顗與牟宗三之「佛
　　教」詮釋爲主的考察〉，《揭諦》第 5 期，2003 年 6 月，頁 1～31。

82. 楊菁，〈傳燈大師「天台傳佛心印註」的性具思想〉，《通識論叢》第 1 卷，
　　2003 年 6 月，頁 133～154。

83. 關世謙，〈隋煬帝與佛教〉，《圓光佛學學報》第 8 期，2003 年 12 月，頁
　　205～224。

84. 沈海燕，〈境妙究竟——從《妙法蓮華經玄義》看天台智顗對眞理的論
　　述〉，《中華佛學研究》第 8 卷，2004 年 3 月，頁 371～438。

85. 李四龍，〈天台智顗的如來藏思想述評〉，《中國哲學史》2004 年第 4 期，
　　頁 5～12。

86. 郭朝順，〈從智顗對「法華經」神變之詮釋論天台哲學之成立 〉，《東吳
　　哲學學報》第 10 期，2004 年 8 月，頁 93～143。

87. 覺醒，〈天台“性具”思想初探〉，收錄於覺醒主編，《覺群・學術論文集
　　（第三輯)》（北京，宗教文化出版社），2004 年 7 月，頁 123～132。

88. 楊維中，〈天台宗“性具善惡”觀論析〉，《人文雜誌》2004 年第 3 期，
　　頁 38～44。

89. 賴賢宗，〈《觀音玄義》與《觀音經疏》的「作者」問題與性惡説之創唱
　　者的考察〉，《「法華思想與天台佛學」研討會論文集》（臺北：法光佛教
　　文化研究所），2004 年 12 月。

90. 覺醒，〈天台宗關於“一心”的運用〉，收錄於覺醒主編，《覺群・學術論
　　文集（第四輯)》（北京：宗教文化出版社），2004 年，12 月，頁 219～
　　227。

91. 肖永明，〈性具善惡的現代意義〉（收錄於覺醒主編，《覺群・學術論文集
　　（第四輯)》（北京：宗教文化出版社），2004 年 12 月，頁 260～265。

92. 曾其海，〈天台宗研究中三個值得注意的問題〉，《哲學與文化》32 卷第 2
　　期，2005 年 2 月，頁 163～172。

93. 陳堅，〈論智顗的「一念心」〉，《中華佛學研究》第 9 期，2005 年 3 月，

頁 127～149。

94. 陳堅，〈貝施特和智顗論「惡」的宗教價值——兼談宗教中的「善惡」觀念〉，《普門學報》28 期，2005 年 7 月，頁 91～110。

95. 劉雅婷，〈天台「性具」思想的開展——以智顗和湛然爲中心〉，《新世紀宗教研究》第 5 卷第 1 期，2006 年 9 月，頁 100～140。

96. 蕭玫，〈《入楞伽經》之「成自性如來藏心」——論唯識思想影響如來藏之一端〉，《正觀》44 期，2008 年 3 月，頁 5～33。

97. 郭朝順，〈天台中道佛性思想與文化價值世界之安立〉，《玄奘佛學研究》第 10 期，2008 年 11 月。

98. 劉朝霞，〈天台智者關于"惡"的思想及其現實意義〉，《四川大學學院學報》2008 年 4 期，頁 31～33。

99. 王正，〈藏通別圓視野下的人性論——天台智者大師人性學說解析〉，《柳州師專學報》2009 年 1 期，頁 70～73。

100. 蕭玫，〈就《如來藏經》試析「如來藏」之原始義蘊〉，《正觀》49 期，2009 年 6 月，頁 5～53。

101. 林建德，〈試論牟宗三對天台智顗「不斷斷」思想之詮釋〉，《玄奘佛學研究》第 13 期，2010 年 3 月，頁 30～56。

102. 釋性廣，〈智顗大師晚年止觀修證之研究〉，《玄奘佛學研究》第 13 期，2010 年 3 月，頁 57～94。

103. 蕭玫，〈《入楞伽經》「無我如來之藏」的三段辯證〉，《正觀》52 期，2010 年 3 月，頁 113～151。

104. 林志欽，〈天台宗圓教法門之詮釋與普及化問題探討〉，《臺大佛學研究》第 19 期，2010 年 6 月，頁 63～128。

105. 林志欽，〈天台宗之修行法門——以智者大師之著作爲範疇〉，發表於「天台與禪——第五屆法華思想與天台佛學」學術研討會」，2010 年 10 月。

106. 王藝航，〈智顗之性具善惡說〉，《魅力中國》2010 年 12 期，頁 159。

（二）近人外文期刊

1. 西尾京雄，〈佛教經典成立史上に於ける華嚴，如來性起經について〉，《大谷大學研究年報》第 2 期，1943 年 3 月，頁 153～210。

2. 安藤俊雄，〈明末の天台學匠幽溪傳燈の教學〉，《大谷學報》第 34 卷第 3 期，1954 年 12 月，頁 1～12。

3. 安藤俊雄，〈蕅益智旭の性具思想傳燈との交涉を中心として〉，《印度學佛教學研究》第 3 卷第 1 期，1954 年 9 月，頁 273～276。

4. 仲尾俊博，〈普寂德門の教義批判〉，《印度學佛教學研究》第 4 卷第 1 期，1956 年 1 月，頁 134～135。

5. 佐藤哲英，〈觀音玄義並びに義疏の成立に關する研究〉，《印度學佛教學研究》第 5 卷第 1 期，1957 年 1 月，頁 10～21。

6. 坂本幸男，〈性起思想と惡について〉，《印度學佛教學研究》第 5 卷第 2 期，1957 年 3 月，頁 141～149。

7. 佐藤哲英，〈天台性惡法門の創唱者請觀音經疏の作者について〉，《印度學佛教學研究》第 9 卷第 2 期，1961 年 3 月，頁 67～72。

8. 安藤俊雄，〈如來性惡思想の創設者——灌頂説への反論〉，《大谷學報》第 44 卷第 1 期，1964 年 10 月，頁 1～22。

9. 遠藤孝次郎，〈華嚴性起論考〉，《印度學佛教學研究》第 14 卷第 1 期，1965 年 12 月，頁 214～216。

10. 佐藤哲英，〈性惡思想の創唱者は智顗か灌頂か安藤谷大教授の反論に對する疑問〉，《印度學佛教學研究》第 14 卷第 2 期，1966 年 3 月，頁 47～52。

11. 末廣照純，〈傳燈撰《性善惡論》の特色〉，《天台學報》第 26 期，1984 年 11 月，頁 110～115。

12. 釋恆清，"T'ien-T'ai Chih-I's Theory of Buddha Nature：A Realistic and Humanistic"，《臺灣大學哲學論評》第 13 期，1990 年 1 月，頁 333～362。

丙、學位論文

（一）碩士論文

1. 李燕蕙，《智者大師的實相論與性具思想之研究》，中國文化大學哲學研究所博碩士論文，1984 年 6 月。

2. 郭朝順，《智者與法藏圓頓思想之研究》，中國文化大學哲學研究所碩士論文，1989 年。

3. 尤惠貞，《天台性具圓教之義理根據及其開展之獨特模式》，東海大學哲學研究所碩士論文，1991 年。

4. 陳水淵，《智顗「四句」理論之研究》，台大哲學研究所碩士論文，1992 年。

5. 吳宜芳，《智者「三諦圓融」思想之探微》，文化大學哲學研究所碩士論文，1992 年。

6. 張明傑，《智者與荀子性惡觀之比較研究——基於社會歷史發展的考察》，中國文化大學哲學研究所碩士論文，1992 年。

7. 林美華，《性具與性起思想之比較研究》，香港能仁學院哲學研究所碩士論文，1993 年 6 月。

8. 許國華，《天台圓教與佛性思想之研究》，政大哲學研究所碩士論文，1995

年 6 月。

9. 賴志銘，《天台智顗性惡說研究》，中央大學哲學研究所碩士論文，1995年 6 月。

10. 林芳敏，《《大乘止觀法門》如來藏思想之研究》，華梵大學東方人文思想研究所碩士論文，1996 年。

11. 戴裕記，《湛然《金剛錍》「無情有性」論思想研究》，淡江大學中國文學研究所碩士論文，1999 年。

12. 陳平坤，《論慧能會通般若與佛性的頓教禪法——《壇經》禪教思想探義》，華梵大學東方人文思想研究所碩士論文，1999 年。

13. 林妙貞，《試析「佛法身之自我坎陷」與天台圓教「性惡法門」之關係》，南華哲學研究所碩士論文，1999 年。

14. 林明莉，《智者大師之一佛乘思想與實踐》，中興大學中國文學系碩士論文，2000 年。

15. 釋如弘，《天台智者大師之佛性思想暨其所含具之積極意義》，圓光佛學研究所碩士論文，2000 年。

16. 陳彥戎，《從天台宗圓別二教論山家山外之爭》，淡江大學中國文學研究所碩士論文，2000 年。

17. 孫瑞煖（釋覺泰），《天台「性惡」思想之義涵義與辨正》，南華大學佛學研究中心碩士論文，2001 年。

18. 趙東明，《天台智顗《摩訶止觀》「一念三千」說研究》，台大哲研所碩士論文，2001 年。

19. 劉朝霞，《天台宗隨自意三昧研究》，四川大學宗教所碩士論文，2002 年 3 月。

20. 潘慧燕，《《觀音玄義》思想研究——以「性」，「修」善惡為中心》，政治大學中研所碩士論文，2003 年 1 月。

21. 李傳玲，《智顗止觀著作的教學研究：以佐藤哲英之判釋為主》的評述》，南華大學哲學研究所碩士論文，2003 年 。

22. 陳保同，《止觀與性具——智顗佛性論研究》，安徽大學宗教學研究所碩士論文，2005 年。

23. 釋如田，《智者大師性具思想研究》，福建師範大學中研所碩士論文，2007年。

24. 胡永輝，《智顗佛學思想世俗化趨向初探》，鄭州大學中國哲學所碩士論文，2010 年。

（二）博士論文

1. 郭朝順，《湛然與澄觀佛性思想之研究》，文化大學哲學研究所博士論文，

1994 年。

2. 林志欽,《智者大師教觀思想之研究》,文化大學哲學研究所博士論文,1999 年。

3. 金希庭,《唐湛然金剛錍的無情有性論之研究》,文化大學哲學研究所博士論文,1997 年。

4. 韓子峰,《天台法華三昧之研究》,師範大學國文研究所博士論文,1999 年。

5. 夏金華,《隋唐佛學三大核心理論的爭辯之研究》,華東師範大學博士論文,2002 年。

6. 程群,《智顗禪學探微》,復旦大學中國哲學專業博士論文,2004 年。

7. 林明莉,《南北朝佛性思想研究》,政治大學中國文學所博士論文,2008 年。

8. 陳乃腕(釋性廣),《智顗大師圓頓止觀法門研究》,中央大學哲學研究所博士論文,2009 年。

9. 陳金輝,《吉藏與智顗法華思想之比較研究——以詮釋學方法爲主》,中國文化大學哲學研究所博士論文,2010 年。

10. 韓艷秋,《天台智顗思想研究》,陝西師範大學博士論文,2010 年 11 月。

丁、工具書

1. 塚本善隆等編,《望月佛教大辭典》(東京:世界聖典出版社),1973 年。

2. 丁福保編,《佛學大辭典》(上海:上海出版社),1991 年。

3. 釋慈怡主編,《佛光大辭典》(北京:書目文獻出版社),1989 年。

4. 荻原雲來編纂,辻直四郎監修,《梵和大辭典》(臺北:新文豐出版社),2003 年。